江苏商务
发展研究报告

2018

主 编 张为付

南京大学出版社

图书在版编目(CIP)数据

江苏商务发展研究报告.2018/张为付主编.—南京:南京大学出版社,2019.6
ISBN 978-7-305-21896-5

Ⅰ.①江… Ⅱ.①张… Ⅲ.①商业经济－经济发展－研究报告－江苏－2018 Ⅳ.①F727.53

中国版本图书馆CIP数据核字(2019)第061521号

出版发行	南京大学出版社		
社　　址	南京市汉口路22号	邮　编	210093

出 版 人　金鑫荣

书　　名	江苏商务发展研究报告(2018)
主　　编	张为付
责任编辑	王日俊　叶　婷
照　　排	南京理工大学资产经营有限公司
印　　刷	虎彩印艺股份有限公司
开　　本	787×1092　1/16　印张 17　字数 448千
版　　次	2019年6月第1版　2019年6月第1次印刷
ISBN	978-7-305-21896-5
定　　价	158.00元

网　　址:http://www.njupco.com
官方微博:http://weibo.com/njupco
官方微信号:njupress
销售咨询热线:(025)83594756

* 版权所有,侵权必究
* 凡购买南大版图书,如有印装质量问题,请与所购
  图书销售部门联系调换

指导委员会

主　　任　张为付
副 主 任　宣　烨
委　　员　李　杏　杨向阳　原小能　杨继军

编辑委员会

主　　编　张为付
副 主 编　原小能
编写人员　吕文慧　刘英杰　苏华山　李勇峰
　　　　　宗　颖　胡珀源　霍　焱

本书为江苏高校优势学科建设工程资助项目(PAPD)、江苏高校人文社会科学校外研究基地"江苏现代服务业研究院"、江苏高校现代服务业协同创新中心和江苏省重点培育智库"现代服务业智库"的阶段性研究成果。

书　　名:江苏商务发展研究报告(2018)

主　　编:张为付

出 版 社:南京大学出版社

目　录
Contents

综合篇
Comprehensive Articles

第一章　江苏商务发展概况 ·· 2
Chapter One　Overview of Business Development of Jiangsu Province

一、国内贸易发展充满活力和变革,总体态势稳中有升 ·· 2
　Ⅰ. Domestic trade development is full of vitality and change, and the overall situation is stable and rising

二、进出口贸易强劲复苏,外贸结构优化升级 ·· 4
　Ⅱ. Import and export trade revive strongly, while foreign trade structure is optimized and upgraded

三、引进外资状况回暖,呈现出缓慢复苏态势 ·· 6
　Ⅲ. The situation of using foreign investment become better, showing a slow recovery trend

四、对外投资以第二产业为主,对外投资规模明显下降 ·· 9
　Ⅳ. Foreign investment is mainly in secondary industries, and the scale of foreign investment decreases significantly

五、电子商务快速扩张,位居全国前列 ·· 10
　Ⅴ. Electronic commerce expands quickly, ranks countrywide front row

六、逐步实施经济国际化战略,对外经济合作保持稳定 ·· 12
　Ⅵ. The strategy of economic internationalization is gradually implemented, and economic cooperation with other countries maintains stable

第二章　江苏商务发展的优势与机遇 ·· 13
Chapter Two　Advantages and Opportunities of Business Development in Jiangsu Province

一、区位优势明显,交通运输体系发达 ·· 13
　Ⅰ. Location advantage is obvious, and transportation system is excellent

二、经济运行态势良好,人均可支配收入不断提高 ·· 13
　Ⅱ. The economy is performing well and per capita disposable income is rising

三、融入"一带一路"建设,民营企业获得发展新良机 ··· 14

· 1 ·

Ⅲ. Integrating into "One Belt And One Road" construction, and private enterprises get new opportunities for development

四、科技创新水平领先,创业意识先进 …………………………………………… 15

Ⅳ. Level of scientific and technological innovation is in leading level, and entrepreneurial consciousness is advanced

五、制造业实力雄厚,智能制造品牌优势突出 …………………………………… 16

Ⅴ. Manufacturing strength is strong, and intelligent manufacturing brand is prominent

六、商贸物流发展势头迅猛,工业品物流占比很高 ……………………………… 16

Ⅵ. The development momentum of commercial logistics is rapid, and industrial logistics accounts for a high proportion

第三章　江苏商务发展的劣势与挑战 …………………………………………… 17
Chapter Three　Disadvantages and Challenges of Business Development in Jiangsu Province

一、产业结构层次不够高,仍有待进一步升级 …………………………………… 17

Ⅰ. Industrial structure level is not high enough, still needs to upgrade further

二、生产要素成本上升,削弱产品在贸易中的竞争力 …………………………… 18

Ⅱ. Factor cost rises, weaken the competitiveness of the product in trade

三、总体技术水平仍需提高,自主创新能力相对不足 …………………………… 18

Ⅲ. The overall technical level still needs to be improved, and the capacity for independent innovation is relatively inadequate

四、环保压力日益严峻,外部成本内部化 ………………………………………… 19

Ⅳ. Environmental protection pressure is increasingly severe, and external costs must be internalized

五、省内不同区域差距缩小,但南北发展仍不平衡 ……………………………… 19

Ⅴ. The gap between different regions in the province has narrowed, but the development between the north and the south is still unbalanced

六、制造业服务化比重偏低,生产性服务业占比不高 …………………………… 20

Ⅵ. The proportion of service-orientation in manufacturing industry is low, and that of producer services is not high

七、跨境电商起步较晚,发展速度较慢 …………………………………………… 20

Ⅶ. Cross-border e-commerce started late, and it developes at a slow speed

八、外贸依存度较高,来自国外的经贸摩擦和压力增加 ………………………… 21

Ⅷ. Dependence on foreign trade is high, while economic and trade friction and pressure from abroad increases

第四章　江苏商务发展的政策建议 ……………………………………………… 22
Chapter Four　Policy Recommendations for Business Development of Jiangsu Province

一、提升制造业的定位水准,做强制造业 ………………………………………… 22

Ⅰ. Improve the positioning level of the manufacturing industry, and strengthen the manufacturing industry

二、找准电子商务领域的差距,加快电子商务的发展步伐 ……………………… 23

Ⅱ. Identify the gap in the field of e-commerce, and accelerate the pace of development of e-commerce

三、发挥江苏对外贸易优势,推动江苏外贸升级与扩张 ················ 24

Ⅲ. Give full play to the advantages of Jiangsu's foreign trade, and promote the upgrading and expansion of Jiangsu's foreign trade

四、大力发展科技,促进自主创新 ·································· 26

Ⅳ. Vigorously develop science and technology, and promote independent innovation

国内贸易篇
Domestic Trade Articles

第一章　江苏内贸发展概况 ·· 30
Chapter One　A general situation of Jiangsu's Domestic Trade

一、商贸流通业提速明显,产业结构进一步优化 ······················ 30

Ⅰ. The speed-up of commercial circulation industry is obvious, and the industrial structure is further optimized

二、消费增长速度稳定,市场提升空间较大 ·························· 32

Ⅱ. Consumption growth rate is stable, and there is more room for market promotion

三、城乡收入差距缩小,消费支出更趋多元 ·························· 33

Ⅲ. The income gap between urban and rural areas has narrowed, and consumption expenditure has become more diversified

四、企业固定资产投资减少,所占比重下降 ·························· 38

Ⅳ. The investment in fixed assets of domestic trade enterprises has decreased and their proportion has declined

五、商品市场规模扩大,交易效率提高 ······························ 40

Ⅴ. The scale of commodity market has been enlarged, and transaction efficiency has been improved

六、企业市场化程度提高,跨国企业规模有所收缩 ···················· 43

Ⅵ. The degree of marketization has increased, and the scale of multinational enterprises has shrunk

七、连锁企业销售增长减缓,零售业态不断创新 ······················ 45

Ⅶ. Sales growth of chain enterprises has slowed down, and retail formats have been continuously optimized

第二章　江苏内贸发展环境 ·· 48
Chapter Two　The Development Environment of Jiangsu's Domestic Trade

一、产业结构优化升级,服务业稳步提升 ···························· 48

Ⅰ. The industrial structure has been optimized, and the service industry has been steadily upgraded

二、城镇人口比重逐年上升,城镇化进程加快 ························ 49

Ⅱ. The proportion of urban population is increasing year by year, and the process of urbanization is accelerated

三、农村居民收入增长较快,城乡收入差距缩小 ······················ 50

Ⅲ. Income growth of rural residents is fast, and the income gap between urban and rural areas is narrowed

四、消费模式更趋多元,农村居民支出增速加快 ·················· 52

Ⅳ. Consumption pattern tends to be more pluralistic, and rural residents' expenditure increases rapidly

五、科技投入加大,推进改革深入 ·················· 53

Ⅴ. Science and technology investment has been increased, and economic reform is deepening

第三章 江苏内贸各行业发展情况 ·················· 55
Chapter Three Development of various industries in Jiangsu's domestic trade

一、批发零售业 ·················· 55

Ⅰ. The industry of wholesale and retailing

二、住宿餐饮业 ·················· 60

Ⅱ. The industry of accommodation and catering

第四章 江苏各地区内贸发展情况 ·················· 64
Chapter Four Development of Regional Trade in Jiangsu Province

一、苏南地区流通业领跑全省,苏中苏北地区增速较快 ·················· 64

Ⅰ. Southern Jiangsu is the leader of circulation industry in the whole province, while central Jiangsu and Northern Jiangsu are growing faster

二、消费品市场增长稳定,苏北地区增速较快 ·················· 70

Ⅱ. The growth of consumer goods market is stable and the growth rate among regions is synchronized

三、就业规模略有收缩,地区间变化有差异 ·················· 73

Ⅲ. The scale of employment has contracted slightly, and there are differences among regions.

四、收入增长稳定,苏中地区消费增速略快 ·················· 75

Ⅳ. Income growth is stable, and consumption growth is slightly faster in central Jiangsu

对外贸易篇
Foreign Trade Articles

第一章 江苏对外贸易发展概况 ·················· 78
Chapter One Overview of Jiangsu's foreign trade development

一、贸易总量创历史新高,大幅增长强劲反弹 ·················· 78

Ⅰ. Total trade creates a new record, Strong growth and strong rebound

二、一般贸易稳步上升,加工贸易转换升级 ·················· 79

Ⅱ. General trade has steadily increased, processing trade has been upgraded

三、各类主体贸易增加,外商投资为中流砥柱 ·················· 81

Ⅲ. The trade of various economic entities has increased, and foreign investment has become the mainstay

四、传统市场成压舱石,"一带一路"变活化剂 ·················· 82

Ⅳ. The traditional market has become a ballast stone, and the "Belt and Road" has become an activator

五、外贸依存趋于下降,多种因素交织并存 ·················· 84

Ⅴ. Foreign trade dependence declines, and many factors coexist

六、贸易改革不断深化，外贸新业态蓬勃发展……………………………… 85

Ⅵ. Trade reform continues to deepen, and new foreign trade formats are booming

第二章　江苏对外贸易发展的特征………………………………………… 87
Chapter Two　Characteristics of Jiangsu's foreign trade development

一、江苏对外贸易的商品特征……………………………………………… 87

Ⅰ. The commodity characteristics of Jiangsu's foreign trade

二、江苏对外贸易的区域特征……………………………………………… 91

Ⅱ. Regional Characteristics of Jiangsu's Foreign Trade

第三章　江苏对外贸易的国内外影响因素………………………………… 95
Chapter Three　Domestic and foreign factors affecting Jiangsu's foreign trade

一、江苏对外贸易的国际影响因素………………………………………… 95

Ⅰ. International influence factors of foreign trade

二、江苏对外贸易的国内影响因素………………………………………… 98

Ⅱ. Domestic influence factors of foreign trade

第四章　江苏服务贸易发展的基本情况…………………………………… 102
Chapter Four　Overview of Jiangsu's service trade development

一、江苏服务贸易发展现状………………………………………………… 102

Ⅰ. Jiangsu's service trade development status

二、江苏服务贸易发展存在的不足………………………………………… 103

Ⅱ. Deficiencies in the development of Jiangsu's service trade

三、江苏服务贸易发展的建议……………………………………………… 104

Ⅲ. Suggestions on Jiangsu's service trade development

外商直接投资篇
Foreign Direct Investment Articles

第一章　江苏外商直接投资发展概况……………………………………… 108
Chapter One　Development survey of foreign direct investment in Jiangsu

一、影响江苏外商直接投资的因素………………………………………… 108

Ⅰ. Affecting Factors of attraction of foreign direct investment in Jiangsu

二、江苏外商直接投资规模分析…………………………………………… 110

Ⅱ. Scale of foreign direct investment in Jiangsu

三、江苏外商直接投资产业结构分析……………………………………… 112

Ⅲ. Structure of foreign direct investment in Jiangsu

四、江苏外商直接投资来源地结构分析…………………………………… 114

Ⅳ. Structure of source countries foreign direct investment in Jiangsu

第二章 江苏外商直接投资的区域间比较 ······ 118
Chapter Two Comparative analysis of foreign direct investment among different areas
 一、外商直接投资规模比较 ······ 118
  Ⅰ. Scale comparison of foreign direct investment
 二、外商直接投资行业分布比较 ······ 120
  Ⅱ. Industry distribution comparison of foreign direct investment
 三、外商直接投资绩效指数比较 ······ 120
  Ⅲ. Performance index comparison of foreign direct investment

第三章 江苏外商直接投资的省内区域比较 ······ 123
Chapter Three Region comparison within the foreign direct investment in Jiangsu
 一、江苏省内区域的经济关系及经济差异 ······ 123
  Ⅰ. Regional economic relations and economic disparity in Jiangsu
 二、苏南、苏中、苏北引进外商直接投资比较 ······ 123
  Ⅱ. Comparison of attracting foreign direct investment among the southern, middle and northern in Jiangsu

第四章 江苏典型地级市外商直接投资比较 ······ 126
Chapter Four Comparative analysis of foreign direct investment among typical prefecture-level city in Jiangsu
 一、外商直接投资规模比较 ······ 126
  Ⅰ. Scale comparison of foreign direct investment
 二、外商直接投资行业分布比较 ······ 127
  Ⅱ. Industry distribution comparison of foreign direct investment
 三、外商直接投资绩效指数比较 ······ 128
  Ⅲ. Performance index comparison of foreign direct investment

第五章 江苏服务业外商直接投资发展概况 ······ 130
Chapter Five Development survey of foreign direct investment in Jiangsu
 一、江苏服务业外商直接投资的规模和结构 ······ 130
  Ⅰ. Scale and Structure of foreign direct investment in the services industry of Jiangsu
 二、江苏服务业外商直接投资的区域间比较 ······ 134
  Ⅱ. Comparative analysis of foreign direct investment among different areas in the services industry
 三、江苏服务业外商直接投资的主要问题 ······ 135
  Ⅲ. The main problem of foreign direct investment in the services industry of Jiangsu
 四、江苏服务业外商直接投资的发展趋势 ······ 136
  Ⅳ. The prospects of foreign direct investment in the services industry of Jiangsu

对外直接投资篇
Outward Foreign Direct Investment Articles

第一章 江苏对外直接投资概况 ······ 140

Chapter One   Overviews of Jiangsu's OFDI

一、新批项目数量和中方协议金额大幅下跌,平均投资规模平稳上升 ·········· 140

Ⅰ. The number of new projects and agreed amount of Chinese capital fall sharply, and the average scale has risen steadily

二、项目类型仍以独资子公司为主,机构增长迅速 ·········· 141

Ⅱ. Investment scale of institution grows rapidly, and sole proprietorship plays an important part

三、各类主体投资分化明显,民营企业仍然位居首位 ·········· 142

Ⅲ. There is a marked divergence among different types of investmen, and private enterprises still occupy the main position

四、各业务类型有升有降,参股并购类持续稳定增长 ·········· 145

Ⅳ. Ups and downs in all types and mergers & acquisitions grow steadily

第二章   江苏对外直接投资的地区分布 ·········· 147

Chapter Two   Regional distribution of Jiangsu's OFDI

一、江苏对外直接投资地区分布的总体概况 ·········· 147

Ⅰ. Overviews of regional distribution of Jiangsu'sOFDI

二、江苏对外直接投资地区分布的具体情况 ·········· 149

Ⅱ. Specifics of regional distribution of Jiangsu's OFDI

第三章   江苏对外直接投资的行业分布 ·········· 157

Chapter Three   Industrial distribution of Jiangsu's OFDI

一、江苏对外直接投资行业分布的总体特征 ·········· 157

Ⅰ. Overall characteristics of industrial distribution of Jiangsu's OFDI

二、江苏对外直接投资行业分布的具体情况 ·········· 160

Ⅱ. Specifics of industrial distribution of Jiangsu's OFDI

第四章   江苏对外直接投资区域内比较及投资绩效分析 ·········· 165

Chapter Four   Comparison of OFDI in different regions of Jiangsu and the investment performanceanalysis on Jiangsu's OFDI

一、江苏对外直接投资的省内区域比较 ·········· 165

Ⅰ. Comparison of OFDI in Jiangsu province

二、江苏对外直接投资绩效分析 ·········· 169

Ⅱ. Investment performance analysis on Jiangsu's OFDI

第五章   江苏对外直接投资的影响因素及政策建议 ·········· 171

Chapter Five   Factors that influence Jiangsu's OFDI and suggestions

一、江苏对外投资面临的有利因素 ·········· 171

Ⅰ. Favorable factors that influence Jiangsu's OFDI

二、江苏对外投资面临的不利因素 ·········· 172

Ⅱ. Negative factors that influence Jiangsu's OFDI

三、政策建议 ·········· 173

Ⅲ. Suggestions

电子商务篇
E-commerce Articles

第一章　江苏电子商务发展现状·················178
Chapter One　Development situation on the E-commerce in Jiangsu Province
一、基本概况·················178
　Ⅰ. Basic overview
二、网站开办主体分析·················179
　Ⅱ. Analysis on the main bodies who are running website
三、交易规模分析·················181
　Ⅲ. Transaction scale analysis

第二章　江苏电子商务发展的特点·················183
Chapter Two　Development characteristics of the E-commerce in Jiangsu Province
一、电子商务引领数字经济快速发展·················183
　Ⅰ. E-commerce leads the rapid development of digital economy
二、电子商务产业创新不断催生新业态新模式·················183
　Ⅱ. Innovation of E-commerce Industry create new business forms and new modes
三、电子商务应用领域不断拓展·················184
　Ⅲ. The application field of E-commerce continues to expand
四、产业发展示范作用显著·················184
　Ⅳ. The demonstration function of industrial development is remarkable
五、农村电子商务蓬勃发展·················185
　Ⅴ. Rural E-commerce is booming
六、跨境电子商务由成长走向成熟·················185
　Ⅵ. Cross border E-commerce providers grow from growth to maturity
七、电子商务物流和配送体系快速发展·················186
　Ⅶ. E-commerce Logistics and Distribution System are developing rapidly
八、市场发展制度环境日益规范·················187
　Ⅷ. The institutional environment of market development is becoming more and more standardized

第三章　江苏电子商务发展的问题和制约瓶颈·················188
Chapter Three　Problems and constraints of E-commerce Development in Jiangsu Province
一、江苏电子商务发展的问题·················188
　Ⅰ. Problems of E-commerce Development in Jiangsu Province
二、江苏电子商务发展的制约瓶颈·················190
　Ⅱ. Constraints of E-commerce Development in Jiangsu Province

第四章　江苏电子商务发展趋势 ·· 193
Chapter Four　Development trend of E-commerce in Jiangsu Province
一、电子商务应用广度和深度将不断扩大 ·· 193
　Ⅰ. The breadth and depth of e-commerce applications will continue to expand
二、B2C 和移动端交易快速增长,B2B 业务将稳步增长 ································ 193
　Ⅱ. B2C and mobile transactions grow rapidly, B2B business will grow steadily
三、跨境电商将成为对外贸易新渠道 ·· 194
　Ⅲ. Cross-border e-commerce will become a new channel for foreign trade
四、农村电商将在富民增收上发挥更大作用 ·· 194
　Ⅳ. Rural ecommerce will play a greater role in enriching people' income
五、电商服务业应运而生,呈现良好发展态势 ·· 195
　Ⅴ. E-commerce services emerged as the times require and are showing a good development trend

第五章　江苏省电子商务发展的对策 ·· 196
Chapter Five　Countermeasures for the Development of E-commerce in Jiangsu Province
一、鼓励电子商务企业发挥市场主体作用 ·· 196
　Ⅰ. Encouraging E-commerce Enterprises to Play the Main Role of Market
二、加快推动电子商务行业转型升级 ·· 199
　Ⅱ. Accelerate the transformation and upgrading of e-commerce industry
三、加大关键技术和顶尖人才的引进力度 ·· 200
　Ⅲ. Enhance the introduction of key technologies and top talents
四、优化电子商务行业发展环境 ·· 201
　Ⅳ. Optimizing the development environment of E-commerce Industry

政策篇
Policy Articles

省商务厅关于印发2018年全省流通发展工作要点的通知 ·································· 206
Notice on the Key Points of Circulation Development Work in Jiangsu in 2018 by Department of Commerce Department of Commerce of Jiangsu Province

省政府办公厅关于推进供应链创新与应用培育经济增长新动能的实施意见 ················ 209
Guidance on Promoting Supply Chain Innovation and Application and Cultivating the New Drivers of Economic Growth by General Office of Jiangsu Provincial Government

省商务厅关于开展2018年绿色商场创建工作的通知 ···································· 216
Notice on the Establishment of Green Shops in 2018 by Department of Commerce Department of Commerce of Jiangsu Province

省政府办公厅关于改革完善仿制药供应保障及使用政策的实施意见 ······················ 219

Guidance on Reforming and Perfecting the Policy of Supply Guarantee and Use of Generic Drugs by General Office of Jiangsu Provincial Government

省政府办公厅关于推进奶业振兴保障乳品质量安全的实施意见 …………………… 222
Guidance on Promoting the Revitalization of Dairy Industry and Guaranteeing the Quality and Safety of Dairy Products by General Office of Jiangsu Provincial Government

省政府办公厅关于转发省发展改革委等部门关于进一步规范企业境外投资的通知 …… 226
Notice on Transmitting the Provincial Development and Reform Commission and Other Departments to Further Regulate the Overseas Investment of Enterprises by General Office of Jiangsu Provincial Government

省政府关于印发在全省推开"证照分离"改革实施方案的通知 …………………… 229
Notice on Publishing and Issuing the Implementation Plan of the Reform of "Separation of Licenses" in Jiangsu Province by Jiang Provincial People's Government

数据篇
Data Articles

2017 年江苏按地区分社会消费品零售总额 ………………………………………… 234
Regional Retail Sales of Social Consumer Goods in Jiangsu in 2017

2017 年江苏限额以上批发和零售业基本情况 ……………………………………… 235
The Basic Situation of the Wholesale and Retail Trade above Designated Size in Jiangsu in 2017

2017 年江苏进出口商品细分类总额 ………………………………………………… 237
Total Import and Export Commodities in Jiangsu in 2017

2017 年江苏进出口商品主要国家和地区 …………………………………………… 240
Major Countries and Regions of Import and Export Commodities in Jiangsu in 2017

2017 年江苏按行业分外商直接投资 ………………………………………………… 243
Foreign Direct Investment by Industry in Jiangsu in 2017

2017 年江苏按国家或地区分外商直接投资 ………………………………………… 245
Foreign Direct Investment by Country in Jiangsu in 2017

2016—2017 年江苏分行业境外投资情况 …………………………………………… 247
Outward Foreign Direct Investment by Industryin Jiangsu in 2016 and 2017

2016—2017 年江苏境外投资主要国别地区情况 …………………………………… 250
Outward Foreign Direct Investment by Country in Jiangsu in 2016 and 2017

综合篇

第一章 江苏商务发展概况

2017年,江苏省总体经济运行稳中有升。通过供给侧的结构性改革,省内经济发展活力不断提升,经济发展的质量稳步提高。在此背景下,江苏省的商务发展也更上一层楼,和上一年相比,国内贸易增长速度较快,对外贸易额有较大的提升,电子商务发展态势稳健,利用外资状况保持平稳,对外投资规模有所下降,跨国经济合作保持稳定。除了规模变化之外,江苏各项商务活动还发生了诸多结构性的调整。接下来,依次对2017年上述各类商务活动的状况进行阐述。

一、国内贸易发展充满活力和变革,总体态势稳中有升

2017年,江苏省社会消费品零售总额达到了31737亿元,规模在全国排名第三,仅次于广东省和山东省,远远超过长三角地区的浙江(24308亿元)与上海(11830亿元)的社会消费品零售总额,在长三角地区的零售额中的比重达到46.8%,该比率较上一年略有上升。全省社会消费品零售总额占全国的比例达到8.7%,该比率比上一年的8.6%略有提升,表明江苏省商品流通大省的地位稳中有升。社会消费品零售总额比2016年上升了10.56%,增长速度较快,且速度与上一年基本持平。从横向对比的角度来讲,江苏省内部贸易增长率位居全国前列,在东部发达省份中,与浙江省并列第一。

(一)商品交易保持一贯的快速增长的态势,省内地区差异较大

江苏省的国内贸易额不仅在全国占据举足轻重的地位,而且,多年来一直保持着稳定的快速增长的势头。2011—2017年,江苏省社会消费零售总额分别达到15988亿元、18331亿元、20878亿元、23458亿元、25877亿元、28707亿元和31737亿元,每年的增速都超过10%,平均的年增速为12.9%。商品零售额是经济运行的晴雨表,是代表国内贸易的活跃程度、人们物质生活水平和社会购买力的重要指标。从上述统计数字可以看出,江苏省作为东部地区的一个经济发达的大省,内部贸易规模巨大,且不断增长,在全国处于领先水平,表明江苏的内部贸易蓬勃兴旺,充满活力,商品流动处于健康的状态。然而,江苏省不同地区的贸易额差别显著,2017年苏南、苏中和苏北的社会消费零售总额分别是18316亿元、5621亿元和7800亿元,苏南地区零售总额占全省零售额的比例为58%,数额超过苏北和苏中地区之和。从市级范围来看,排在前五位的分别是南京、苏州、无锡、徐州和常州。

(二)商品交易模式渐变,网络交易蓬勃发展

近年来,各类电子商务交易日益兴旺发达,江苏省商品交易的模式正逐步从传统的实体市场交易模式向网络交易模式转变,网络商品交易所占的比重不断增加。江苏省2017年实现电子商务交易额2.65万亿元,同比增长22.7%,网络零售交易额6893亿元,同比增长

27.3%,位居全国前列。网络交易零售额占总零售额的比重达到了21.7%①。可以看出,江苏省的商品交易中网络交易的增速远远超过社会消费品零售总额的增速,这表明传统的商品交易模式正逐渐被网络交易所取代,但网络交易占总交易的比重还有很大的上升空间,商品交易模式的变革仍在持续地、快速地进行。经过多年的发展,网络商品交易模式日趋成熟,通过第三方支付、评价机制、退换货保障机制等,有效地避免了买卖双方的信息不对称问题,同时,由于交易成本显著低于传统交易,因而受到了买卖双方的青睐。

(三)居民人均生活消费支出提升,城乡差距缩小

从居民家庭消费情况来看,2017年江苏省人均生活消费支出达到23469元,位居全国第六名,低于上海、北京、天津、浙江和广东,与2016年的22130元相比增加了约6%。可以看出,江苏省消费稳步提升,人民生活水平改善,但增加的速度有所放缓,且低于同期的GDP的增长率(7.2%)②。与第一名上海的39792元相比,扣除购买力差异之后,仍有较大差距。

2017年,江苏省城镇居民和农村居民消费中的食品支出比例分别为27.5%和28.9%,该比例在经济学中被称为恩格斯系数,数值越低表明生活越高,可以看出,当前江苏城镇居民的恩格尔系数略低农村,但两者的差距已经很小。从纵向的时间维度来看,城乡居民的恩格尔系数都呈现出持续下降的趋势,且两者之间的差距缩小了。此外,城镇和农村居民的衣着支出在总消费支出中的比例也呈现出下降的趋势,分别是6.6%和5.7%,这是因为衣着作为生活必需品,收入弹性较小,所占比重必然随着人们收入的提升而下降。但城镇居民在衣着方面的档次更高,此方面支出比例高于农村居民。城镇和农村居民的居住支出所占的比重分别为24.4%和21.7%,近年来,城乡居民的居住支出所占的比重持续上升,2015年,这一比例分别为22.6%和20.6%。我国城乡住房价格和房租水平持续上升,尤其以城镇地区最为明显,这导致了城乡居民的居住成本不断攀升。

(四)商品交易市场数量有所减少,但市场的平均规模有所扩大

2017年,江苏省商品交易市场数量为2753个,而2015年和2016年商品市场数量分别为2861个和2871个,这表明近年来江苏的商品市场数量呈缓慢下降的趋势。但是,商品的批发和零售总额增加了。限额以上法人企业的数量比上一年增加了26个,达到22540个。限额以上产业活动单位达到了37610个,比上一年增加999个,增加比例为2.7%。限额以上批发和零售业的购进额和售出额都增加了,分别达到51102亿元和55723元。这表明江苏商品市场规模逐渐扩大,商品交易环境进一步改善、专业性有所增强。这是因为,近年来,随着网络交易的发展,对实体市场交易形成冲击,因而,市场必须扩大,以取得规模经济效应,降低成本,增强竞争优势。

需要注意的是,虽然交易规模呈现上升趋势,但限额以上企业(单位)从业人数呈现出下降的趋势,2015—2017年分别是1316192人、1288982人和1272986人。原因在于,随着自动化和智能化水平的提高,商品交易中对劳动力的需求减少了,这可能不利于就业。其次,

---

① 东方财富网.江苏2017年电子商务交易额同比增长22.7%[EB/OL].http://finance.eastmoney.com/news/1355,20180928954349681.html,2018-09-28.

② 本文数据未标明来源的,均来自于《江苏统计年鉴》2018。

2017年限额以上批发和零售业的库存达到了5200亿元,而这一指标在2016年仅为2929亿元。库存的大幅增加,意味着经济运行并非特别景气,需要警惕经济衰退的风险。

(五) 旅游景点数量名列前茅,接待人数与收入快速增长

随着江苏省人均消费水平的提升,人们对生活质量的追求也不断提高,江苏省居民旅游服务需求不断增加,江苏旅游市场的基础设施建设和接待能力稳步增强。从旅游设施来看,全省2017年新增旅行社124家,共计2593家,比2013年多了389家。但星级酒店数量仍呈下降趋势,由2013年的970家下降为2017年的649家,星级酒店数量位列前三的分别是苏州、南京和南通,分别是112家、83家和80家。全省旅游接待人数达到了74287.31万人次,比上一年增加了9.6%。苏州、南京和无锡位居全省接待人数的前三名。接待海外旅游人数达到了3701038人次,比2016年的3297735人次增加了12.2%。省内5A景区数量达到了23个,新增5A级景区1个,继续保持全国第一的位置[①]。4A级景区突破170家,位居全国第三[②]。2017年,江苏省旅游收入共计11307亿元,较2016年的9952亿元上升了13.6%,可以看出,江苏省旅游业规模不断扩大,接待旅游人数和旅游收入都快速增长。优质旅游资源始终位居国内前列,且在不断改善之中。

二、进出口贸易强劲复苏,外贸结构优化升级

江苏省不仅是经济大省,也始终是全国的外贸大省和外贸强省。2017年江苏省的进出口贸易总额达到了5911亿美元,占全国进出口总额的14.4%。2014—2016年,江苏省对外贸易的进出口总额呈现出下滑的趋势,然而,2017年,江苏省进出口总额出现强劲复苏,表明本省对外贸易状况走出了低谷。虽然面对美国为首的西方国家的贸易限制,但是由于江苏省通过优化供给侧结构性改革,提升了对外贸易的竞争优势,所以,在贸易方面出现了逐渐向好的势头。接下来,我们将对这一年江苏省的外贸状况进行详细分析。

(一) 进出口额均快速复苏,外贸集中度增强

从外贸总额上看,2017年江苏省进出口总额为5911亿美元,位居全国第二,远远超过排在第三位和第四位的上海和浙江,后两者的进出口总额分别为4761亿美元和3779亿美元。但是,与第一名广东省的差距仍较大,仅相当于广东省对外贸易额的60%。2017年,江苏外贸一改前三年逐年下滑的颓势,出现了强劲的复苏,无论是出口额,还是进口额,都大幅提升。进出口总额增长率为9.9%,其中出口增长率为13.8%,进口增长率为19.7%,进口增长速度快于出口增长速度。对外贸易仍保持着顺差,净出口额为1354亿美元。与上一年1291亿美元的顺差相比,顺差规模有所扩大。这表明,江苏省对外贸易的趋势发生逆转,经济结构调整获得成效,使得本省对外贸易恢复活力和竞争力。

近期江苏省对外贸易的复苏,受益于国家和本省的积极外贸促进政策,优化了江苏省的对外贸易环境,提升了对外贸易企业的积极性。2017年本省对外贸贸易企业达到62000多

---

① 人民网.江苏5A级景区达到23个,数量稳居全国第一[EB/OL].http://js.people.com.cn/n2/2017/0226/c360311-29770015.html,2017-02-26.

② 江苏省人民政府办公厅.江苏省政府办公厅关于印发江苏省"十三五"旅游业发展规划的通知[EB/OL].http://www.jiangsu.gov.cn/art/2017/3/3/art_46479_2557622.html,2017-02-07.

家,比上一年增长了约8%,新增了大量对外贸易企业,且贸易的集中度也有所增强,前10家最大的外贸企业在全省的净出口中所占的份额约为15%,比2016年提升了2.4%。大型外贸企业起到了带头的作用,体现其规模经济方面的作用,促使江苏省的对外贸易转型升级,由外贸大省向外贸强省转变,逐渐进入了新的发展时期。

(二)一般贸易快速增长,加工贸易比重下降

对于一个经济体而言,一般贸易具有重要的地位。2017年,江苏省对外贸易结构进一步优化,体现为一般贸易快速增长,达到了19249亿元,增长率约为20%,快速的增长率体现了本省外贸的强劲发展势头。不仅如此,一般贸易在进出口总额中的比重也提升了0.2%,在江苏省的对外贸易总额中所占的比重达到了48.1%。而在同一个时期内,江苏省的加工贸易却有所下降,此项贸易额为16476亿元,比同期的进出口总额增长率低3.6个百分点,在全省进出口总额中所占的比重为41.2%。

(三)稳固传统贸易伙伴,开拓新的贸易伙伴

首先,江苏在2017年与主要的传统贸易伙伴延续深度合作的贸易关系,进出口额快速提升,贸易集中度略有提高。在江苏省的贸易伙伴国中,美国、欧盟、东盟、韩国和日本是位居前列的传统贸易伙伴国,2017年,江苏省对这几个主要的传统贸易国的进出口额分别达到了6819亿元、6535亿元、4615亿元、4346亿元和3796亿元,总额接近2万亿元,在江苏省进出口总额中所占的比重高达65.2%,比2016年同期增长了0.6%。这表明江苏省同传统的贸易伙伴国保持稳固的外贸关系,且贸易集中度有所提高。从增长率来看,对美国的增长率最快,达到了23%;其次是欧盟和韩国,均为21%;再次是东盟,为19%;对日本的进出口增长率最低,为15%。

其次,江苏省积极开拓新兴贸易伙伴,找到了新的对外贸易增长点。在国家实施的"一带一路"倡议指引下,江苏利用自身处于"一带一路"地理交汇点的独特优势,开展互利共赢的经济合作,加强与"一带一路"沿线的相关国家的国际贸易,促进对新兴贸易伙伴的进出口,并取得了可喜的成绩。2017年,江苏省与南亚、西亚和北非各国的贸易往来显著提升,进出口额比上一年增加了20%。

(四)机电和电子产品在外贸中占主导地位,能源贸易量价齐升

近年来,江苏省经济努力实现转型升级,向着高质量发展的目标迈进。目前江苏省产业结构由中低端制造业向着高端制造业和服务业迈进。在此背景下,江苏省对外贸易的商品结构也逐渐发生变化,接下来,分别从进口和出口商品的构成两个方面进行详细的分析。

首先,在2017年江苏省的进口商品中,能源类商品和电子产品的增长速度很快。就能源进口而言,全年的液化天然气进口额达到了127亿元,增率为120%。其中,进口的数量增加约为100%,价格比上一年提升了约10%。煤炭的进口额达到72亿元,总体增长率也是120%,与液化天然气的增长率持平。但是,煤炭进口数量仅增加33%,进口价格上升了65%,煤炭价格上升幅度很大,这是导致煤炭进口额大幅提升的主要原因。江苏作为经济大省和制造业大省,对能源的需求向来很大,能源需求的增长体现了经济发展形势趋于繁荣。对天然气需求的增加,表明能源结构向着清洁能源的方向调整,增长速度远超全国的27%的平均增长率。我国总体天然气储量匮乏,导致江苏天然气进口需求巨大。而我国煤炭储

量丰富,江苏之所以进口煤炭数量增加,主要是因为近期我国的煤炭限制产能,属于短期的阶段性现象。

2017年江苏省另一类进口快速增长的商品是电子器件,最典型的是集成电路、二极管和半导体。其中,集成电路的进口额达到3266亿元,增长率高达34%。二极管类相关产品的进口额达到了275亿元,增长率达到17%。电子器件是制造业的主要零部件,这两类产品的进口快速增长,与江苏省产业结构中电子和机电产品占比较大有关,表明江苏的制造业发展态势很好、势头强劲。

此外,除了能源和电子器件,2017年江苏省对铜矿砂、棉花等大宗商品的进口也快速增加。其中,铜矿砂进口的增长率高达56%,棉花的进口增长率也达到了21%。这些大宗商品也是制造业的重要原料,支撑本省经济总量和出口产品的增长。

其次,从出口方面来看,江苏省2017年出口总额中最高的产品是机电和电子信息类产品,占全省出口商品总额的66%。其中,手机出口额增长最快,增长率高达70%,出口额达到了906亿元;其次是平板电脑,增长率为27%,出口额达到449亿元;再次是便携式电脑,增长率为14%,出口额达到1367亿元,增长率虽然低于手机和平板电脑,但出口规模远远大于前两者。这三类产品的快速增长,对促进本省对外出口增长率中的贡献度达到18%左右,影响很大,是本省对外出口的强劲引擎,这一方面得益于全球信息产业的复苏,另一方面表明江苏省制造业快速升级,在高技术水平的产品方面具有越来越强的竞争优势。

最后,从进出口总额方面来看,电子信息行业在江苏省对外贸易中具有举足轻重的影响,该行业的产品进出口额达到14729亿元,在全省进出口总额中所占的比重约为37%,比上一年增长了23%。可见,该行业进出口规模大、占比高、增长快,成为江苏省对外贸易的龙头行业,代表着江苏省对外贸易升级路径中的重要发展阶段。

此外,江苏省对外贸易出现了数量与价格同时上升的现象。不仅进口的煤炭和液化天然气价格上涨明显,而且出口商品价格也显著上升。总体而言,江苏省2017年对外出口商品的平均价格上升的幅度为13%,显著高于生产者价格指数(PPI)上升的比例,比PPI的增长率高7个百分点。这表明我国对外贸易结构优化,出口产品竞争力加强,附加值有所增加。

三、引进外资状况回暖,呈现出缓慢复苏态势

长期以来,江苏省外商直接投资规模一直位居全国前列。2017年,江苏省引进外国直接投资初步扭转了前几年的颓势,出现了复苏的迹象。根据前几年的统计数据可以看出,2014—2015年,江苏省年利用外资的规模出现了连续衰退的状况,直至2016年才初步稳住并实现正增长。2017年,江苏省引进外资延续了2016年复苏的势头,引进外资的规模达到2513541万美元,出现了回暖的迹象,比2016年增长了2.4%,但增长幅度较小,且从绝对规模来看,仍未恢复到衰退之前2013年3325922万美元的最高峰,增长率低于全国7.9%的水平,这表明江苏省的引进外资形势发生了显著的变化,改变了之前快速增长的趋势,进入了阶段性回调与小幅增长的新常态。

(一)协议使用外资快速增长,实际使用外资小幅增长

2017年,江苏省新增的外商投资企业数量为3254家,比上一年增加了13.9%,累计的外商投资企业达到121544家。新批协议注册外资554.3亿美元,增长28.5%;实际使用外

资251.4亿美元,增长2.4%。新批及净增资9000万美元以上的外商投资大项目347个,比上年增长19.7%。上述统计数据可以看出,虽然江苏省实际使用外资的金额增长率偏低,但是,协议注册外资的增长率增加较快。两者之间的差距表明:江苏省在引进外资方面,发展态势较为强劲,但实际进展较为缓慢。此外,从外商投资企业增加的数量上来看,增长率较高。尤其是大规模的外商投资项目增长率很快,达到了20%左右,表明江苏省外商投资发展速度虽然总体趋缓,但其质量有所提高。

从发展趋势来看,2017年,江苏省的引进外资实现了全面的复苏。2012—2017年,每年新增的协议注册外资数目分别是4156个、3453个、3031个、2580个、2589个、3254个,可以看出,2016年之前,协议注册外资数量一路下滑,增长率为负值。2015年达到谷底,比2012年减少了约38%,下降幅度很大。这个下滑的趋势到2016年才止步。而2017年呈现出明显的复苏趋势,这是协议注册外资数量近五年来首次出现的显著的正增长。此外,从协议注册外资的金额来看,具有类似的趋势。2012—2017年协议注册外资金额分别为5714109万美元、4726816万美元、4318685万美元、3936089万美元、4313941万美元、5542587万美元,2012—2015年处于下滑阶段,2012年比2015年减少了31%。2016年开始复苏,增长率为9.6%;2017年增长率为28.5%。可见,2017年复苏的速度远远快于2016年。然而,实际利用外资虽然具有相同的趋势,但是复苏的速度较为缓慢,2016年和2017年实际利用外资的增长率分别为1.1%和2.4%,虽然增长速度有所提升,但不如协议注册外资的数量和使用金额复苏得快。

(二)合资经营企业增加,外商独资企业减少

首先,分析江苏省2017年利用外资的类型结构。在我国,引进外资主要分为如下四种形式,分别是:合资经营企业、合作经营企业、独资经营企业、外商投资股份制企业。在2017年的利用外资结构中,四种类型外资企业所占的比例分别是31.5%、0.5%、66%、2%。可见,外商独资形式仍占据主导地位,在全部实际利用外资金额中占三分之二左右,其次是合资经营企业,比例约为三分之一。合作经营企业和外商投资股份制企业所占比例极少,几乎可以忽略不计,因此,下面对其不予详细分析。2015—2017年,独资企业所占的比例分别是81%、82%、76.5%、74.5%、66%,可以看出,在江苏省引进外资的结构中,外商独资企业所占的比例逐渐下降,且2017年下降幅度最大。与此相反,合资经营企业的比例增加,出现了以合资经营替代外商独资的趋势。

从不同类型外商投资企业的金额变化状况来看,表现为合资经营企业大幅增加,而其他几种类型的外商投资显著下降。2017年,合资经营企业的金额增长率从2016年的545032万美元增加到791142万美元,增长率为45.2%。而独资企业的金额从2016年的1825448万美元减少到2017年的1659310万美元,减少了9.1%。自2013年以来,外商独资企业的金额一直呈现负增长的态势,逐年减少。而合资经营企业的变化趋势则与引进外资的总体趋势一致,2013—2015年有所下滑,但2016年、2017年快速增加,其中,下滑阶段主要是受总体经济环境的影响,而近两年的快速增加则除了受经济形势影响之外,还源于合资经营企业对外商独资企业的替代。

(三)第二产业外资占主导地位,且增长较快

首先,分析第一、二、三产业引进外资所占的比例。2017年,引进外资的总数为3254

个,其中第一产业、第二产业和第三产业外资项目的数量分别是 62 个、1344 个和 1848 个,所占的比例分别为 2%、41%和 57%,第三产业的外资数量超过一半,占绝对优势,其次是第二产业,第一产业的外资企业数量极少。从实际使用外资的金额来看,第一、二和三产业分别为 30449 万美元、1403804 万美元、1109737 万美元,所占比例分别为 1.2%、55.8%、43%,第二产业占据比例较大,虽然第二产业外资企业数量少于第三产业,但由于第二产业资本密集型企业多,规模更大,所以,其所使用的外资金额仍超过第三产业。

其次,分析不同产业外资的动态变化趋势。与 2016 年相比,2017 年第一产业实际使用外资从 48024 万美元下降到 30449 万美元,下降幅度为 36.6%;第二产业实际使用外资从 1260016 万美元减少到 1403804 万美元,上升幅度为 11.4%;第三产业实际使用外资从 1146256 万美元减少到 1079288 万美元,下降幅度为 5.8%。可以看出,第一、二、三产业使用外资呈现出不均衡变化态势,第二产业占比最大,且增长最快。第三产业外资占比较大,但 2017 年呈下降态势。第一产业外资占比很小,且大幅下降。

(四) 制造业外资规模扩大,在外资中占比上升

2017 年江苏省制造业协议注册外商直接投资 2249135 万美元,比上一年增长了 36%,占全省协议注册外资的比例为 41%。制造业实际使用外资 1118072 万美元,占全省实际使用外资的比例是 44.5%,比上一年增长 6.9%。协议注册外资和实际使用外资的比例较上一年分别提高了 3 个和 2 个百分点。江苏作为制造业大省,所吸引的制造业外资具有重要地位,呈现出占比高,比重上升,且绝对规模增长的态势。在制造业内部,实际使用外资占比最高的三个行业分别是通信设备、计算机及其他电子设备制造业、化学原料及化学制品制造业,所占的比例分别是 7.5%、4.9%和 4.4%。江苏是制造业大省,扩大制造业的外商投资规模,提升高端制造业的外商投资比例,是促进江苏省产业结构优化升级的必由之路。2017年,江苏省制造业引进外资状况有所改善,一改前几年的颓势。但上升速度还较为缓慢,需要进一步提高。

(五) 来自亚洲和北美的外资下降,来自南美和欧洲的外资提升

在外资来源地方面,亚洲依然是江苏省外资的主要来源地。2017 年,亚洲国家对江苏省实际投资总计 1813243 万美元,占江苏省利用外资总额的比重高达 72%,是江苏省引进外资的主要来源,其中,位居前三位的分别是中国香港、新加坡和日本。但是,来源于亚洲国家或地区的外资较 2016 年下降 5.5%,且在全省引进外资中的比重减少了 6 个百分点。

由于近年来我国与南美国家建立了友好经贸合作关系,南美在江苏省的实际投资额快速上升,共达到 164080 万美元,占比 6.5%,投资额排名仅次于亚洲地区,超过了欧洲地区,且该地区 2017 年的增长率达到了 36%,呈现出后来居上、快速攀升的势头。欧洲地区对江苏的投资位居第三,达到了 129787 万美元,增长率为 38%,增长速度很快,在江苏引进外资中的比例为 5.2%。然而,来自北美洲和大洋洲的外商直接投资快速下降,2017 年实际使用外资仅为 74945 万美元和 47946 万美元,与 2016 年相比,分别下降了 35%和 14%,在全省实际利用外资中的比例分别下降到 3%和 2%。

根据以上数据可以发现,江苏省引进外资来源地较为集中,主要来自亚洲国家或地区,但来自此地区的外资规模和比重缓慢下降。来自南美洲和欧洲的外商投资增长快速,成为我国引进外资新的增长点。与此相反,北美和大洋洲的外商投资不仅比重小,而且下滑严

重,在我国引进外资中已退居次要的地位。这和江苏省与美国、加拿大和澳大利亚的产业结构变化、地缘关系和经贸关系等因素有密切关系。尽管如此,由于美国、加拿大和澳大利亚经济发达,技术水平先进,仍应加强与这些国家的经贸往来,提升这些国家对江苏省的投资,促进江苏产业结构优化和经济发展质量的提升。

四、对外投资以第二产业为主,对外投资规模明显下降

2017年,江苏省开放经济总体发展强劲,对外贸易和引进外资发展态势良好,但是,在对外投资方面却出现了明显的下滑。

(一)对外投资数量减少,投资额下降

从新批对外投资项目来看,2017年仅为631个,较2016年减少了436个,下降幅度高达41%。从2017年的对外投资金额来看,从2016年的1422365万美元下降为927073万美元,降幅为35%,下降幅度也很大。2013—2017年,江苏省对外投资呈现出逐步上升的趋势,对外投资数量分别是605个、736个、880个、1067个、631个,对外投资金额分别是614272万美元、721571万美元、1030460万美元、1422365万美元、927073万美元。然而,2017年却改变了前几年的上行趋势,首次出现了下滑。

主要原因可能是政策方面的影响,从2016年底,央行就开始加大了对于资本外流的风险管理,外管局要求对外投资项目额度超过5000万美元的项目须进行管控,商务部和发改委也对境外投资手续加强审核;2017年6月,银监会要求各大型国有商业银行排查几家海外并购明星企业的境外授信及风险分析;8月18日,国务院办公厅转发国家发展和改革委员会、商务部、人民银行、外交部《关于进一步引导和规范境外投资方向的指导意见》明确指出,限制房地产、酒店、影城、娱乐业、体育俱乐部等境外投资。政府在支持和促进对外投资的情况下,也强调加强监管,控制对外投资的质量与风险。所以,虽然短期内江苏省对外投资减少了,但长期来看,江苏省对外投资的步伐会更稳、更快。

(二)在对外投资中第二产业占据重要地位,第三产业比例下降

2017年,江苏省对外投资的产业结构进一步优化,第一、第二和第三产业所占的比例分别是1.3%、52%和46.7%。2017年第一产业对外投资新批项目数量为9个,较2016年下降了67%。同时,单个农业对外投资项目平均金额为1356万美元,比2016年的1786万美元减少了了32%。可见,第一产业对外投资所占比例极小,且出现了数量和金额的大幅下滑的现象。江苏第二产业的对外投资下滑,2010—2017年分别为134个、158个、175个、190个、259个、287个、396个和263个,2017年下降幅度为33.6%,改变了此前几年稳步增加的趋势;中方协议投资金额降幅也较大,2017年达483200万美元,较2016年减少8.8%。第二产业对外投资额占境外投资总额的比重较高,但不够稳定。自2009年该比重超过50%之后,从2010年的47.90%大幅下降到2014年的35.46%,但是在2015年情况得到好转,达到51.87%,2016年第二产业对外投资比例为37%,2017年上升为52%。在第二产业内部,以投资于制造业为主,占第二产业的对外投资比重达72.5%。对外投资的中方协议金额达350157万美元,相比2016年减少了9.4%。

第三产业依然是江苏省产业发展的重点方向,也是对外投资的主要部门。2010—2017年新批项目分别为266个、342个、383个、400个、469个、573个、644个和359个,中方协议

投资金额分别为 10.99 亿美元、20.42 亿美元、33.07 亿美元、35.89 亿美元、46.08 亿美元、62.94 亿美元、84.44 亿美元和 43.17 亿美元,占江苏境外投资比重分别为 50.51%、56.69%、65.55%、58.42%、63.86%、61.08%、59.37%和 46.56%。在第三产业内部,对外投资主要是可贸易性更好的生产性服务业,其中租赁和商务服务业、批发零售业和科学研究、技术服务和地质勘查业的比例最高,占第三产业对外投资总额的比重依次是 20.23%、18.17%和 11.77%。

(三)对外投资以亚洲为主,对美国、德国和泰国投资的比例上升

江苏省对外投资的目的地主要以亚洲各国或地区为主。2017 年,江苏对亚洲国家投资 459342 万美元,较 2016 年减少了 43.5%,占其对外投资总额的比例为 49.5%。值得注意的是,2017 年江苏省资本投向欧洲的规模比 2016 年上升了 24.8%,达到 171703 万美元。在亚洲各国家和地区中,中国香港仍是吸引江苏省对外投资的主要地区,但数量和金额大幅下降。2017 年江苏省在港新批项目数和中方协议投资额分别为 169 个、179445 亿美元,同比分别减少了 38.5%和 64.5%。按照中方协议投资额排序,2017 年,江苏省对外投资排在前五位的国家或地区分别是美国、中国香港、印度尼西亚、泰国和德国,投资额依次为 195045 万美元、179445 万美元、48935 万美元、48759 万美元和 45979 万美元。这些国家或地区之所以对江苏省的对外投资吸引力大,或者是因为这些地区投资环境相对成熟,开放度、市场化、法治化程度较高;或者是因为离岸金融业十分发达,有利于江苏借助对外投资获得先进技术和经验,实现资本的保值、增值。并且,由于部分亚洲地区和我国先天文化属性相似,江苏省对此投资受到的阻碍较小,遇到的贸易壁垒也会较少,使得这些地区成为江苏省对外投资的首选之地。但江苏省对亚洲国家的投资比例下降了,对美国、德国的投资增加,美国超过中国香港,成为江苏省对外投资的最重要国家。

(四)苏南地区对外投资占主导地位,各地区对外投资均大幅减少

江苏省对外投资规模主要呈现由南到北逐渐减少的趋势,苏中、苏北地区企业"走出去"的空间依然广阔。2017 年,苏南仍然是江苏省对外投资的主力军,对外投资额占全省总额的 69.26%,实现中方协议投资 642132 万美元,比 2016 年减少了 32.22%,苏南对外投资额达到苏中和苏北地区总和的两倍以上。位居全省前三位的地区分别是苏州市、南京市和无锡市,对外投资规模分别达到 231756 万美元、180658 万美元和 120488 万美元。苏南、苏中、苏北地区对外投资的差异取决于各地区的经济发展水平。从这一点上来看,江苏省仍然需要促进区域内经济均衡增长,由点到面,努力实现全省对外投资的同步增长。然而,从全省来看,各地区对外投资的数量和金额都大幅下滑,这可能主要与国家的监管政策有关,并不能表明江苏对外投资发生了退步。

五、电子商务快速扩张,位居全国前列

2017 年江苏省电子商务的发展取得了可喜的成绩,实现电子商务总交易额 2.65 万亿元,同比增长 22.7%,网络零售交易额 6893 亿元,同比增长 27.3%,位居全国前列。可以看出,江苏省电子商务发展具有规模大、增长快、零售占比较高的特点,发展形势迅猛。

(一)互联网设施快速进步,价格大幅下降

江苏省电子商务的发展,得益于本省良好的互联网基础设施。具体而言,在互联网基础设施方面,截至 2017 年底,江苏省光缆线路总长度 324.8 万公里,宽带接入端口数为 6531.7 万个,位居全国第一[①];互联网省际出口宽带 32000 G,位居全国第三;4G 基站超过 22.9 万个,位居全国第二;整体固定宽带接入速率 62.93Mbps,较 2016 年提升了 124%。与此同时,互联网设施的费率大幅下降,移动流量和固定宽带资费平均下降 40%。上述的先进且低价的互联网服务,为电子商务的交易奠定了基础,提供了有利的保障。

(二)省内存在明显的地区差异,区域集中度很高

长期以来,江苏省经济发展存在明显的地区差异,具体而言,就是苏南地区比苏北地区更为发达,而电子商务的发展与经济的发展具有密切的关系。从 2017 年的网络零售额占比上看,南京、苏州占江苏全省网络零售总额的 62.26%,相比去年同期上升了 1.58 个百分点,区域集中度很高,而且有所上升。其中,南京网络零售额占全省的 34.53%,排名第一。在其余的地市中,无锡、南通、常州、徐州紧随其后,四个市的网络零售额约占全省 14.37%。从地区分布的占比看,全省网络零售额的四分之三分布于苏南,南北区域差异非常明显,呈现出不均衡的态势。

(三)以创新驱动电子商务发展,新型经营业态不断涌现

电子商务是技术密集型行业,使用现代信息技术,能够不断推陈出新,促进江苏省电子商务的快速发展。2017 年,江苏省的电商"健康南京 APP"通过网络 APP 推出了网络预约、挂号、报告查询、满意度调查等服务,目前已与 100 多家医院合作;南京电商"37 号仓"推出了无人超市的新经营业态,实现超市经营的智能化。泰州电商推出"土得很"农产品电商销售系统,已在多家电商平台搭建门店,销售额超过 2500 万元。通过技术创新,电子商务领域架起了沟通供需双方的桥梁,促进交易的发生,刺激时劳动产品的需求。

(四)跨境电商蓬勃发展,成为外贸新的增长点

在跨境电商方面,2017 年江苏省取得了良好的发展,交易额达到 0.58 万亿元,占全国的比例为 11.3%,位居全国第三位,仅次于广东省和浙江省[②]。苏宁易购、金鹰商贸的"金鹰购"、苏果"e 万家"等跨境电商平台发展势头良好,跨境电商已经成为江苏外贸新的增长点。从出口的商品种类来看,江苏省跨境电商销售的纺织服装产品、3C 电子产品等处于领先地位,因为中国的制造业生产成本低,生产效率高,具有很强的竞争优势。2017 年江苏省电子商务交易额超过 2.6 万亿元,继续保持全国前列。江苏省电子商务发展时间短,但是政府采取扶持政策,有助于省内电商企业发挥后发优势,不断提高自身的竞争力,总体发展势头强劲。

---

① 中国电子报.江苏发布 2017 年通信与互联网发展现状[EB/OL].http://www.dooland.com/magazine/article_1013760.html,2018-09-03.

② 网经社.2017 年度中国出口跨境电商发展报告[EB/OL].http://www.100ec.cn/zt/17zgfz/,2018-05-21.

（五）各地区发挥比较优势，电子商务的主打产品各有特色

江苏省不同地区经济发展各有特色，产业结构不同，决定了在电子商务中所具有的比较优势也不同。作为全省电子商务零售最发达的南京市，其特色产品是数码家电产品；紧随其后的苏州市，其优势产品是服装、鞋和包；无锡市的特色产品是服装和家具；南通市的优势产品是家纺家居产品；徐州市的优势产品是家具和百货。就农产品的电商交易而言，2017年增长较快，增长率为28%，交易额达到了360亿元，苏州和南京分列全省前两名。

六、逐步实施经济国际化战略，对外经济合作保持稳定

随着经济全球化程度不断加深，江苏省实施国际化战略的速度显著加快，努力在更大的范围、更广的领域、更深的层次、更高的水平寻求对外经济合作参与对外经济合作。

（一）对外工程承包规模扩大，承包合同数量减少

2010—2017年，江苏省对外工程承包合同额稳步上升，分别达到54.47亿美元、59.49亿美元、71.98亿美元、86.57亿美元和96.61亿美元、77.96亿美元72.87亿美元、108.21亿美元。2017年扭转了前两年的下滑趋势，实现了明显的上升，增幅高达48.5%。2017年江苏省实际完成营业额为95.29亿美元，较2016年增长了4.38%。2010—2017年分别签订968份、891份、1009份、1021份、1067份、875份、1543份、548份对外承包合同，增速分别为33.15%、-7.95%、13.24%、1.19%、4.51%、-17.99%、76.3%和-64.5%，可以看出江苏省2017年对外承包合同数量大幅下滑。但是，单笔合同的资金规模明显提升了。同时，年末在外人数略微下降了1.4%。

（二）对外劳务新签合同金额降幅缩小，年末在外人数有所增加

2010—2017年，江苏省新签劳务人员合同工资总额分别达到7.60亿美元、6.49亿美元、6.20亿美元、7.57亿美元、12.08亿美元、5.19亿美元、4.53亿美元和4.4亿美元，可以看出，2014年之后，新签合同工资金额呈现出下滑的趋势，但2017年降幅较小，为2.87%，基本保持稳定。2010—2017年江苏省对外劳务合作人员的实际收入总额较为平稳，分别达到7.69亿美元、7.36亿美元、7.74亿美元、8.88亿美元、8.54亿美元、7.46亿美元、6.96亿美元和7.22亿美元。其中，2013年比2012年增加，增幅为14.73%；2014年比2013年略有下降，降幅为3.83%；2015年和2014年相比有所下降，降幅为12.65%。2017年实现了正增长，增幅为3.73%，虽然增幅较小，但表明对外务工形势好转。此外，从年末在外人数来看，2017年比上一年增加了4135人，增幅为7.5%。

第二章 江苏商务发展的优势与机遇

江苏省地处长三角地区,毗邻浙江和上海等经济发达地带,拥有优越的地理位置,是我国的经济、外贸大省,总体经济状况运行很好,人均可支配收入持续提升,具有领先的科技创新水平和先进的创业意识,制造业实力雄厚,具有智能制造品牌优势,以上这些因素构成了江苏省商务发展的优势来源。当今世界充满变革,新机遇新挑战层出不穷。党的十九大报告指出,江苏省的发展仍处于重要战略机遇期,一定要把握时代脉搏、深入分析国际国内形势,做出一个重大的科学判断。江苏发展正处在多种重大机遇叠加之中。未来发展如何,关键在于我们能不能抓住这些重大机遇。

一、区位优势明显,交通运输体系发达

坐拥长三角,连接着上海、浙江、山东等经济大省,江苏的地理位置奠定了其商务发展的先天优势。2017年,长三角三省一市主动融入"一带一路"建设、长江经济带发展等国家重大战略,取得了明显成效。迄今为止,江、浙、沪三地深度合作,协同发展,长三角地区经济一体化正式启动,这也对长三角地区的交通运输提出了更高的要求。与此同时,长三角"一小时都市圈"基本建成,江苏也全面启动了交通运输现代化建设。铁路和航道投资力度进一步加大,共有11个项目列入国家新一轮铁路建设计划,新增三级以上干线航道208公里,沿江、沿海港口分别新增7个和8个五万吨级以上码头泊位,完成新改建农村公路5630公里。南京禄口国际机场二期建成投运,区域性航空枢纽地位凸显,城市建设方面,公交路线和城际交通运输路线进一步完善,宁、镇、扬实现公共交通"一卡通"联网。2017年,江苏省高速公路通车总里程突破4688公里,10万及以上人口乡镇高速公路覆盖率达到95%以上,通达程度、服务能力均居全国领先水平。公共交通基础设施已经基本实现现代化,已建成长江跨江通道14个,在建通道4个。铁路覆盖13个省辖市,时速200公里以上的快速铁路里程较"十一五"末翻一番,苏南地区高铁通道基本形成;干线航道网主骨架初步形成,拥有8个亿吨大港,港口货物综合通过能力达19.7亿吨,均居全国首位;已建成9个运输机场和9个通用机场,正在布局70个机场建设规划。实现地面交通90分钟车程覆盖全部县市;三级交通物流枢纽(基地)体系基本形成。由此可见,在优越的地理位置的基础上,江苏省交通运输能力逐渐提升,这为区域经济一体化以及商务活动的发展奠定了良好的基础。

二、经济运行态势良好,人均可支配收入不断提高

当前,我国经济已经步入"新常态",由高速增长转为中高速增长。2017年江苏经济发展依然注重于"稳增长、促改革、调结构、重生态、惠民生、防风险",经济增速在新常态下平稳运行、稳中有进,全省GDP达到8.6万亿,仅次于广东省,经济总量位居全国第二,在全国GDP中的比重达到10.1%。GDP增长率为7.2%,虽然较2016年的8.6%的增速有所回

落,但仍然超过了6.9%的全国整体水平,在东部经济发达省份中位列前列。2017年的江苏经济不仅做到了"稳增长",还实现了"调结构",三次产业占比进一步合理化。2017年,江苏省第一、二、三产业的GDP所占的比重分别是4.7%、45%和50.3%,第一产业增加值4076.7亿元,增长2.2%;第二产业增加值38654.8亿元,增长6.6%;第三产业增加值43169.4亿元,增长8.2%。全省人均地区生产总值107189元,比上年增长6.8%。第三产业比重超过了一半,且第三产业增长率快于第一和第二产业,表明江苏省产业结构进一步优化,持续升级。在全国经济总量排名前四位的省市中,江苏省第三产业增长速度较快,达到了8.2%,高于全国7.8%的平均水平,第三产业占全省地区生产总值的50.3%,这一比重较2016年提高了0.3个百分点。

2017年,江苏实现城镇居民人均可支配收入为35024元,位居全国第5位,较2016年的32070元增长了9.21%,增长速度较快。在其他条件基本稳定的情况下,人均可支配收入的提升增强了消费能力,增加了消费需求。2017年,江苏人均消费性支出23468.6元,比2016年的22130元增长了6%。消费品市场也因此稳中趋好,社会消费品零售总额达31737亿元,比2016年增长10.6%,有效推动了江苏省的商务活动发展。较高水平的人均可支配收入既提升了江苏经济发展的活力,又保证了江苏省内需对经济增长的刺激作用。在当前出口规模出现萎缩的情况下,这也有利于江苏省调整发展战略,通过加强对内需的利用,实施出口转内需的发展战略。

三、融入"一带一路"建设,民营企业获得发展新良机

自2013年中国国家主席习近平提出了建设"新丝绸之路经济带"和"21世纪海上丝绸之路"(即"一带一路")的倡议构想以来,经过4年的发展,2017年,江苏省抢抓机遇,主动作为,把"一带一路"倡议与沿海开放战略和长江经济带三大国家级战略统一规划,一体推进,全方位发力,迅速形成新一轮开发开放及外向型经济发展浪潮。2017年,江苏共发送中欧(亚)班列880列,同比增长51.2%。其中"连新亚"班列依托海港及新亚欧大陆桥东方桥头堡双重优势,形成了鲜明的国际中转运输、海铁联运特色,国际中转出口货物在总发送量中占比约三成,承担新亚欧大陆桥国际中转出口运输业务40%以上,在全国具有较强影响力。"一带一路"倡议实施以来,江苏沿线国家投资的企业达1000多个,千万美元以上的项目约占70%。2017年,江苏省还依托"一带一路"倡议,积极推动本省企业"走出去",向"一带一路"沿线企业进行大量的投资,积极参与"一带一路"建设,发挥先行先导作用,江苏不仅纺织服装、机械电子、冶金化工等传统优势产业"花开异国",而且近年快速成长的光伏、输变电、轨道交通等新兴产业也在他乡绽放光彩。

2017年,全省民营经济面对错综复杂的宏观经济环境,在加快创新转型中保持了平稳健康发展,民营经济亮点引人注目。2017年,由于经济运行已经进入新常态,动力机制在切换中,在江苏,来自民营经济对投资增长的贡献率接近90%。截至2017年底,江苏规模以上民营工业企业已占到全省规模以上工业企业数的77.2%,同比提升0.8个百分点。2017年,规模以上民营工业累计实现增加值占全省规模以上工业比重为54.7%,同比增长8.0%,拉动全省规模以上工业增速4.4个百分点,对全省规模以上工业增长贡献率达58.0%。

数据显示,2017年,江苏民间投资达到37485.5亿元,同增9.5%,增幅同比提高2.7个百分点,比全部投资增速高2个百分点,比全国平均水平高3.5个百分点。2017年,民间投

资占全省投资总量的比重由上年同期的 69.3% 提高到 70.7%,同比提升 1.4 个百分点;对投资增长的贡献率由上年同期的 62.7% 提升到 89.6%,同比提升 26.9 个百分点,拉动投资增长 6.6 个百分点,同比提升 1.9 个百分点。民营企业是经济发展的助推剂,加强民营企业的活力,提高民营企业的参与度,有助于促进经济增长。同时,民营企业的发展能够保证市场的竞争活力,有利于政府力量集中到基础设施和基础产业的建设上。

四、科技创新水平领先,创业意识先进

2017 年,江苏省取得地区生产总值 8.6 万亿元的成绩,在江苏的产业结构中,第三产业占 GDP 比重达到 50.3%。第三产业比重超过 GDP 的一半,处于绝对优势,经济结构发生质的飞跃。江苏服务业提升以后,对先进制造业有促进作用,如生产性服务业会带动制造业发展。生活性服务业的档次和质量也会进一步提升,如健康、文化服务业将直接提升百姓生活质量。据《中国区域创新能力评价报告 2017》显示,江苏省总体创新能力排名第二,仅次于广东省,大多数指标处于全国前列,创新能力均衡,企业创新能力突出。江苏的优势集中体现在企业创新方面,如有研发机构的企业数、企业研发人员总量、企业技术改造经费投入等指标均排名全国第一[①]。

2017 年,江苏省创新产出成果保持总体稳定,稳中有升。专利申请受理量合计 514402 件,和 2016 年相比,增长了 0.39%,维持高水平稳定的状况。其中,发明型专利受理量达到 187005 件,和 2016 年相比,增长了 1.29%;实用新型专利申请受理量 219503 件,和 2016 年相比,增长了 13.95%。另外,大专院校和科研机构专利申请受理量合计 43232 件,和 2016 年的 42303 件相比,增长了 2.2%。2017 年,江苏省全社会研发投入达到 2260.06 亿元,占全省 GDP 的比重达 2.63%,较上一年略有上升。2017 年江苏省共有 54 个项目获国家科技奖,获奖项目包括自然科学奖 4 项、技术发明奖 10 项、科技进步奖 40 项,获奖总数位居全国省份的第一位。高新技术产业产值 67863.74 亿元,规模以上工业的产值 28579.02 亿元,占高新技术产业产值比重达到 42%,科技贡献率达 60% 以上。

江苏积极成立了省技术转移联盟,国家技术转移示范机构成功获批 23 家,该数据位列全国第一位,每年各类产学研合作项目实施已超过 2 万项。科技进步贡献率达到 62%,全省已拥有创新型领军企业 140 家、高新技术企业 10814 家,民营科技企业超过 10 万家,规模以上科技服务机构 4900 多家,从业人员 67 万人。江苏省共投入 1.4 亿元用于企业研发补助,并出台 40 余条政策,3 年内投入 1000 亿元用于支持科技创新。所有的数据都从侧面说明江苏教育底蕴深厚、科研创新氛围良好。2017 年,省政府针对此前发布的江苏省科技创新 40 条政策,制定《关于加快推进产业科技创新中心和创新型省份建设的若干政策措施》及实施细则。江苏省科技厅研究制定了《江苏省科技企业孵化器评价指标体系(试行)》,主要用于国家和省级科技企业孵化器绩效评价,旨在加强和规范孵化器管理,引导全省孵化器健康发展,提升服务能力和绩效,提高社会贡献率,并作为制定有关政策、引领发展和动态管理的主要依据。江苏省创新水平提高和创业意识的增强,标志着"大众创业、万众创新"战略在全省出初具成果。创新能力的增强,对全省的产业结构升级,经济活力提升,市场经济机制的合理运行也将大有裨益。

---

① 中国科技发展战略研究小组等.中国区域创新能力评价报告 2017.[EB/OL].http://district.ce.cn/zg/201711/25/t20171125_26995536.shtml,2017-11-25.

五、制造业实力雄厚,智能制造品牌优势突出

对于江苏省而言,作为制造业大省,在全国处于领跑者的地位,制造业规模庞大,总量稳步增长,充满活力,基础雄厚,形成了较为成熟的产业集群,是全球重要的制造业基地。医药、软件、新能源、新材料、节能环保、海工装备等高科技制造业发展迅速,产业规模居全国第一,新一代信息技术产业规模全国第二。重工业、高加工度化趋势明显,装备制造带动江苏制造向高加工度化行业在重工业中取得支配性的地位。2017年规模以上工业增加值达3.5万亿,占全国比重12.5%,对全省经济增长的贡献率在50%左右。规模以上工业企业利润总额超过1万亿,居全国第一,占全国比重超过14%。

江苏作为传统制造业大省和物联网发展高地,始终把智能制造作为传统产业转型升级优化、提升国际核心竞争力的助力器,政府政策引导,企业积极实践,不断增强核心科研技术研发,大力促进企业制造装备升级和互联网+,产品性能、生产效率稳定提升,资源能耗、人力成本不断下降。江苏在战略新兴产业如新材料、新能源、生物医药、节能环保、新一代信息技术和软件等产业规模已达到全国领先,且部分产业与国际接轨甚至领先。江苏工业产业种类丰富,多数处于工业化2.0—3.0等中后期阶段,信息化和网络化起步早、程度高、发展快,为基于信息化、互联网+的智能制造奠定了坚实的基础。近五年,江苏制造业各行业累计信息化各项投入呈逐年快速上升趋势,区域两化融合发展水平总指数连续两年位居全国第一。

六、商贸物流发展势头迅猛,工业品物流占比很高

受国际市场回暖和国内供给侧结构性改革的多重影响,2017年江苏省物流需求规模快速增长,社会物流总额达279563.0亿元,同比增长13.7%,高于全国水平(6.7%),其中,工业品物流总额比重最大,占81.1%。2017年江苏社会物流总费用达12136.2亿元,同比增长10.5%,增长率高于全国的9.2%;物流运行效率继续提升,2017年社会物流总费用与GDP的比率为14.1%,这一比率低于全国水平(14.6%)。2011—2017年,江苏社会物流总需求保持稳中有升的良好势头;居民消费领域物流需求持续旺盛,工业物流中高新技术、高端制造产品物流需求较快增长,大宗商品物流需求则较为低迷,反映出经济结构持续优化的阶段性特征。同一时期,江苏商贸物流业整体发展态势逐年放缓,与GDP增长趋势一致,表明物流业收入的高速增长阶段已经过去。与此同时,社会物流总费用占GDP的比率持续下降,表明江苏商贸物流成本水平进入加速回落期,这与经济结构优化、运行效率提升和物流的高效运作密切相关。

物流社会化水平的不断提升,推动了物流的专业化。借助于电子商务的迅速发展,物流专业化呈现出以外包模式为主、自营模式为辅的局面。外包是指将物流配送业务交给专业的物流企业处理,如顺丰、申通、德邦、华宇等以快递、物流为主业的企业,这些企业随着市场的不断扩大以及客户要求的提高,服务水平日益提升,解决了冷链物流、保税物流等问题,促进了商贸流通业发展。江苏共有快递企业及分支机构4000余家,末端网点1.3万个,从业者超过15万人,日均快件量约1800万件。最典型的自营模式当属京东商城,这类企业自身拥有物流平台,通过自建仓库、车队,开发先进的理货、送货装置,确保了服务水平,有效地提升了客户体验。在江苏昆山,京东物流已经投入使用全球首个最大的全流程无人分拣中心,其场内自动化设备覆盖率达到100%,分拣能力达到9000件/小时。

第三章 江苏商务发展的劣势与挑战

尽管江苏省地理位置优越、经济发展水平高、技术水平先进、交通便利、基础设施先进、商贸物流发达,但是目前,在经济运行进入新常态之后,江苏经济也面临着一系列的挑战,必须勇于面对这些挑战,才能迎难而上,化挑战为力量,推动江苏省的商务发展在目前的高水平之下更上层楼,取得更大进展,达到世界上商务一流强省的水平。概括而言,目前,江苏省面临的与商务有关的挑战包括如下几个方面:第一,产业结构层次不够高,仍有待进一步升级;第二,生产要素成本上升,削弱产品在贸易中的竞争力;第三,自主创新和技术水平仍需提高;第四,环保压力日益严峻;第五,省内不同区域发展不均衡;第六,面临来自国外的压力增加。接下来,将对如上六个方面的挑战进行详细阐述。

一、产业结构层次不够高,仍有待进一步升级

首先,江苏作为全国的制造业强省,虽然制造业处于领先水平,但仍存在短板。从全球的视角来看,江苏省的制造业仍处于价值链的中低端,高端制造业仍较为欠缺。传统制造业占比较高,而高端制造业仍较少,表现为劳动密集、原材料消耗量大的加工型产品居多。高技术产品的大量零部件仍依赖于进口,例如在大型船舶生产中,70%左右的零部件和核心配套设备需要从国外采购。汽车的发动机、减速器、电喷系统、底盘等核心零部件被国外厂家控制。80%以上的高端芯片和高端检测设备、50%以上的高端数控机床、75%以上的高精密减速器和伺服电机、70%以上的风机叶片所用的高纯度树脂依赖进口。而且,江苏省制造业产品缺乏知名品牌,在全国乃至全世界闻名的工业产品相对不足,企业家队伍还不够强大,举世闻名的企业家数量偏少。这导致江苏省虽然制造业规模大,但仍存在大而不强的现象,总体利润率偏低。制造业中重工业比重偏高,低端制造业仍存在产能过剩现象。

其次,服务业比重有待提升。近年来江苏省第三产业获得了快速的发展,2017年,江苏省第三产业比重达到50.3%,超过了地区生产总值的一半。但该比例低于同期全国平均水平1.3个百分点。与一些经济发达的兄弟省份相比,差距较大。2017年北京市、上海市、广东省、浙江省第三产业增加值占地区生产总值的比重分别是80.6%、69%、52.8%、52.7%。可以看出,江苏省的第三产业比例不仅远远低于北京和上海,也低于广东和浙江。根据国际经验,一个国家产业升级的路径是由第一产业为主逐渐向第二产业为主,然后向第三产业为主逐步转变的。美国2017年第三产业比重高达80.05%,第二产业比重为19.06%,而第一产业极少,比例仅为0.89%。[①] 第三产业是经济发展现代化的标志,能够促进人们生活品质的提高,提升工业生产的品质。第三产业能够吸纳大量的就业,而且对环境的污染较少,是

---

① 中美三大产业:一二产远超美国,第三产业中国比美国少9万亿美元[EB/OL].https://baijiahao.baidu.com/s?id=1602246966718599890&wfr=spider&for=pc,2018-06-03.

经济高质量发展的重要方向。江苏作为中国的经济发达省份,目前第三产业所占比重仍然偏低,提升空间较大。

二、生产要素成本上升,削弱产品在贸易中的竞争力

江苏作为制造业大省,生产要素成本对产品的竞争力具有至关重要的影响。然而,近年来,随着本省老龄化程度的不断提高,以及可使用土地面积不断减少,劳动力成本和土地成本快速提升,这对本省商品的竞争力产生了负面的影响,接下来分别从上述两个方面进行阐述。

首先,江苏省近年来老龄化程度严重。2017年,江苏省的老龄化程度位居全国第三,60周岁及以上老年人口1756.21万人,占人口的22.51%,仅次于上海和北京,老年人口抚养比为18.32%。13个设区市中,60岁以上老年人口占比超过25%的有6个,分别是南通、无锡、镇江、苏州、泰州和扬州。导致老龄化的主要原因是生育意愿低下,生育率不足。在此背景下,劳动力供给不断减少,劳动要素的成本持续攀升。根据上文所述,江苏省许多产业仍为劳动密集型产业,劳动力成本对其产品竞争力影响很大。

其次,除了劳动力成本之外,土地成本对企业也具有重要影响。江苏省土地面积较小,人口密集。近年来,随着外来人口的不断涌入,主要城市房价大幅上涨,带动土地使用价上涨。地价和房价的增加,对于生产企业而言,租金成本大幅提升,导致其总的生产成本增加。

三、总体技术水平仍需提高,自主创新能力相对不足

科技是第一生产力,从全国看来,江苏一直是教育大省、科技大省和研发大省。2012—2017年,江苏省高新技术产业产值分别为3.84万亿元、4.50万亿元、5.19万亿元、5.73万亿元、6.14万亿元、6.71万亿元、6.79万亿元,增速依次为17.36%、15.23%、10.36%、7.15%、8.00%和14.42%。从增速来看,江苏省高新技术产值增长有所恢复,2017年增速较快。但是,总体来看,江苏省制造业的产业集群还处于发展阶段,区域间、产业链的上下游企业之间的协作、配套功能还未完全建立起来,行业内也缺少领导型企业,诸多企业"两头在外",处于产业价值链底部,附加值和科技含量较低、研发能力匮乏,这造成了高新技术产业发展水平不高的局面,高新技术产业增加值占制造业增加值的比重远低于发达国家和新兴工业化国家的水平。从江苏省的钢铁、机械、石油化工、有色金属等传统制造业来看,这些产业以价格为主要竞争手段,缺乏以高端技术为核心的竞争优势,多数大中型企业对关键技术的开发与应用能力不强,大多还处于产业链低端,从事劳动密集型的加工装配环节。

科技研发能力的欠缺和不足,将在很大程度制约高新科技产业的发展,并且将产业结构局限在"微笑曲线"的低附加值区域;产业结构中高新技术偏低,对江苏省吸引外资、落实"走出去"战略造成障碍;最终,高新科技的发展不足必然影响江苏省重点发展先进制造业的战略实施,从而对去产能的目标造成很大程度影响,对新型产业结构的形成也造成了阻碍,从而对省内投资环境、商贸环境造成损伤。目前,工业生产已逐渐进入4.0时代,但是,江苏的许多企业还处于2.0时代,与国外先进水平存在较大差距。自主创新能力相对不足,研究成果转化率偏低。

四、环保压力日益严峻,外部成本内部化

习近平总书记提出在发展中"既要金山银山,也要绿水青山"。在现阶段,发展不能以污染和破坏环境为代价,对环境保护的要求增强了,这对江苏省的生产和商务互动产生强有力的约束。由于江苏省的制造业处于重要地位,且产业模式偏于重工业,因此,对环保影响较大,形势较为严峻。据江苏省环保厅统计,2017年江苏省空气质量达标率仅为68%,较2017年减少了2.2个百分点。环境空气中PM2.5年均浓度分别为49微克/立方米,较2016年下降3.9%。受颗粒物、臭氧及二氧化氮超标的影响,13个设区市环境空气质量都没有达到二级标准。其中,13市PM2.5浓度都超标;除苏州、南通市外,其余11市PM10浓度都超标;除连云港、盐城市外,其余11市臭氧浓度超标;南京、无锡、徐州、常州、苏州和镇江六市二氧化氮超标。由此可见,江苏省虽然采取了一系列措施,加强环境污染治理,但是,环境污染形势仍然非常严峻。工业发展一方面拉动了江苏的经济增长,另一方面也对生态环境造成了一定的危害,资源环境对江苏省商务发展的约束力不断增强。

现阶段,江苏省商务企业的发展大多是依靠资源消耗、以环境污染为代价的粗放式发展,这种发展方式虽然曾经为江苏省的商务发展做出了巨大贡献,但在环境约束不断增强的背景下,必须转变这种传统的发展方式。在环保约束之下,为了减少污染排放,企业需要增加环保处理设施。一些不达标的粗放型经营的小企业在政府的监管之下,需要减产乃至停产。这在以前属于外部成本,现在必须将这部分成本内部化,就提高了产品的综合成本,影响江苏的产品在贸易中的价格和竞争优势。

五、省内不同区域差距缩小,但南北发展仍不平衡

江苏省商务发展中存在明显的南北不平衡的问题。2017年,苏南、苏中和苏北占全省GDP的比重分别为57%、19.9%和23.1%,苏南占比先提高后逐年下降,苏中和苏北占比先回落后稳步提升。2000年以来,三大区域人均GDP之比不断扩大,2005年达到峰值4.5∶1.7∶1,随后差距比不断缩小,2017年三大区域人均GDP之比缩小为2.2∶1.6∶1。从社会商品零售额来看,苏南是苏中的3.26倍,是苏北的2.35倍。从进出口总额来看,苏南是苏中的8.5倍,是苏北的15.5倍。从实际使用外资额来看,苏南是苏中的3倍,是苏北的3.3倍。从境外投资的中方协议投资金额来看,苏南地区的投资额是苏中地区的4.2倍,是苏北地区的4.9倍。

从上述数据可以看出,近年来,经过政府的不断努力,江苏南北差距逐步缩小,但是,目前来看,仍然存在着较为明显的差距。地区差距的缩小主要体现在人均地区产值方面,但是,在国内外贸易和投资方面,江苏省的南北差距仍然十分突出。尤其是在对外贸易方面,苏北地区仍然非常薄弱,仅为苏南地区的十五分之一。如要提升江苏商务的总体水平,必须进一步加大对苏北地区的扶持力度,促进苏北地区的产业升级,加大对苏北地区的国内外投资,提升苏北地区的国内外贸易,最终实现不同地区协同发展,共同进步。

从产业转移方面来看,第二产业仍然集中在苏南地区,从而导致苏北和苏中地区的产业结构很难升级换代。受此影响,民间资本和市场热钱也不会投入到苏北和苏中地区的经济建设中,因此和苏南等经济更为发达地区的差距一直得不到有效缩减。在政府政策方面来看,江苏省财政对苏北的转移支付和各类经济补助逐年增加,在某种程度上,政府拉动对于

江苏省内落后地区的经济发展产生了较为积极的影响。但是，政府的扶持政策不仅仅体现在最直接的经济补贴上，更重要的是，政府部门应该通过制定产业政策和产业规划，通过在省内经济落后地区大规模设立开发区、创新孵化池等措施从根本上推动苏北和苏中地区的产业结构升级，从而带动经济全方位发展；在人才转移和科技转移等方面，受地区发展状况等因素的影响，苏北和苏中地区一直很难留住或吸引到先进人才，区域内本来稀缺的人力资源更多的是向苏锡常宁或者向省外的北上广地区集聚。人才的流失和缺乏造成苏北和苏中地区很难培育自己的核心竞争力，也无法培育自己的优势产业，更多的时候是沦为苏南地区的产品加工地，在经济发展上自然也就"低人一等"。省内的经济发展不平衡对江苏省整体经济发展产生了巨大的制约作用。

六、制造业服务化比重偏低，生产性服务业占比不高

发达国家的发展经验表明，当经济发展进入工业化中后期阶段，制造业和服务业的融合将成为产业发展的主流趋势。但是，当前江苏的制造业和服务业的协同发展还存在着不小的问题。首先，江苏的经济服务化水平较低，制造业中服务化的比重不高。究其原因，主要是江苏的制造型企业集中在加工装配环节，制造品的技术含量不高，以中低端产品为主，对诸如批发零售、运输仓储等低端服务行业需求过高，对科技研发、品牌维护等高端服务业需求较少。同时，制造业和服务业并没有形成良好的产业关联，这种独立发展、缺乏联系的发展模式导致了两种产业不能形成有效的互动。其次，江苏的服务业规模虽然在不断增大，但是，生产性服务业所占据的比重依然不高，和欧美发达国家生产性服务业占服务业比重达到70%的水平相比，江苏50.3%的比重仍然有着不小的差距。生产性服务业发展的缓慢导致服务业难以满足制造型企业转型升级的需求。最后，江苏的生产性服务业中，创新较少。从统计数据可以看出，江苏的研发、设计、营销和供应链管理等服务业的创新水平不高，在一定程度上限制了制造业的发展。

七、跨境电商起步较晚，发展速度较慢

跨境电商的产品种类多、数量少，但是批次频率高，造成了通过时间较长、海关包裹积压等后果。虽然江苏省应用先进的平台技术进行了相关的整合，但仅仅针对部分重点进出口企业。众多的中小外贸企业因为资金少、人才缺乏、信息化机制不完善等原因，仍然不能和电子政务平台进行很好的对接，无法做到数据的对接和共享，从而制约了电子通关进行。同时，部分货物依然采用灰色通关的方式，电子商务平台不能正常结汇和退税，入境货物缺少合法的身份，安全没有保障。跨境电商因为需要面对来自世界各地的顾客、文化、语言和生活习惯，从而更具复杂性，对江苏省内的跨境电商人力资源提出了很大的挑战。电商人才不仅需要掌握对应的语言和基本的电商知识，更为困难的是，需要了解国外政策、知识产权、区域习惯等。跨境电商领域的人才缺失以及培养对应人才的时间周期长，对江苏省推进跨境电商带来了更大的挑战。当前，江苏跨境电子商务方兴未艾，还没有建立和健全针对跨境电子商务的法律体系，跨境电商的交易环境和国内电子商务相比要复杂得多。没有健全的法制，当跨境电商发生纠纷时，各方权益如果不能得到保障，将对跨境电商的推进带来负面影响。跨境电商的发展缓慢，也将影响经济效率的提升，影响省内经济的运行。长此以往，江苏省的经济活性也将受到损伤。

江苏的南通、连云港、盐城等沿海城市具有发展港口贸易与物流产业的先天条件,但这些优势并没有与跨境电商融合,产业链的脱节制约了跨境电子商务的进一步发展。虽然江苏物流网络、信息化建设等相对成熟,但涉及跨境电子商务贸易的体系并不完备。在支撑体系方面,江苏跨境物流运作模式存在不足。江苏缺少本土成熟的跨国物流企业,与领先企业的合作也相对有限。同时,江苏电子商务因为起步晚,大型电商平台还未形成规模等原因,使得自身在物流方面受到的制约也越来越大。这主要体现在两方面:第一,协同能力差。当前,跨境电子商务与跨境物流缺乏协同,两者发展不匹配。而且除物流公司外,跨境电子商务还涉及商检、海关、国税、电商、消费者等多个主体,原有电子商务平台并未将不同部门对同一跨境交易行为的服务统一到综合平台上,海关、商检、国税等政务部门相对分离,跨境电子商务企业在办理进出口业务相关手续时效率低、成本高。同时,现有平台在安全认证、产品质量及知识产权保护、政府监管、第三方支付平台等方面亟待完善,迫切需要构建一个规范、高校、便利的综合性公共服务平台。第二,跨境电子商务物流人才缺乏。开展跨境电子商务,相关的跨境物流人才也是非常重要的影响因素之一。

八、外贸依存度较高,来自国外的经贸摩擦和压力增加

江苏的经济与商务发展是外向型的,对于贸易和投资的依存程度较高。然而,近期以美国为首的西方国家对我国的贸易壁垒增强,贸易摩擦增加,主要原因是中美贸易不平衡。2017年,中国对美国贸易顺差为3752亿美元。江苏省2017年对外出口3752亿美元,进口2616亿美元,贸易顺差为1136亿美元,占全国贸易顺差的比例约为30%,由此可见江苏对外贸易的重要地位。由贸易顺差所带来的贸易摩擦,必将对江苏省对外贸易产生不利的影响。美国近期对我国的出口开展301调查,对我国的出口加征关税,对江苏省的贸易出口形成了障碍。此外,从外国投资的角度来看,近期,来自北美的直接投资大幅减少,表明中美经贸关系陷入低潮,对江苏省的出口和外国直接投资产生了负面作用。

江苏是我国对外开放的先行省份,而近期国内外经济形势发生了巨大的变化,江苏省对外开放的思路和产业结构需要改进创新。在复杂的国际形势下,应对来自美国等国家的打压,江苏省应当突破30多年来固有发展模式的桎梏。最后,江苏产业竞争力有待加强,企业"走出去"的能力尚有欠缺,产业层次较低,工业增加值率也偏低,服务业发展不完善,尚未形成一批具有国际竞争优势的产业集群,综合竞争力和抗风险能力较差。需要进一步提升产业综合竞争力,打造高效有凝聚力的产业集群,发展高端制造业和现代服务业,才能更好地应对来自国际的挑战和压力。

第四章 江苏商务发展的政策建议

在改革开放四十周年之际,江苏作为经济大省和改革开放的先锋,迄今为止,在商务的综合发展方面,已经取得了举世瞩目的成就:无论是经济规模、产品与服务的生产、国内外贸易额、国内外投资,还是电子商务等都处于国内先进水平。然而,也应看到,江苏省在诸多方面与广东、上海、浙江等地区还存在一定差距,与欧美先进水平相比,差距更大。因此,江苏省应当在当前较高的平台上,继续抓住机遇,充分利用自身的经验和优势,加强区域合作与国际经贸往来,补齐短板,向着商务一流强省的目标进军。本章将从多个方面提出促进江苏省商务发展的政策建议,以供政府有关部门参考。

一、提升制造业的定位水准,做强制造业

江苏省制造业是商务发展的基础和有力支撑,在未来较长时间内,制造业对江苏省的经济发展、就业和国内贸易都具有决定性作用。目前,江苏省制造业已经处于较为先进的水平,但对于许多制造业产品的生产而言,尚未能达到一流的先进水准。当前,江苏省制造业不仅要定位为国内一流水准,还要放眼全球,使本省制造业跻身于全球最高端的水平,创造出更多江苏省的制造业知名品牌和王牌产品,使制造业成为江苏省一面辉煌的旗帜。

(一)加强对制造业内部的战略布局,优化产业结构

江苏制造业不能"大而全",而应"有所为有所不为",具体而言,当前应当逐渐由传统的制造业向高端的智能化、信息化制造业转型升级,转移和淘汰落后的产能。传统的低端制造业处于全球价值链的底端,利润低下,对资源和能源消耗量大,技术含量低,一般是劳动密集型产业。根据前文的分析,在江苏省生产要素成本不断攀升的情况下,这些低端制造业的竞争力会越来越弱,发展这些产业,对江苏省而言是低效率的。江苏省在制造业领域已经处于较高水平,有能力在此基础上继续提升,生产高精尖的产品。

因此,应当对江苏省的制造业加强指导与规划,结合本省的实际情况,发挥比较优势,打造一批最具有国际竞争力的江苏制造龙头产品,发展战略性新兴行业。目前,江苏制造业面临着有"高原"却缺乏"高峰",需要淘汰落后产品,却缺乏先进产品的困境。为此,需要从人才、国内外合作、创新与研发等多个方面共同努力,才能破茧成蝶,实现上述目标。

(二)针对制造业升级的人才需求,大力培养高级专门人才

高级专门人才是提升制造业水平的关键所在,所需人才分为两类:一类是高水平研究型人才,另一类是高技术操作型人才,两者相辅相成,缺一不可。前者负责理论研究和创新,后者负责高端产品的生产与制造。目前,江苏省在这两类人才的储备方面还比较匮乏。为此,需要加大对这些专门人才培育的投入力度。在高等教育环节,引入更多国内外专家,加快年轻人才培育的力度。在技工培训环节,采取更多切实可行的措施,培养高水平技术工人。制

造业既需要理论,又需要实践,因此,在人才培育中,一定要强化培养单位与实践单位之间的沟通与合作,才能提高人才培养的质量与效率,应当重点建设几个专门人才培育基地。随着高端制造业的发展,能够为此类人才提供丰厚的回报,从而吸引更多的人才加入,形成良性循环的人才培养体系。

(三)激励自主创新,加强国际协作

高端制造业是技术密集型的产业。一方面,政府应该加大对研发的投入,增强对创新成果的激励和产权保护,推进创新成果向生产的转化。另一方面,虽然在技术创新的过程中,自主创新难能可贵,但在有些情况下,也应当加强与国外生产商的合作。通过合作,汲取对方的先进技术,更快更好地提升江苏省制造业的水平。例如高铁、核电、新能源汽车,以及海洋工程装备等行业,需要通过国际合作,突破重大技术难关,实现全球价值链的整合和生产要素的优化配置。

(四)从江苏制造向江苏智造转变,提升核心竞争力

目前,制造业已经进入信息化和智能化时代,江苏制造业应当充分融入这个时代潮流,提升制造业的信息化和智能化水平,提升制造业的水平和效率。智能制造是发展先进制造业、实现制造强省跨越的突破口。智能制造是制造业发展方向,应该稳健务实推进智能制造。智能制造能够大幅提升制造业的效率和精度,很多人工难以做到、难以做好的工作,能够很好地通过自动化智能化生产设施完成。而且,在当前劳动力成本居高不下的情况下,通过智能制造能够节省人工成本,提升产品的竞争力。

(五)发挥产业集聚效应,推动产业集群的演化与升级

现代制造业发展往往采取产业集群的形式,能够取得集聚效应,构建紧密的产业上下游网络,提升该地区整个产业的竞争优势。目前,江苏省已经初步形成了一些产业集群,但还不够成熟和完善,数量不够多,分布不均衡。应当采取鼓励措施,壮大现有的产业集群,鼓励相对落后的苏北和苏中地区组建更多的产业集群。产业集群自发的形成和演化是缓慢的,需要政府推动,引进龙头企业,给予政策支持,促进集群内企业的聚集、结网、升级与稳定。

二、找准电子商务领域的差距,加快电子商务的发展步伐

电子商务是未来商务发展的主流方向。江苏省目前的电子商务发展总体水平不够高,缺乏标杆性电子商务平台和电子商务龙头企业。为此,需要从如下多个方面采取措施,促进电子商务产业的发展。

(一)发挥龙头企业的作用,打造一批代表性电子商务领军企业

当前,与广东省、浙江省等省份相比,江苏省缺少电子商务的代表性龙头企业。为此,本省政府应当加强政策引导,提供便利和优惠政策,使本省的一些电子商务企业做大做强,成为该领域的领军企业。同时,吸引国内外先进的电子商务企业入驻江苏,形成示范效应。将南京市、苏州市等电子商务较为发达的城市列为电子商务重点发展城市,建造一批电子商务园区,在行政审批、土地使用、税收等方面,辐射和带动省内其他城市的电子商务发展,最终形成全省电子商务全面开花、多地发展的局面。

（二）大力发展农村电子商务，以电子商务带动农村经济发展

农村地区收入低下的根源在于农产品销售渠道不畅，同时，农民难以找到合适的非农就业机会。打造农村电子商务平台，一方面能够给农产品提供更好的销售渠道；另一方面也能够促进农村居民的非农就业，提升农村地区的商务水平。农民既可以销售初级农产品，也可以销售一些农业深加工产品、副食品、手工制品。可以在农村开办不同规模的企业，通过电子商务进行营销。通过发展农村的电子商务，可以促进农民就业和创业，增加农民收入，增加农村商品零售额，活跃农村商品流通。

（三）培养更多高素质的电商人才，增加专门人才储备

电子商务的发展日新月异，新的经营模式和业态层出不穷，且涉及多个领域的融合，专业化程度高，对专门电商人才的需求日益旺盛。鉴于江苏省电子商务起步较晚，相关人才的储备相对匮乏，尤其是高端的电商人才稀缺，在此情况下，需要针对江苏省电子商务发展的需要，引进和培养更多的高素质专门电商人才，为做大、做强江苏省的电子商务奠定人才基础。

（四）促进跨境电商发展，建立跨境电商产业链

跨境电商一方面有助于扩大电商的规模和影响，促进电商的发展。另一方面，通过电商的方式进行进出口活动，也有助于为进出口活动开辟新的交易渠道，促进贸易发展。江苏省跨境电商发展相对不足，为此，政府应当鼓励跨境电商发展，消除相关障碍，允许电商探索新的跨境进出口经营活动，为跨境电商的支付计算、货物仓储、快递物流等配套系统的建立提供支持。加强跨境电商与本省生产企业的合作，完善与国外经济主体的对接，形成完整的跨境电商产业链。

（五）加大对苏北电商发展的扶持力度，缩小电商南北差距

电子商务为苏北地区的商品交易提供了新的契机，为缩小江苏省内部的商务发展差距提供了途径。苏北地区地广人多，具有发展的远大前景，许多地区都有自身的特色产业，通过电子商务，拉动苏北这些产业的发展，带动产品需求，让这些产品销售到国内外千家万户，能够自然而然地促进苏北地区商品的生产与贸易，带动苏北地区的就业，增加苏北居民的可支配收入，进而推动苏北地区的经济向高端产业升级。最终，缩小江苏不同区域在商务发展方面的差距，实现江苏商务的共同繁荣。

三、发挥江苏对外贸易优势，推动江苏外贸升级与扩张

当今的世界是开放的，通过对外经济贸易和投资活动，能够取得互惠共赢的效果。江苏对外开放较早，对外经济依存度较高，在经济进入新常态之后，江苏的贸易和外国直接投资活动有所下滑，为此，需要根据新的经济形势，制定新的对外经贸战略。加强对外经贸的规划，优化江苏省对外贸易和外商投资的布局，延续江苏在过去数十年间对外经贸合作方面的优势。

(一)依托本省先进产业,增强对外贸易竞争力

生产是贸易的源头,在对外贸易中,能否生产出有竞争优势的产品,是决定贸易成败的关键。当前,江苏省生产要素成本上升,许多制造业产品缺乏核心技术,这决定了此类产品利润较少,缺乏竞争优势。为此,长远来看,提升江苏省制造业的技术水平,发展附加值更高的高端制造业,是提升江苏省对外贸易的强劲驱动力。加大省内各地区产业布局,充分利用各地区的基础条件和比较优势,优化省内产业布局,鼓励合理的产业转移,促使各地区发展各自的优势产业,并持续升级,使江苏省对外贸易处于不败之地。

(二)依托"一带一路"倡议,寻求更多经贸合作

除了传统的贸易伙伴关系之外,近年来,中央提出"一带一路"倡议,为江苏对外贸易发展提供了新的契机。尤其是在美国对中国产品的贸易壁垒更多、对江苏投资有所减少的情况下,江苏对外贸易更应当寻求更多的贸易伙伴国,根据江苏的产业特点和国外的需求状况,积极开拓新的对外经贸合作对象,加强与"一带一路"沿线国家贸易与投资往来。引导省内企业积极开拓"一带一路"沿线国家市场,在政策扶持、信息披露、出口信用等方面给予支持,扩大目标国家对外投资规模。按照"成熟一个、启动一个"的原则,在沿线国家逐步推进海外工业园区建设,带动江苏省对沿线国家的产业转移和贸易出口;以海外工业园区为基地,鼓励外贸企业打通贸易渠道,控制出口风险、挖掘出口的新兴市场。这也能够避免对外贸易集中度过高所产生的风险,即使与少数经贸伙伴产生摩擦,也不会对本省的经济产生过大的负面冲击。

(三)助推服务外包产业,推动服务贸易增长

当前,江苏省服务业所占比重已超过一半,服务贸易的发展是未来对外贸易合作的新方向。应当努力发展研发设计、金融、保险、计算机和信息服务等生产性服务和文化贸易、技术贸易、中医药和会展业服务贸易,稳步提升资本技术密集型服务、特色服务等高附加值服务在服务贸易中的比重。推动服务外包的发展,借助"一带一路"倡议,承接更多的"一带一路"沿线国家和地区的服务外包项目。

(四)引进优质外资,加强本地产业规划

对于外资的引进,不能不挑不捡,来则接收。在当前江苏省产业转型升级的关键时期,应当引进对本省产业体系升级有帮助的外资企业,拒绝那些低端的、高耗能、高污染的落后产业进入,鼓励高端制造业、现代服务业外资企业进入。这样能够对本地企业的升级起到带动作用,产生技术和管理的外溢。鼓励外资与本土企业的合资或合作经营,以便取得更多的外溢效应。

(五)聚焦产业升级目标,优化进口商品的结构

在生产全球化时代,进口是必不可少的,也是促进本地产业发展的关键。江苏省在进口过程中,应加强管理和规划。扩大先进技术、关键设备及零部件进口,提高消化吸收再创新水平。通过对进口的先进产品的吸纳,带动本省的模仿创新和自主创新。

四、大力发展科技,促进自主创新

在现代经济发展中,科技与创新的作用越来越明显。现代经济是技术密集型的,随着信息化和智能化的加深,亟需技术创新。经济进入新常态之后,对产业转型升级的要求更为迫切,更需要技术驱动。然而,当前江苏省经济发展已经达到较为先进的水平,与国外的差距缩小了,此时,后发优势不再明显,模仿创新的空间缩小,江苏省应更多地促进研发,鼓励自主创新。

(一)发挥高校和科研院所的优势,建立高校的创新体系

江苏省高等学校和科研院所数量位居全国前列。高等院校数量多达167所,其中本科院校77所,两项指标都位居全国首位。拥有多所985高校和211高校,学科门类齐全,科研实力雄厚。应当充分发挥这些高校和科研院所的实力和优势,将其研究人才、实验室等资源充分利用起来,与江苏省的产业发展进行有效对接,一方面培养江苏省产业和商务发展所需的高素质人才,另一方促进江苏省科技成果数量和质量的突破。高校的创新应当注重如下两个方面:第一,着重培育教师的创新意识和学生的创新能力,加强对科研成果的奖励,打造高校的创新体系。第二,鼓励科研成果向生产的转化,强调研究对生产实践的应用价值,加强科技成果的转化。

(二)重视企业的自主创新,补齐自主创新短板

企业是产品生产的主体,高校和科研院所的创新主要是基础性的。应用性的产品创新主要靠企业完成。创新可以分为三类:模仿创新、合作创新和自主创新。在不同的经济发展阶段,不同类型的创新具有不同的作用。在改革开放之初,我国与国外的技术差距极大,因而,以模仿创新为主,通过学习国外的先进技术与创新成果,消化吸收之后,能够迅速推进本国的技术水平提升。事实上,我国通过对外开放,充分发挥后发优势,通过模仿创新和合作创新,确实取得了许多卓有成效的成果,推动我国经济长期快速发展。

但是,现阶段,江苏省经济已经发展到了较高的阶段,与国外差距缩小。此时,一方面,模仿创新的空间缩小。另一方面,由于竞争局势转变,国外加强了戒备,学习其最先进的技术与成果的障碍增加。在此情况下,必须依靠自主创新,才能够突破创新瓶颈,提升本省的科技水平,促进本省的商务发展。然而,自主创新对人才、资金和设施的要求更高,风险更大,因而,面临着更多的挑战。必须迎难而上,更多地发掘自主创新的内在规律,通过加大引进和培养创新人才、投入更多的创新资金等措施,切实提高本省的自主创新水平。

(三)加强知识产权保护,打造本省自有品牌

江苏制造已经非常发达,但是,江苏品牌目前与其他发达省份相比,还是较为欠缺的。应当通过鼓励自主创新,加强对创新产品的产权保护,最终打造出一批驰名中外的江苏品牌,这是发展商务强省的迫切要求。在产品竞争日益激烈的形势下,品牌所拥有的价值不断提升,能够赢得买方的需求与信赖,提升产品国内外贸易的核心竞争力。知识产权保护和品牌的溢价效应,能够对企业的自主研发和创新产生强有力的激励效果,推动自主创新快速提升。

(四)加强产学研联合,提高科技成果的转化效率

科技成果应用到生产实践中,才能产生现实的效果。为此,需要进一步促进科技成果转化的效率。目前江苏省科技成果转化率还不够高,很多成果仍是"纸上谈兵",未能转化为先进的生产力。一些高校和科研机构的创新成果转化动力不强,缺乏与企业的沟通与合作,转化渠道不畅通。有些机构缺乏成果转化的嗅觉,资金支持不足。对于这些问题,应当予以足够的重视。通过产学研联合,为科技成果转化提供支持。为科技成果的转化提供充足的资金支持,在贷款、土地使用和税收等方面给予一定的优惠。

(五)打造创新性人才的"强磁场",吸引省内外创新人才

对于江苏的科技创新而言,高端人才至关重要。留住本省的高端人才,吸引省外乃至国外的高端人才流入,打造创新型高素质人才的"强磁场",汇聚八方英才,这样才能推动江苏的创新快速发展。以平台引人才、以平台促创新、以平台带产业,依靠科技创新增强企业发展驱动力。要增强对高端人才的吸引力,必须从如下三个方面做出努力:第一,给予高端人才优厚合理的待遇。在市场经济条件下,人才自由流动,不同地区对高端人才存在着激烈的竞争。因此,江苏省必须给予高端人才丰厚的待遇,激发其来江苏工作的积极性。第二,为高端人才创造良好的创新环境、条件和空间。"巧妇难为无米之炊",要实现创新,必须为高端创新性人才提供用武之地,从研发的设备、资金和制度等方面,提供全方位的配套服务,以便于高端人才进行研究和创新。第三,加强对高端人才的创新激励。优厚的待遇和配套服务,并不能保证必然会有大量的创新产出,还必须加强创新的管理与激励,使广大的创新型高端人才有足够的动力开展创新活动。

综上所述,当前,江苏省应当认清优势和不足,充分利用自身的优势,从产品的生产和产业结构的升级、电子商务的发展、对外经贸合作、科技创新等多个方面共同努力,迎接新常态下的挑战,促进江苏商务体系的高质量健康发展,满足江苏人民日益增长的对美好生活的向往的需要,把江苏打造为一流的商务强省。

国内贸易篇

第一章 江苏内贸发展概况

党的十九大报告明确指出,中国经济已由高速增长阶段转向高质量发展阶段。2017年是实施"十三五"规划的重要一年,是供给侧结构性改革的深化之年。2017年,我国经济实现产值82.7万亿元,增长6.9%,增速在世界主要经济体中居前列,明显高于美国、欧盟、德国、英国和日本等发达经济体,也高于印度、印度尼西亚、土耳其等新兴市场国家。可以说,2017年我国经济的最大亮点是转型发展的态势逐渐稳固,在高质量发展上迈出一大步,完成了党的十八大报告提出的到2020年实现国内生产总值比2010年翻一番目标的83.2%,2017年人均国内生产总值相当于2000年的4.13倍,提前三年实现党的十七大报告提出的人均国内生产总值到2020年比2000年翻两番的目标,为决胜全面建成小康社会奠定了坚实基础。2017年,江苏GDP超8.5万亿元,同比增长了11%,增速比2016年高出了2.4个百分点,与全国GDP增速相比,增加了4个百分点,增幅较明显。

一、商贸流通业提速明显,产业结构进一步优化

2017年,江苏第三产业产值43169.4亿元,同比增长11.6%,与2013年相比,增长57.8%,是三次产业中增幅最大的。2013—2017年,第三产业增长曲线表现为先降后升再降,2013年增速最快,为15.7%,其他年份增速均在10%以上。第三产业的年均增速为12.8%,增速最快,分别高出第一、二产业9.2个百分点和6个百分点,保持稳步增长。2017年,江苏三次产业产值在GDP的比重分别为4.7%、45%和50.3%,自2015年以来,江苏产业结构已形成"三二一"的格局。2017年,江苏人均GDP为107189元,同比增长了10.6%,增速比2016年高出2.3个百分点,与2013年相比,增长了40%。2013—2017年,江苏人均GDP增速保持在7.5%以上,年均增速为9.1%(见表1.1)。

表1.1 2013—2017年江苏第三产业主要行业产值及增长情况　　　　单位:亿元、%

年份	第三产业产值	流通业 产值	流通业 增长率	金融业 产值	金融业 增长率	房地产业 产值	房地产业 增长率
2013	27354.5	7151.4	5.9	3958.8	26.2	3308.4	10.5
2014	30774.3	7653.5	7.0	4723.7	19.3	3564.4	7.7
2015	34272.4	8182.1	6.9	5302.9	12.3	3755.5	5.4
2016	38691.6	8761.6	7.1	6011.1	13.4	4292.8	14.3
2017	43169.4	12003.0	37.0	6786.4	12.9	5015.7	16.8

资料来源:根据《江苏统计年鉴》(2014—2018)数据整理而得。

江苏三次产业产值中,第三产业增长幅度最快,其中,作为传统商贸流通业,其产业结构如何优化升级是个重要问题。本报告将流通业所包含的行业界定为包括批发业和零售业、住宿

业和餐饮业在内的四大行业,并与服务业的另外两个主要行业金融业和房地产业进行了比较分析。2017年,江苏流通业产值为12003亿元,同比增长了37%,比2013年增长了77.8%;金融业产值为6786.4亿元,同比增长了12.9%,比2013年增长了116.4%;房地产业产值为5015.7亿元,同比增长了16.8%,比2013年增长了67.6%。从整个增长幅度看,流通业增幅快于房地产业,慢于金融业,但2017年流通业增幅明显,超过三成,分别高于金融业近24个百分点、房地产业近20个百分点(见表1.1)。2013—2017年,从行业产值的增长情况看,流通业前四年起伏不大,徘徊在6%—8%之间,到2017年,增速直接拉高到了37%;金融业产值增幅表现为先下降后趋于稳定,2013年为最高点26.2%,其余年份均保持在10%以上的速度递增;房地产业则表现为先降后升,2017年是其增速最快的一年(见图1.1)。这五年间,这几大产业产值年均增速分别为:流通业12.8%、金融业16.8%、房地产业10.9%。

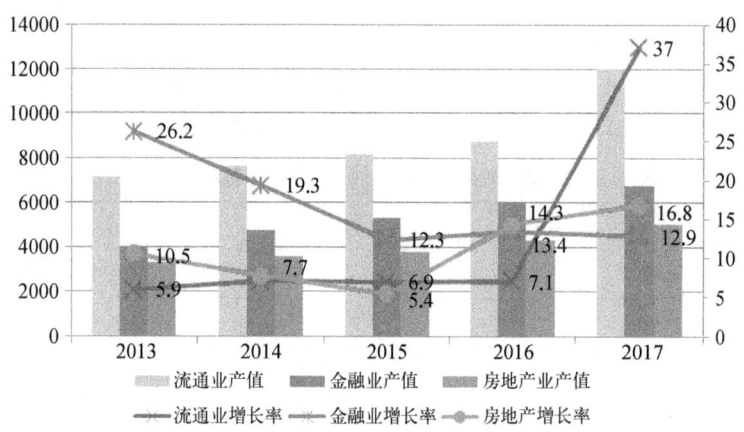

图1.1 2013—2017年江苏第三产业主要行业产值及增长情况　单位:亿元、%

资料来源:根据《江苏统计年鉴》(2014—2018)数据整理而得。

2017年,江苏流通业产值占第三产业的比重为27.8%,与2016年相比,流通业产值上升了5.2个百分点,金融业和房地产业产值比重分别为15.7%和11.6%,与2016年相比,两者分别上升0.2个百分点和0.5个百分点。2013—2017年,流通业产值比重在表现为下降状态,到2017年,反弹到最高值,而金融业则稳中有升,房地产业则在11%—13%之间变化不大(见图1.2)。

	2013	2014	2015	2016	2017
流通业产值比重	26.1	24.9	23.9	22.6	27.8
金融业产值比重	14.5	15.3	15.5	15.5	15.7
房地产业产值比重	12.1	11.6	11	11.1	11.6

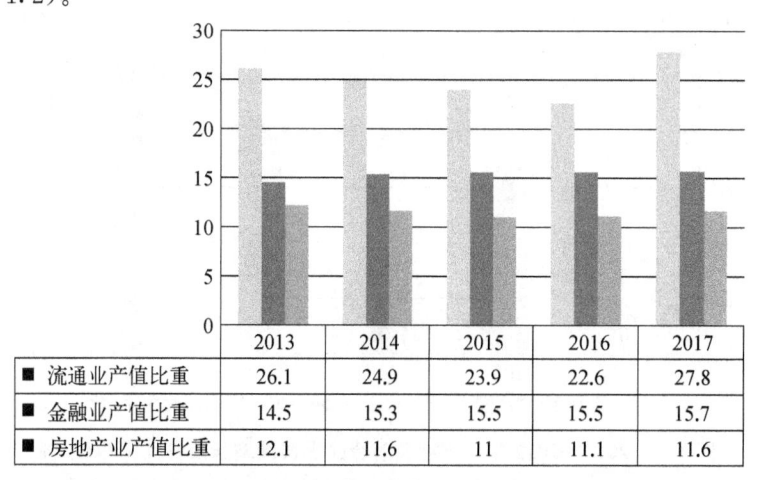

图1.2 2013—2017年江苏第三产业主要行业产值比重　单位:%

资料来源:根据《江苏统计年鉴》(2014—2018)数据整理而得。

二、消费增长速度稳定,市场提升空间较大

消费对经济发展的基础作用进一步增强,无论是占GDP比重还是对GDP的贡献率,消费均成为经济增长的主导力量。2017年,消费贡献率保持在60%以上,消费对经济发展的贡献进一步提高。消费结构优化促进了经济结构改善,2017年,我国农村消费品零售总额达到5.19万亿元,增速达到11.8%;城镇消费品零售总额31.43万亿元,增速达到10%,农村消费增长仍快于城镇。生活必需品消费增速放缓,吃穿用类生活必需品增速逐渐降低,体现生活品质的体育、娱乐和健康保健类等消费增速提升。品牌成为品质消费的保障,追求高性价比是品牌消费趋向理性的突出表现。个性化消费对商品和服务的科技含量提出了新的要求,为消费者带来更好消费体验和身心享受,创新型产品消费增长迅猛。2017年,中国社会消费品零售总额36.6万亿元,同比增长10.2%,略快于GDP的增速,比2013年增长了50.8%,五年增加了一半;但在增幅方面,与2016年相比,下降了0.2个百分点,与2013年相比,下降了3个百分点,2013—2017年,其增速曲线表现为缓慢下降的趋势(见表1.2)。

表1.2 2013—2017年江苏社会消费品零售额增长及占比 单位:亿元、%

年份	全国 社销额	全国 增长率	江苏 社销额	江苏 增长率	比重
2013	242843	13.2	20878	13.4	8.6
2014	271896	12.0	23458	12.4	8.6
2015	300931	10.7	25877	10.3	8.6
2016	332316	10.4	28707	10.9	8.6
2017	366262	10.2	31737	10.6	8.7

资料来源:根据《国家数据》、《江苏统计年鉴》(2014—2018)数据整理而得。

2017年,江苏社会消费品零售额为31737亿元,高于全国的平均水平0.4个百分点,同比增长10.6%,比2013年增长了52%,占江苏GDP的36.9%。从社会消费品零售额增长速度看,与2016年相比,下降了0.3个百分点,与2013年相比,增速下降了2.8个百分点。

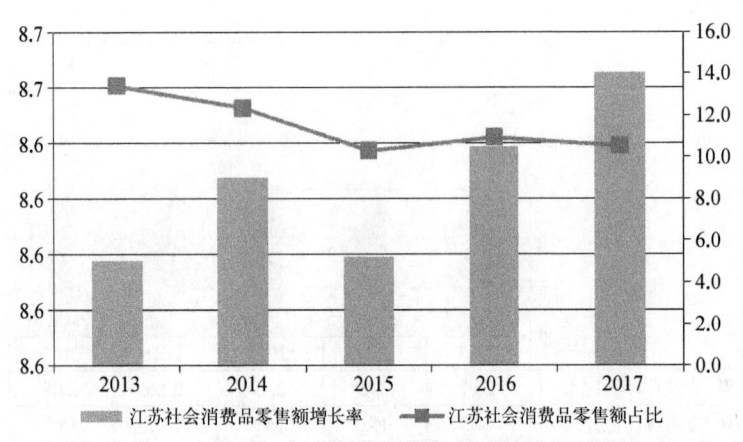

图1.3 2013—2017年江苏社会消费品零售额增长及占比 单位:%

资料来源:根据《国家数据》、《江苏统计年鉴》(2014—2018)数据整理而得。

从增长情况的变化曲线来看,2013—2017年,江苏社会消费品零售额的增速表现为先降后升,2016年略有反弹,但总体缓慢下降,这与全国社会消费品零售额增长的情况几乎一致。这五年间,其年均增速为11.5%,比全国平均水平仅高出0.3个百分点,仍然有较大提升空间(见图1.3)。2017年江苏社会消费品零售额在全国的比重为8.7%,比上年略有提高,但观察近五年来,其所占比重变化不大(见表1.2)。

三、城乡收入差距缩小,消费支出更趋多元

随着经济改革的进一步深化,江苏消费市场规模的快速增长,江苏城乡居民收入水平的提高,居民生活水平不断得到提升。2017年,江苏全省居民人均可支配收入35024元,比上年增长9.2%。2017年,江苏城镇居民人均可支配收入为43622元,比上年增长8.6%,同比增幅提高了0.6个百分点,与2013年相比,增加了28.9%;江苏农村居民人均可支配收入为19158元,比上年增长8.8%,同比增幅提高了0.5个百分点,与2013年相比,增长了57%(见表1.3)。从收入增长的变化情况看,2013—2017年,江苏城镇居民人均可支配收入的增速表现为先降后升,2013年为最高点9.6%,与2014年最低点5.6%相差4个百分点,这五年间,其年均增速为8%;农村居民人均可支配收入的增速则从2013年的最高点11.4%一路缓慢下降,到2017年略有回升,这五年间,其年均增速为9.5%,高于城镇1.5个百分点,从这五年的增长情况看,农村人均可支配收入增长幅度均快于城镇居民人均可支配收入,幅度最大的为2014年,有4.4个百分点的差距。2017年,江苏城乡收入比为2.28,收入差距缩小了0.11,2013年,这一比值为2.39,首次跌破2.4,2013—2017年,城乡居民收入比呈缓慢缩小趋势,现已控制在2.3以内(见图1.4)。城乡居民收入相对差距在逐步缩小,尽管粮食收购价略有下跌,纯粹靠农业获得收入的居民收入增速放慢,但随着脱贫扶贫力度的加大和城乡一体化进程的加快,其差距缩小也是必然的。

表1.3 2013—2017年江苏城乡居民人均可支配收入及增长 单位:元、%

年份	城镇居民 人均可支配收入	增长率	农村居民 人均可支配收入	增长率	城乡收入比
2013	32538	9.6	13598	11.4	2.39
2014	34346	5.6	14958	10.0	2.30
2015	37173	8.2	16257	8.9	2.29
2016	40152	8.0	17606	8.3	2.28
2017	43622	8.6	19158	8.8	2.28

资料来源:根据《江苏统计年鉴》(2014—2018)数据整理而得。

2017年,江苏居民人均消费支出23469元,比上年增长6.1%,低于居民人均可支配收入的增长速度。2017年,江苏城镇居民人均消费支出为27726元,比上年增长4.9%,同比增速收紧1个百分点,与2013年相比,增加了47.3%;江苏农村居民人均消费支出为15612元,比上年增长8.2%,同比增速收紧3.8个百分点,与2013年相比,增加了24.5%(见表1.4)。居民的消费支出与居民的人均可支配收入相比发现,城镇居民的消费支出增长普遍低于收入的增长,相反,农村居民的消费支出增长则普遍高于收入的增长,这也表明农村居民消费需求旺盛,接受现代化生活服务方式的能力越来越强。从消费支出增长情况看,

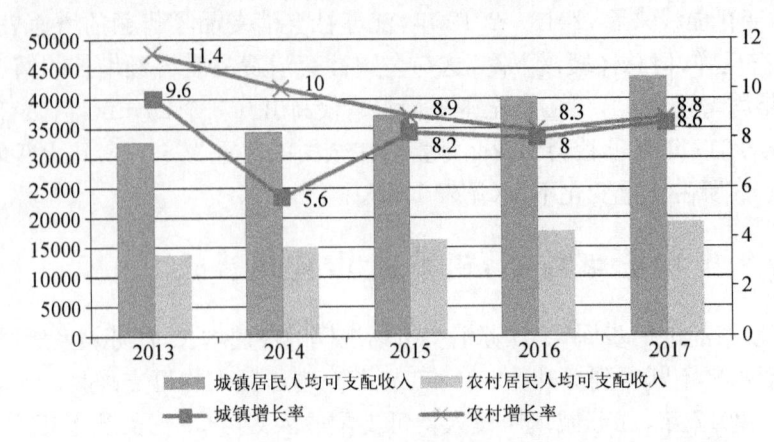

图 1.4　2013—2017 年江苏城乡居民人均可支配收入及增长　单位：元、%

资料来源：根据《江苏统计年鉴》(2014—2018)数据整理而得。

2013—2017 年，江苏城镇居民消费支出增速表现为升降交替，2013 年为最高点 18.3%，2017 年为最低点 4.9%，两者有 13.4 个百分点的差距，这五年间，其年均增速为 8.2%；江苏农村居民增速表现为先降后升再降，2013 年为最高点 24.3%，2017 年为最低点 8.2%，其年均增长率为 12.7%。这表明，一方面农村居民消费支出增速快于城镇居民消费，另一方面城乡居民消费支出绝对差距越来越小（见图 1.5）。

表 1.4　2013—2017 年江苏城乡居民人均消费支出及增长　　　　　单位：元、%

年份	城镇居民 人均消费支出	增长率	恩格尔系数	农村居民 人均消费支出	增长率	恩格尔系数
2013	22262	18.3	28.4	10759	24.3	31.1
2014	23476	5.5	28.5	11820	9.9	31.4
2015	24966	6.3	28.1	12883	9.0	31.7
2016	26433	5.9	28.0	14428	12.0	29.5
2017	27726	4.9	27.5	15612	8.2	28.9

资料来源：根据《江苏统计年鉴》(2014—2018)数据整理而得。

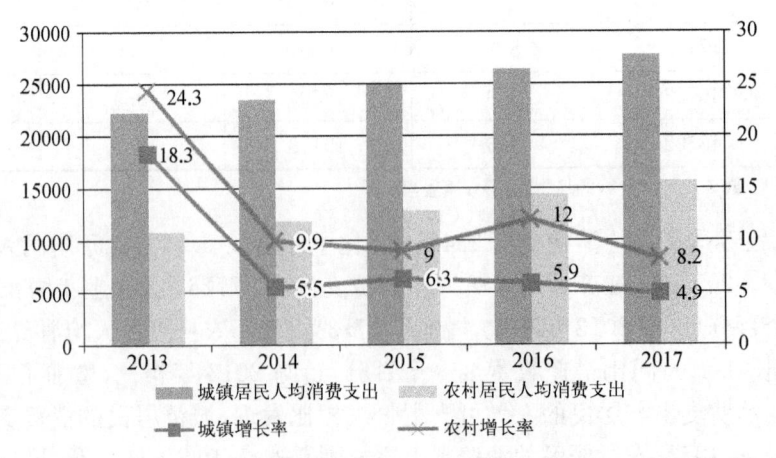

图 1.5　2013—2017 年江苏城乡居民人均消费支出及增长　单位：元、%

资料来源：根据《江苏统计年鉴》(2014—2018)数据整理而得。

2017年,江苏城镇居民恩格尔系数为27.5%,同比下降0.5个百分点,比2013年降低了0.9个百分点,2013年,城镇居民恩格尔系数首次跌破30%,消费模式又迈上了一个新台阶。2017年,江苏农村居民恩格尔系数为28.9%,同比下降0.6个百分点,比2013年下降了2.2个百分点,2016年为29.5%,首次跌破30%。2013—2017年,城乡居民恩格尔系数变化均表现为先升后降,江苏城乡居民消费结构渐趋多元化(见图1.6)。当然,恩格尔系数并不能完全反映居民生活的状态,居民的生活和幸福指数还会受到收入水平、福利待遇、医疗改善、物价涨跌及相关政策等因素的影响,但仍在一定程度上表明,随着收入水平的提高,恩格尔系数可以作为一个地区的富裕程度及其长期发展趋势的指标。

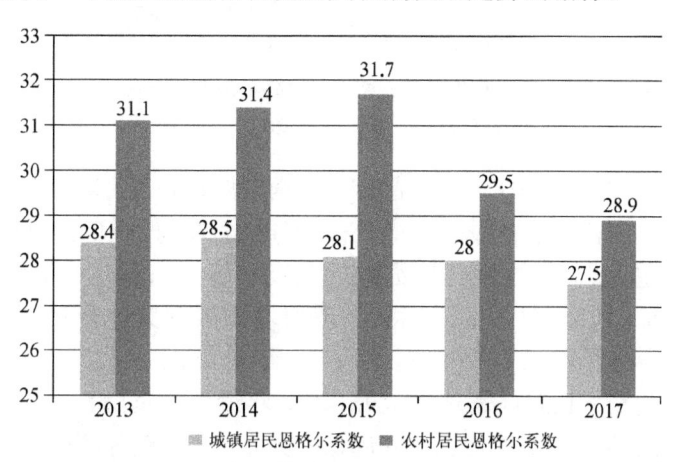

图1.6　2013—2017年江苏城乡居民恩格尔系数变化　单位:%

资料来源:根据《江苏统计年鉴》(2014—2018)数据整理而得。

消费拉动经济的发展,又推动了消费市场的扩大,这不仅表现为居民消费规模的增加,在消费结构方面变化也比较明显。在消费支出模式方面,依据表1.5相关数据计算可知:2017年,江苏城镇居民主要消费支出比重分别为:食品烟酒类29%、居住类24%、交通通信类14%、教育文化娱乐类12%、衣着类7%、生活用品及服务类6%、医疗保健类6%,等等。与2016年相比,食品烟酒类消费增长了1个百分点,居住类消费增长了1个百分点,交通通信类下降了1个百分点,比重变化不明显(见图1.7)。

表1.5　2013—2017年江苏城镇居民人均消费支出情况

城镇居民消费项目(元)	2013年	2014年	2015年	2016年	2017年
人均生活消费支出	22262	23476	24966	26433	27726
食品烟酒	6332	6696	7004	7389	7616
衣着	1715	1753	1781	1810	1838
居住	5005	5101	5645	6141	6773
生活用品及服务	1305	1335	1517	1616	1709
交通通信	3116	3504	3620	3952	3972
教育文化娱乐	2731	2839	3058	3164	3450
医疗保健	1449	1617	1594	1624	1574
其他用品和服务	610	631	747	737	794

资料来源:根据《江苏统计年鉴》(2014—2018)数据整理而得。

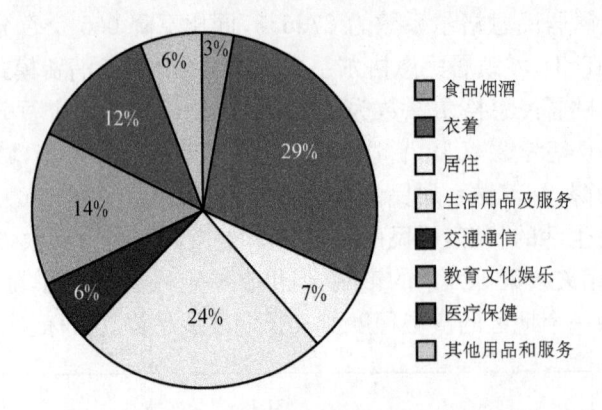

图 1.7　2017年江苏城镇居民各类消费支出占比

资料来源:根据《江苏统计年鉴2018》数据整理而得。

在消费增长方面,2013—2017年,食品烟酒类消费增长表现为隔年升降交替,2013年最低,为负增长,但总体增长处于平缓的正增长;衣着类消费增长表现为先升后降,2013年最低,为负增长,下降超10%,总体处于平缓增长,最高不超3%;居住类消费增长也是每年升降交替,2013年最高,为12.8%;生活用品类消费增长表现为先升后降,2015年最高,为13.6%;交通通信类消费增长升降有起伏,2013年最高,为15.8%,2017年最低,仅为0.5%;教育文化类消费增长总体表现为上升,2013年最低为负增长,下降超10%,2017年最高,接近10%;医疗保健类消费增长升降起伏较大,2013年最高,为37%,2017年最低,为负增长,下降3.1%(见图1.8)。观察这五年各类消费品消费增长的变化,2013年,城镇居民消费对于居住类、交通通信类和医疗保健类的消费需求旺盛,并相应地减少了对于食品烟酒类、衣着类和教育文化类的消费。

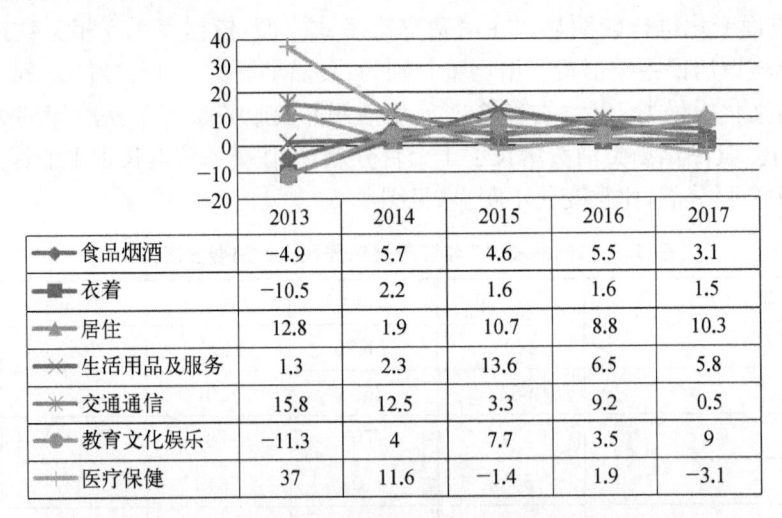

	2013	2014	2015	2016	2017
食品烟酒	-4.9	5.7	4.6	5.5	3.1
衣着	-10.5	2.2	1.6	1.6	1.5
居住	12.8	1.9	10.7	8.8	10.3
生活用品及服务	1.3	2.3	13.6	6.5	5.8
交通通信	15.8	12.5	3.3	9.2	0.5
教育文化娱乐	-11.3	4	7.7	3.5	9
医疗保健	37	11.6	-1.4	1.9	-3.1

图 1.8　2013—2017年江苏城镇居民人均消费各类支出增长　单位:%

资料来源:根据《江苏统计年鉴》(2014—2018)数据整理而得。

2017年,农村居民主要商品消费支出所占比重分别为:食品烟酒类29%、居住类22%、交通通信类17%、教育文化娱乐类9%、医疗保健类9%、衣着类6%、生活用品及服务类6%,与2016年相比,比重变化不大,居住类消费下降了1个百分点,交通通信类上涨1个百分点(见表1.6、图1.9)。

表 1.6 2013—2017 年江苏农村居民人均消费支出情况

农村居民消费项目(元)	2013 年	2014 年	2015 年	2016 年	2017 年
人均生活消费支出	10759	11820	12883	14428	15612
食品烟酒	3349	3712	4078	4255	4511
衣着	681	759	778	816	892
居住	2282	2467	2650	3258	3395
生活用品及服务	622	719	754	910	954
交通通信	1598	1788	1880	2334	2620
教育文化娱乐	1134	1215	1320	1352	1450
医疗保健	808	845	1088	1148	1395
其他用品和服务	285	314	334	356	394

资料来源:根据《江苏统计年鉴》(2014—2018)数据整理而得。

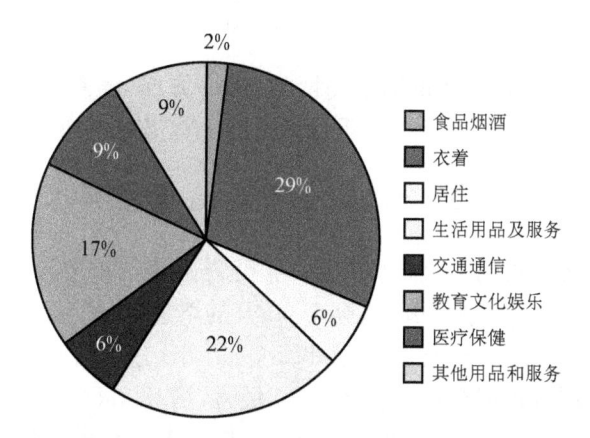

图 1.9 2017 年江苏农村居民各类消费支出占比

资料来源:根据《江苏统计年鉴 2018》数据整理而得。

在消费增长方面,2013—2017 年,农村居民食品烟酒类消费增长表现为先降后升,2014 年最高,超 10%的增长;衣着类消费增长也表现为先降后升,2014 年最高,2015 年最低;居住类消费增长每年升降交替,2016 年最高,为 22.9%,2017 年最低;生活用品类消费增长也表现为隔年交替升降,2016 年最高,为 20.7%,2017 年最低;交通通信类消费增长每年升降有起伏,2016 年最高,为 24.1%;教育文化类消费增长同样每年升降有起伏,2015 年最高,但都不超过 10%;医疗保健类消费增长升降起伏较大,2014 年最低,为 4.6%,2015 年最高,为 28.8%,2017 年也达到了 21.5%。从这五年各类消费增长的变化发现,2014 年,农村居民消费对于食品烟酒类、居住类消费需求最高,2015 年,居民对于教育文化娱乐类、医疗保健类的消费最高,2016 年,居民对于居住类、生活用品类及交通通信类需求最旺盛(见图 1.10)。

江苏城镇和农村居民消费支出模式比重中,占前三位的仍然是食品烟酒、居住和交通通信方面的消费支出,且三者占总消费支出达到三分之二以上。近几年,城乡居民在消费模式和消费结构上都发生了变化,在食品烟酒类、居住类、交通通信类以及教育文化娱乐类等商品方面消费所占比重增加。一方面,不仅表明了城乡居民生活水平在不断提高,而且,偏重

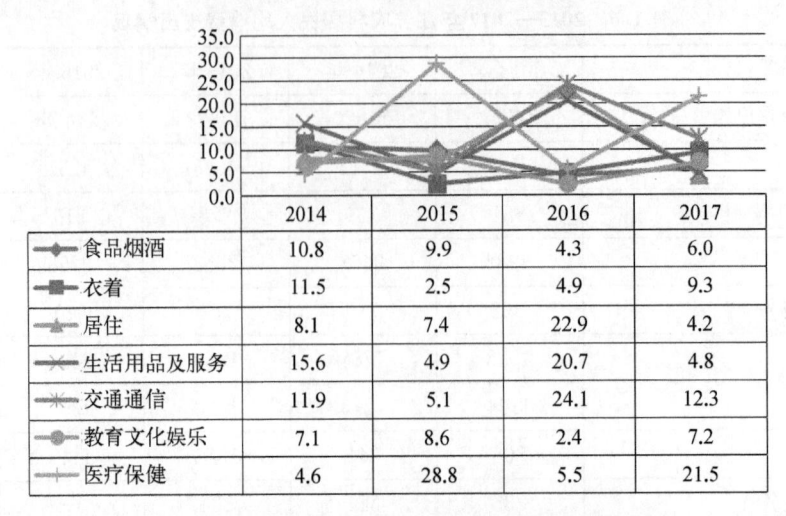

	2014	2015	2016	2017
食品烟酒	10.8	9.9	4.3	6.0
衣着	11.5	2.5	4.9	9.3
居住	8.1	7.4	22.9	4.2
生活用品及服务	15.6	4.9	20.7	4.8
交通通信	11.9	5.1	24.1	12.3
教育文化娱乐	7.1	8.6	2.4	7.2
医疗保健	4.6	28.8	5.5	21.5

图 1.10 2017 年江苏农村居民各类消费支出增长

资料来源：根据《江苏统计年鉴》(2014—2018)数据整理而得。
注：2012 年江苏农村消费支出的数据没有单独列出，故其增长率从 2013 年的数据开始使用。

于对居住条件的要求、通信社交等的需求的增加，另一方面，随着我国城乡一体化进程的加快，对于农村居民而言，与之相适应的生活消费支出比重仍在不断增加。

四、企业固定资产投资减少，所占比重下降

作为拉动国民经济增长的"三驾马车"之一，投资扮演着重要角色。2017 年，全国固定资产投资为 64.1 万亿元，增速为 7%，略高于 GDP 的增速，增速比 2016 年减少 0.6 个百分点。在固定资产投资中，第一产业投资 20892 亿元，比上年增长 11.8%，第二产业投资 235751 亿元，增长 3.2%，第三产业投资 375040 亿元，增长 9.5%。不同投资主体的投资行业方面，基础设施投资 140005 亿元，增长 19.0%，占固定资产投资的比重为 22.2%，民间固定资产投资 381510 亿元，增长 6.0%，占固定资产投资的比重为 60.4%，六大高耗能行业投资 64430 亿元，下降 1.8%，占固定资产投资的比重为 10.2%。

2017 年，江苏固定资产投资总额为 53000.2 亿元，同比增长 7.4%，与 2013 年相比，增长 47.3%（见表 1.7）。其中，制造业固定资产投资额为 24418.1 亿元，同比增长 6.8%，与 2013 年相比，增长 41%，流通业固定资产投资额为 20068.3 亿元，同比下降 1.3%，与 2013 年相比，增长 56.9%，金融业固定资产投资额为 121.7 亿元，同比下降 14.1%，与 2013 年相比，增长 4.4%，房地产业固定资产投资额为 10810.9 亿元，同比增长 5.2%，与 2013 年相比，增长 22%。2017 年，这四个主要行业固定资产投资的增速均在行业平均水平之下，流通业和金融业的固定资产投资均为负增长。从行业的固定资产投资的增长情况来看，2013—2017 年，制造业增速表现为逐年缓慢下降，2013 年最高，为 11%。流通业增速表现为先降后升再降，2015 年投资增长最快，为 41.1%。金融业从 2014 年近 50% 的增长之后，2015 年后其固定资产投资则表现为负增长，2017 年为最低水平。房地产业增速也表现为先降后升再降，2013 年最高，为 16.6%，2015 年最低，为负增长（见图 1.11）。

从主要行业的固定资产投资所占比重看，2017 年，制造业、流通业、金融业和房地产业分别为 46.1%、3.9%、0.2% 和 20.4%，与 2016 年相比，制造业、流通业、金融业和房地产业分别下降 0.2 个百分点、0.3 个百分点、0.1 个百分点和 0.4 个百分点（见图 1.12）。固定资

产投资对第二、三产业有显著影响,但具体到第三产业的各个行业,就有不少差异,如金融资产的投资主要为货币性资产,而固定资产投资一般是企业为生产产品,提供劳务,出租或者经营管理而持有的非货币性资产,故而金融资产对固定资产投资的依赖不高。

表 1.7　2013—2017 年江苏部分行业固定资产投资　　　　　　　　　　单位:亿元

年份	固定资产投资总额	制造业	流通业	金融业	房地产业
2013	35982.5	17318.2	1318.3	116.6	8864.6
2014	41552.8	19134.5	1409.9	173.3	9853.1
2015	45905.2	21228.0	1988.9	150.8	9687.5
2016	49370.9	22869.7	2096.4	141.7	10277.1
2017	53000.2	24418.1	2068.3	121.7	10810.9

资料来源:根据《江苏统计年鉴》(2014—2018)中的数据整理计算而得。

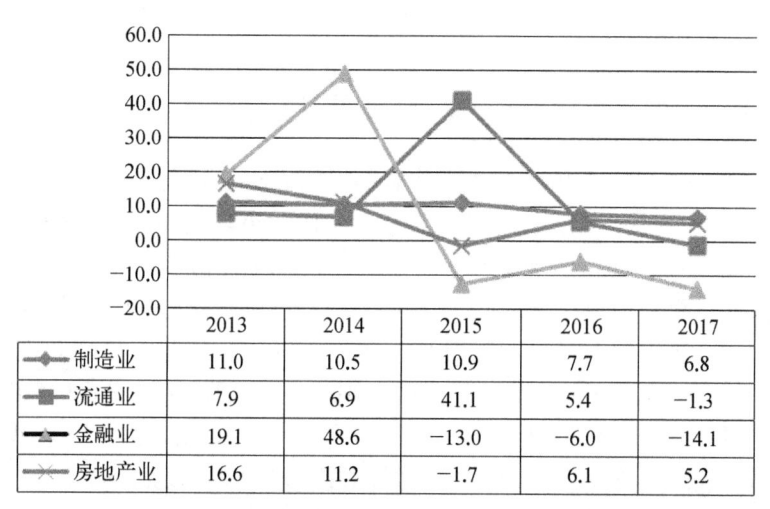

	2013	2014	2015	2016	2017
制造业	11.0	10.5	10.9	7.7	6.8
流通业	7.9	6.9	41.1	5.4	−1.3
金融业	19.1	48.6	−13.0	−6.0	−14.1
房地产业	16.6	11.2	−1.7	6.1	5.2

图 1.11　2013—2017 年江苏部分行业固定资产投资增长　单位:%

资料来源:根据《江苏统计年鉴》(2014—2018)中的数据整理计算而得。

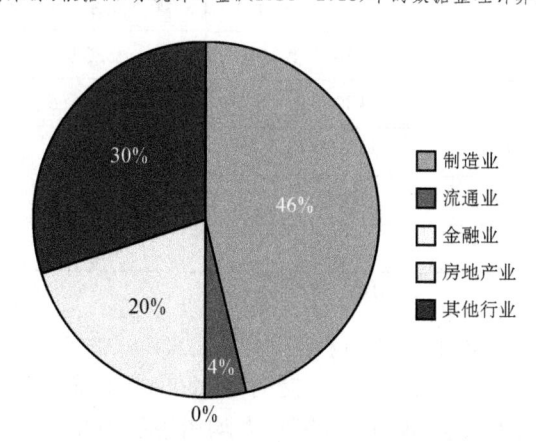

图 1.12　2017 年江苏主要行业固定资产投资占比

资料来源:根据《江苏统计年鉴 2018》中的数据整理计算而得。

2017 年,江苏流通业固定资产投资所占比重为 3.9%,比 2016 年回落了 0.3 个百分点,2015 年最高,为 4.3%,2013—2017 年,其比重保持在 3%—4.5% 之间,这五年间,其固定资产投资所占比重平均为3.9%（见图1.13）。

图1.13　2013—2017年江苏流通业固定资产投资所占比重　单位:%

资料来源:根据《江苏统计年鉴》(2014—2018)中的数据整理计算而得。

五、商品市场规模扩大,交易效率提高

2017年,江苏拥有亿元商品市场487个,同比下降2.8%,全年实现成交额16796.6亿元,同比增长17.1%,比上年提高了11个百分点,亿元市场的营业面积为3510.1万平方米,同比增长9.3%,交易业主从业人员为98.1万人,比上年减少了2700人,商品交易市场在转型升级过程中,更趋于规范化发展。2013—2017年,从规模上来看,江苏超亿元商品交易市场数量自2013年逐年下降,2017年降到了500个以内;从业人员规模也表现为缓慢下降,2016年减少到100万人;交易市场营业规模则表现为先降后升,2016年开始反弹;亿元以上商品市场交易额表现为先升后降再升,2015年成为最低点,比2017年少了3800多亿元,其成交额增长表现为先降后升,2017年增长最快,超过15%（见表1.8）。

表1.8　2013—2017年江苏亿元以上商品交易市场情况

年份	市场个数(个)	商品成交额(亿元)	营业面积(万平米)	从业人员(万人)
2013	547	16595.8	3294.7	105.1
2014	536	17085.0	3266.6	101.4
2015	513	15973.1	3183.7	100.3
2016	501	16900.8	3211.6	98.4
2017	487	19796.6	3510.1	98.1

资料来源:根据《江苏统计年鉴》(2014—2018)数据整理而得。

从商品市场的交易效率角度看,2017年,江苏亿元以上商品交易市场单位市场成交额为40.7亿元,同比增长20.8%,比2013年提高34.3%;单位面积的销售额为564亿元/平方米,同比增长7.2%,比2013年提高11.9%;人均销售额为201.8亿元,同比增长17.5%,比2013年提高27.8%（见表1.9）。观察2013—2017年江苏亿元以上商品交易市场的单位市场成交额、单位营业面积的销售额和人均销售额这三项指标,自2013年均逐年提高,但2015年却遭遇滑铁卢,在下滑的同时,有些指标甚至是五年里的最低点,2016年均开始回升,2017年增长幅度最快（见图1.14、图1.15、图1.16）。这表明近年来,经济进入了新常

态,商品零售额增速逐年下降,但企业转型升级成效渐显。

表 1.9 2013—2017 年江苏亿元以上商品交易市场单位交易效率

年份	单位市场成交额(亿/个)	单位营业面积的销售额(万元/平方米)	人均销售额(元/人)
2013	30.3	503.7	158.0
2014	31.9	523.0	168.5
2015	31.1	501.7	159.3
2016	33.7	526.2	171.8
2017	40.7	564.0	201.8

资料来源:根据《江苏统计年鉴》(2014—2018)数据整理而得。

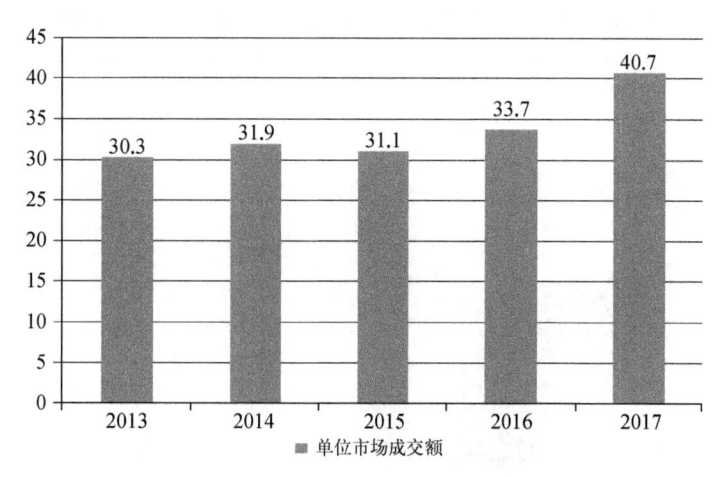

图 1.14 2013—2017 年江苏亿元以上商品交易市场单位市场成交额

资料来源:根据《江苏统计年鉴》(2014—2018)数据整理而得。

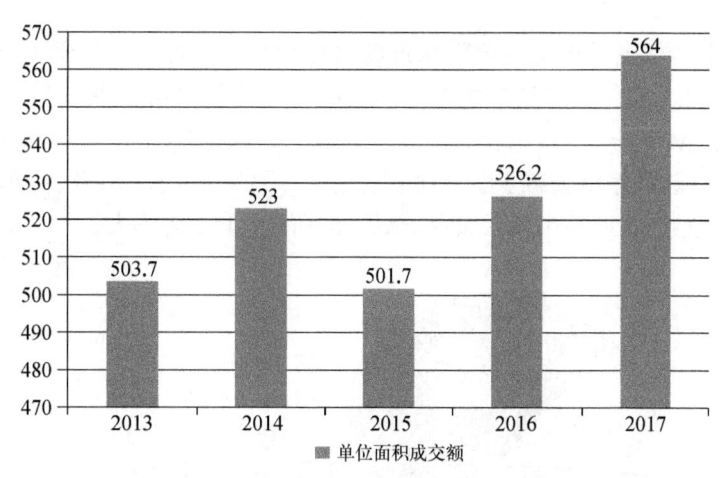

图 1.15 2013—2017 年江苏亿元以上商品交易市场单位面积成交额

资料来源:根据《江苏统计年鉴》(2014—2018)数据整理而得。

2017 年,江苏亿元以上商品交易市场中,综合市场主要商品市场成交额占比分别是:农产品市场占 53%、工业消费品市场占 25%、生产资料市场占 3%(见图 1.17)。与 2016 年相比,农产品市场比重减少了 5%,工业消费品市场增长了 3%,生产资料市场变化不大。

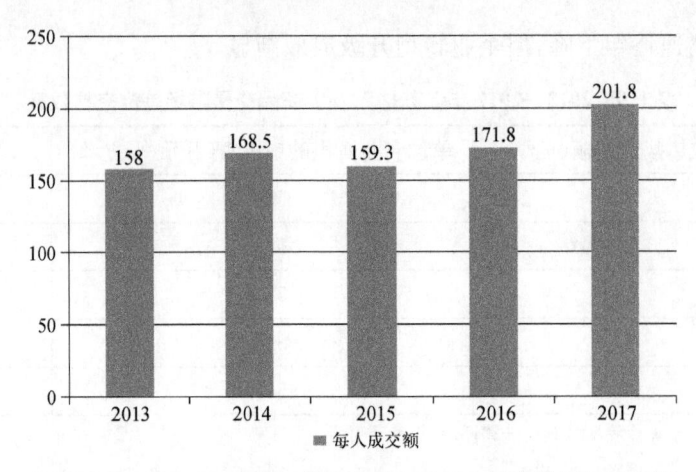

图 1.16 2013—2017 年江苏亿元以上商品交易市场每人成交额

资料来源：根据《江苏统计年鉴》(2014—2018)数据整理而得。

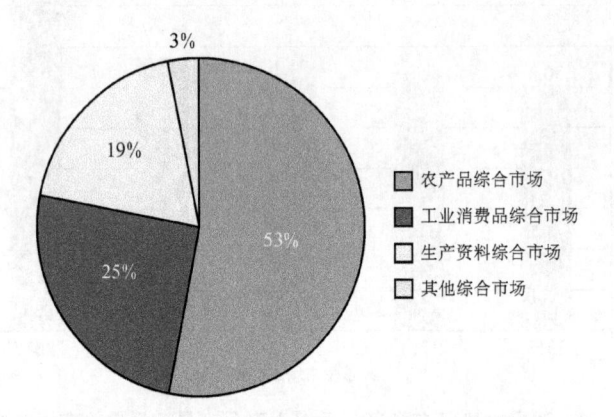

图 1.17 2017 年江苏亿元以上综合商品市场占比

资料来源：根据《江苏统计年鉴 2018》数据整理而得。

2017 年，江苏专业商品市场主要商品市场成交额占比分别是：生产资料市场占 45%，纺织、服装鞋帽市场占 28%，农产品市场占 14%，家具、装饰材料市场占 5%，汽车及零配件市场占 3%，食品、烟酒市场占 1%（见图 1.18）。与 2016 年相比，生产资料市场比重上升了 6 个百分点，纺织、服装鞋帽市场减少了 4 个百分点，家具、装饰材料市场、汽车及零配件市场均减少了 1 个百分点，农产品市场与食品、烟酒市场的比重变化不大。

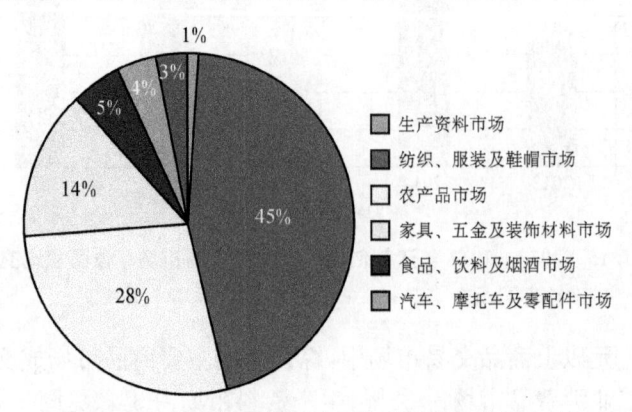

图 1.18 2017 年江苏亿元以上专业商品市场占比

资料来源：根据《江苏统计年鉴 2018》数据整理而得。

六、企业市场化程度提高,跨国企业规模有所收缩

2017年,江苏内贸限额以上企业销售额为56485.1亿元,同比增长16.4%,增幅比2016年上升了4.8个百分点,与2013年相比,增长了20%。其中,国有控股企业2017年销售额为10804.4亿元,同比增长15.3%,比2016年增幅上升10.3个百分点,与2013年相比,增长了28.6%。在销售占比方面,2017年,国有控股企业占19.1%;2013—2017年,国有控股企业比重保持在17%—21%(见表1.10)。

表1.10　2013—2017年江苏内贸限额以上国有控股企业销售及增长　　单位:亿元、%

年份	限额以上企业 销售额	限额以上企业 增长率	国有控股企业 销售额	国有控股企业 增长率	国有控股企业 占比
2013	47077.2	29.3	8404.4	8.1	17.9
2014	46796.2	−0.6	9288.4	10.5	19.8
2015	43450.2	−7.2	8931.1	−3.8	20.6
2016	48511	11.6	9374.4	5.0	19.3
2017	56485.1	16.4	10804.4	15.3	19.1

资料来源:根据《江苏统计年鉴》(2014—2018)中的数据整理计算而得。

2017年,非国有控股企业销售额增速为16.7%,比上年提高了3.3个百分点,与2013年相比,增长了18.1%,2013—2017年,其增长速度表现为先降后升,其年均增速为10.8%。非国有控股企业销售额占比为80.9%,比上年提高了0.2个百分点,2013—2017年,江苏内贸限额以上企业非国有化比重保持在79%—82.5%之间,表明江苏内贸企业市场化程度较高(见图1.19)。

	2013	2014	2015	2016	2017
非国有控股企业销售占比	82.1	80.2	79.4	80.7	80.9
非国有控股企业销售增长	35.0	−3.0	−8.0	13.4	16.7

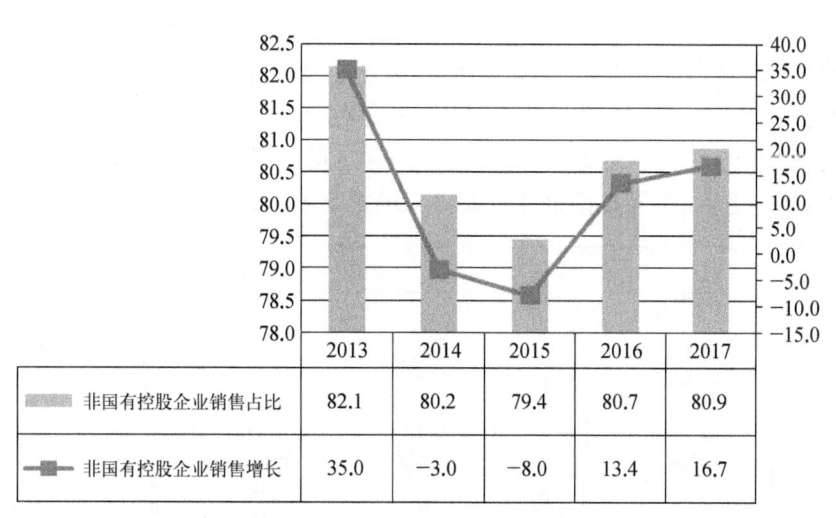

图1.19　2013—2017年江苏内贸限额以上非国有控股企业销售情况　单位:%

资料来源:根据《江苏统计年鉴》(2014—2018)中的数据整理计算而得。

近几年来,部分国家贸易保护主义有抬头的态势,流通企业国际化发展道路风险不可避免。当中国日益成为世界制造业基地、主要的商品采购市场和销售市场之时,流通业已成为全球供应链中的重要一环,相比全国平均水平,江苏流通国际化程度提高速度较快。2017

年,江苏外商及港澳台投资连锁企业销售额为1009.9亿元,占连锁企业的比重为22.3%,与2016年相比,比重几乎没有变化;门店数3955个,占连锁企业的比重为17.1%,同比下降了2.8个百分点;营业面积为1066.5万平方米,占连锁企业的比重为45%,同比上升2.7个百分点;从业人员为12.8万人,占连锁企业的比重为39.8%,同比上升1.9个百分点,与2016年相比,江苏外资及港澳台投资连锁企业销售额和从业人员数量在持续减少(见表1.11)。从企业发展情况来看,海外企业在国内扩张规模整体上都略有收缩;从商业企业经营绩效看,单店销售额和单位营业面积销售额在下降,但人均销售额略有增加。

表1.11 2013—2017年江苏外资及港澳台投资连锁企业情况

年份	类型	门店数(个)	销售额(亿元)	营业面积(万平方米)	从业人员(万人)
2013	外商及港澳台投资	4130	1180.8	638.2	18.7
	总计	18461	4831.9	2001.4	45.2
2014	外商及港澳台投资	4153	1129	635.5	18.3
	总计	19818	3581	2002.9	44.7
2015	外商及港澳台投资	4105	1050	598.3	14.8
	总计	19364	4567.2	1982.6	40.7
2016	外商及港澳台投资	3926	1067.4	1035.6	13.8
	总计	19707	4789.6	2447	36.4
2017	外商及港澳台投资	3955	1009.9	1066.5	12.8
	总计	23151	4528	2369	32.2

资料来源:根据《江苏统计年鉴》(2014—2018)中的数据整理计算而得。

2013—2017年,江苏外商及港澳台投资连锁企业销售额增长率变化曲线表现为先降后升再降,2013年为最高点5.4%,自2014年销售额连续两年负增长,2015年为-7%,为最低点,到2016年略有回升,2017年为负增长,五年间,江苏外资企业销售额年均增长率为-1.9%(见图1.20)。不难发现,一方面,反映了在"新零售"背景下,江苏连锁企业受到了一定的冲击,另一方面,跨国连锁企业受国内市场影响不小,市场规模有较明显的收缩。

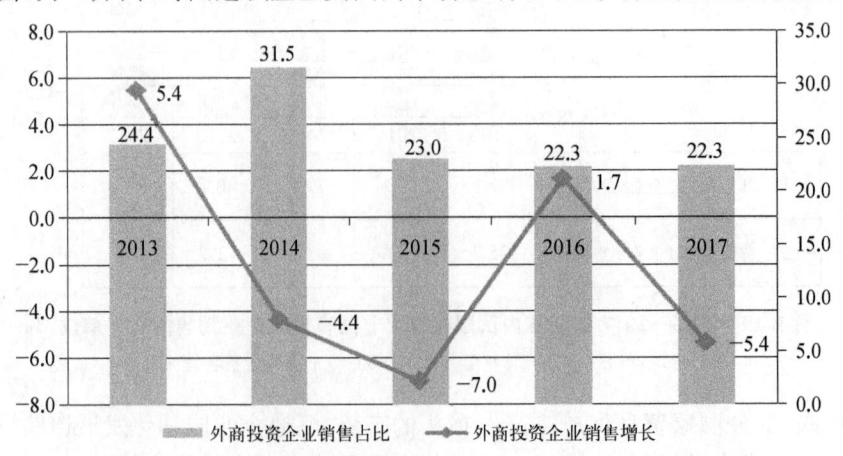

图1.20 2013—2017年江苏内贸外商投资企业销售增长情况,单位:%

资料来源:根据《江苏统计年鉴》(2014—2018)中的数据整理计算而得。

七、连锁企业销售增长减缓,零售业态不断创新

2017年,中国连锁百强企业销售规模达到2.2万亿元,同比增长8%,占社会消费品零售总额6%。百强连锁门店总数10.98万家,同比增长9.1%。百强零售企业在门店方面有了一些变化,2017年,百强企业新增门店9197个,小型门店约占新增门店总数的八成,且增长相对较快,达到7.7%,大型超市和超市门店数量分别增长3.7%和1.0%,百货店、购物中心开店数量明显减少。百强便利店企业2017年销售增长率达到16.9%,门店数量增长18.1%,成为实体零售企业中增长最快的业态。国内百强连锁企业中涌现出一批具有相当规模和国际竞争力的连锁集团,成为商贸流通业的龙头企业和主导力量,其中,江苏进入连锁百强企业前10名的有1家,前50名的有7家,前百强的有10家,占10%。

2017年,江苏批发和零售业、住宿和餐饮业限额以上连锁总店207家,同比增加了12家企业,改变了上年市场门店缩小的局面,但因受互联网和"新零售"的影响,全年实现商品销售总额为4582亿元,同比下降4.3%,增速比上年降低9.2个百分点,与2013年相比,下降了5.2%;连锁门店数23151个,同比增长17.5%,与2013年相比,增长了16.4%;连锁门店营业面积2369万平方米,同比减少了3.2%,与2013年相比,增长了18.4%;从业人员32.21万人,同比减少11.5%,与2013年相比,下降了28.8%(见表1.12)。

表1.12 2013—2017年江苏限上连锁企业经营情况

年份	门店数(个)	销售额(亿元)	营业面积(万平方米)	从业人员(万人)
2013	19897	4831.87	2001.37	45.23
2014	19818	3580.98	1954.29	37.45
2015	19364	4567.16	1982.63	40.65
2016	19707	4789.61	2447.03	36.40
2017	23151	4582.01	2368.97	32.21

资料来源:根据《江苏统计年鉴》(2014—2018)中的数据整理计算而得。

2017年,江苏限额以上连锁企业销售额占全省社会消费品零售额的比重为14.4%,同比下降2.3个百分点,与2013年相比,下跌了8.7个百分点。2013—2017年,江苏限上连锁企业连锁化比率总体呈下降趋势,低于15%。江苏限额以上连锁企业销售增长自2013年为负增长后,一路下滑,到2014年为-25.9%,然而到2015年却大幅度反弹,增速达到27.5%,但后两年又表现为下降,2017年负增长,为近年来最低点。2013—2017年,其销售增长曲线表现为先降后升再降(见图1.21)。

报告通过对2013—2017年江苏限上连锁企业相关数据进行了观察和分析,2017年,江苏限上连锁企业单店销售额为1979.2万元,同比下降18.6%,与2013年相比,下降18.5%;每平方米销售额为1.93万元,同比下降1.2%,与2013年相比,下降19.9%;人均销售额为142.3万元,同比增长8.1%,与2013年相比,上升33.2%(见表1.13)。

图 1.21 2013—2017 年江苏限上连锁企业连锁化及销售增长情况 单位:%

年份	限上企业连锁化比率	限上企业销售增长
2013	23.1	-2.3
2014	15.3	-25.9
2015	17.6	27.5
2016	16.7	4.9
2017	14.4	-4.3

资料来源:根据《江苏统计年鉴》(2014—2018)中的数据整理计算而得。

表 1.13 2013—2017 年江苏限上连锁企业经营效率

年份	单店销售额(万元/个)	单位面积销售额(万元/平米)	人均销售额(万元/人)
2013	2428.4	2.41	106.8
2014	1806.9	1.83	95.6
2015	2358.6	2.30	112.4
2016	2430.4	1.96	131.6
2017	1979.2	1.93	142.3

资料来源:根据《江苏统计年鉴》(2014—2018)中的数据整理计算而得。

在单位效率增长方面,2013—2017 年,江苏连锁企业的单店销售增长、单位面积销售增长和人均销售增长曲线几乎保持步调一致,均表现为先降后升再降,尤以 2015 年的变化最大,三项指标增速分别提高 36 个百分点、50 个百分点和 28 个百分点,2017 年单位面积销售虽是负增长但略有回升(见图 1.22)。

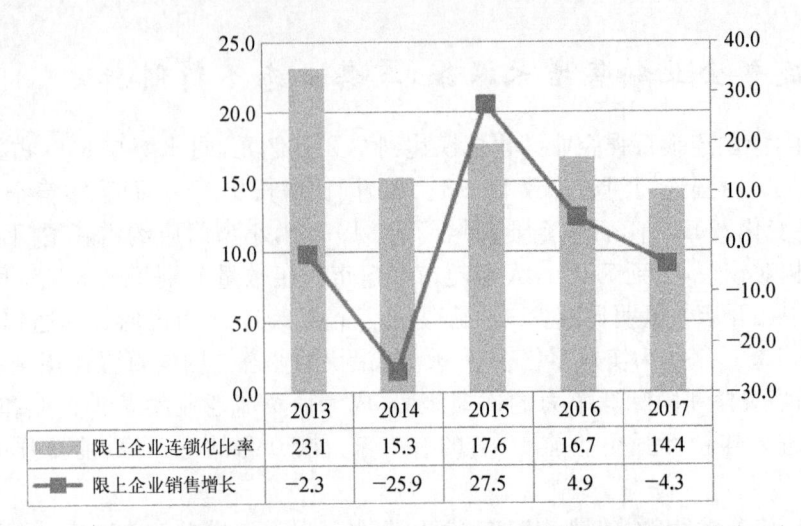

年份	单店销售增长	单位面积销售增长	每人平均销售增长
2013	-3.5	-6.3	-2.5
2014	-25.6	-24.1	-10.5
2015	30.5	25.7	17.5
2016	3.0	-15.0	17.1
2017	-18.6	-1.2	8.1

图 1.22 2013—2017 年江苏限上连锁企业效益增长 单位:%

资料来源:根据《江苏统计年鉴》(2014—2018)中的数据整理计算而得。

从总体上看,这五年间,限额以上连锁企业销售不增反减,其年均增速为-0.02%,这与近几年互联网下出现的新型业态井喷式发展、创新型的无店铺商业形态的不断壮大、连锁企业自身的结构调整的影响有关,行业内部调整已迫在眉睫,企业痛定思痛后,需要采取一些措施:一方面,企业可以尝试关闭低效门店,减员增效;另一方面,需要加大信息和数字化的投入,引入合作机制,创新服务,逐步提高运营效率。

第二章 江苏内贸发展环境

一、产业结构优化升级，服务业稳步提升

2017年，江苏GDP为85900亿元，占全国GDP的10.4%，同比增长了11%，增速提高了3.4个百分点，与全国GDP增速相比，高出4个百分点。2013—2017年，其增速均在7.5%以上，年均增速为9.4%。第一、二、三产业增加值分别为4076.7亿元、38654.9亿元和43169.4亿元，与2016年相比，第一产业减少了0.01%，第二、三产业分别增长了11.7%、11.6%；与2013年相比，三次产业产值分别增长了17.5%、29.3%和57.8%（见表2.1）。2013—2017年，三次产业产值的增长各有特点：第一产业增长曲线表现为先升后降，2015年增长率为9.7%，是这五年的最快增速，2017年略有下降，其产值比2016年减少5000万元；第二产业增长曲线表现为先降后升，2015年增长率4.1%，为最低点，2017年突破10%的增长点，为五年来最高；第三产业增长曲线表现为先降后升再降，2013年增速最快，为15.7%，其他年份增速均在10%以上（见图2.1）。这五年间，江苏三次产业产值的年均增速分别为3.6%、6.8%和12.8%，可以看出，第三产业的增速最快，分别高出第一产业9.2个百分点、第二产业6个百分点，保持稳步增长。2017年，江苏人均GDP为107189元，同比增长了10.6%，增速比2016年高出2.3个百分点，与2013年相比，增长了40%。2013—2017年，江苏人均GDP增速保持在7.5%以上，年均增速为9.1%（见表2.1）。

表2.1 2013—2017年江苏三次产业产值及增长情况　　单位：亿元、%、元

年份	GDP	第一产业 产值	增长率	第二产业 产值	增长率	第三产业 产值	增长率	人均GDP
2013	60712.8	3469.9	1.5	29888.5	7.4	27354.5	15.7	76563
2014	66150.6	3634.3	4.7	31742.0	6.2	30774.3	12.5	83211
2015	71289.5	3986.1	9.7	33031.1	4.1	34272.4	11.4	89468
2016	77388.3	4077.2	2.3	34619.5	4.8	38691.6	12.9	96887
2017	85900.9	4076.7	−0.01	38654.9	11.7	43169.4	11.6	107189

资料来源：根据《江苏统计年鉴》(2014—2018)数据整理而得。

2017年，江苏三次产业产值在GDP的比重分别为4.7%、45%和50.3%，与2016年相比，第一产业下降了0.6%，第二产业、第三产业都上升了0.3%。2013—2017年，第一、二产业产值比重有逐年下滑趋势，第三产业产值比重则表现为逐年上升，五年间，第三产业产值比重上升了5.3%。自2015年江苏三次产业结构历史性地转变为"三二一"格局至今，第一产业产值比重均低于6%，第三产业产值已超50%，2017年，第三产业产值比重高出第二产业5.3个百分点，服务业成长空间未来还很大（见图2.2）。产业结构的调整和升级，对于

内贸流通业的发展及转型升级有着一定的影响。

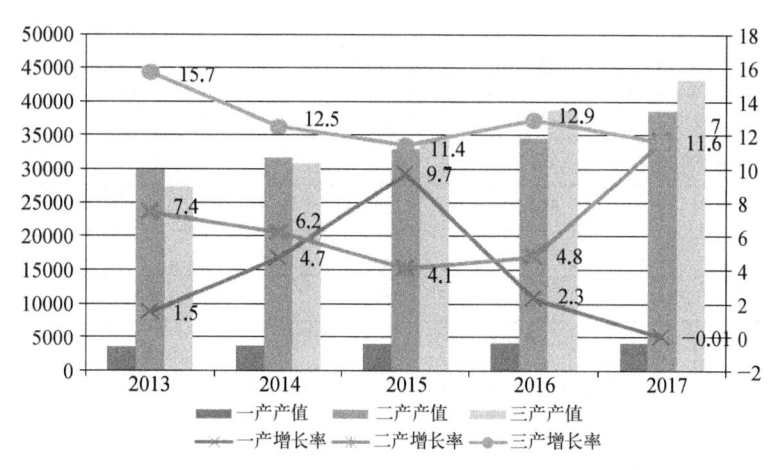

图 2.1　2013—2017 年江苏三次产业增长情况　单位：亿元、%

资料来源：根据《江苏统计年鉴》(2014—2018)数据整理而得。

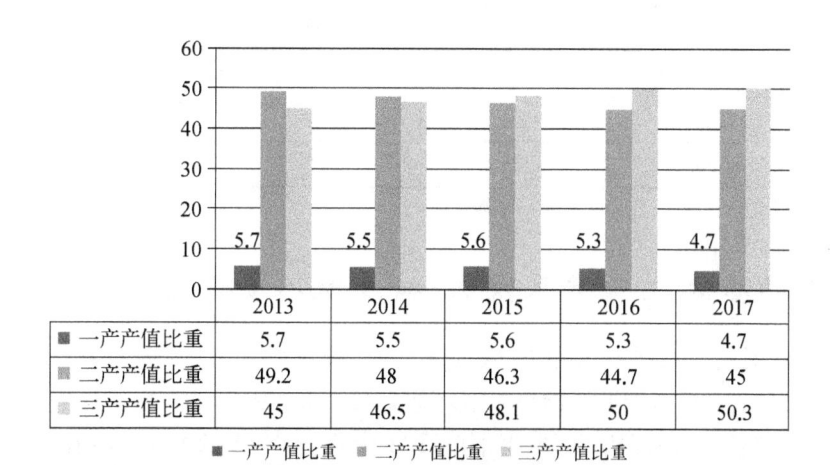

图 2.2　2013—2017 年江苏地区生产总值构成　单位：%

资料来源：根据《江苏统计年鉴》(2014—2018)数据整理而得。

二、城镇人口比重逐年上升，城镇化进程加快

2017 年，江苏总人口为 8029 万人，首次超过 8000 万人，在全国总人口 13.9 亿人中占 5.78%，同比增加 30.7 万人，增长 0.38%。其中，城镇常住人口为 5521 万人，同比增加了 104.3 万人，农村常住人口为 2508 万人，减少了 73.6 万人，城镇人口占比为 68.8%，同比提高了 1.1 个百分点，比 2013 年提高了 4.7 个百分点，城乡比为 2.2∶1。2013—2017 年，江苏城镇人口比重处于 63%—69% 之间，高出全国平均水平约 10 个百分点。自 2015 年以来，江苏人口城乡比已突破"2"（见表 2.2）。其中，2017 年，江苏城镇人口增速为 1.9%，同比增幅略有下降，农村人口降低 2.9%，同比增幅略有收紧。2013—2017 年，江苏城镇人口年均增速为 2%，农村人口年均增速为 -3.1%（见表 2.3）。人口的变化带来了工业化、城镇化和市场化，城镇化程度的提高，从一定意义上表明人们在生产方式、职业结构、生活方式、消费理念等诸多方面正在发生着变化，尤其在流通领域。

表 2.2　2013—2017 年全国与江苏人口城乡比　　　　　　　　单位:万人、%

年份	全国 总人口	全国 城镇比重	全国 城乡比	江苏 总人口	江苏 城镇比重	江苏 城乡比
2013	136072	53.7	1.2	7939.5	64.1	1.8
2014	136782	54.8	1.2	7960.1	65.2	1.9
2015	137462	56.1	1.3	7976.3	66.5	2.0
2016	138271	57.4	1.3	7998.6	67.7	2.1
2017	139008	58.5	1.4	8029.3	68.8	2.2

资料来源:根据《国家数据 2018》、《江苏统计年鉴 2018》数据整理而得。

表 2.3　2013—2017 年江苏城乡人口发展情况　　　　　　　　单位:万人、%

年份	总人口数	城镇 人口数	城镇 增长率	乡村 人口数	乡村 增长率
2013	7939.5	5090.0	2.00	2849.5	−2.74
2014	7960.1	5190.8	1.98	2769.3	−2.81
2015	7976.3	5305.8	2.22	2670.5	−3.57
2016	7998.6	5416.7	2.09	2582.0	−3.31
2017	8029.30	5521.0	1.92	2508.4	−2.85

资料来源:根据《江苏统计年鉴》(2014—2018)数据整理而得。

三、农村居民收入增长较快,城乡收入差距缩小

2017 年,全国居民人均可支配收入 25974 元,同比增长 9%,略快于 GDP 的增速,比 2016 年增加 0.6 个百分点,与 2013 年相比,增长 41.8%。2017 年,全国居民人均消费支出 18322 元,同比增长 7.1%,比 2016 年下降 1.8 个百分点,与 2013 年相比,增长 38.6%。2017 年,全国居民恩格尔系数为 29.3%,首次跌破 30%,比上年下降 0.8 个百分点,与 2013 年相比,下降了近 2 个百分点(见表 2.4)。2013—2017 年,全国居民人均可支配收入的增长曲线表现为先降后升,年均增速为 9.1%,全国居民人均消费支出增长曲线表现为先降后升再降,年均增速为 8.5%(见图 2.3)。

表 2.4　2013—2017 年中国居民人均收入与人均支出情况　　　　　　　　单位:元、%

年份	全国居民人均可支配收入 收入	全国居民人均可支配收入 增长率	全国居民人均消费支出 支出	全国居民人均消费支出 增长率	恩格尔系数(%)
2013	18310.8	——	13220.4	——	31.2
2014	20167.1	10.1	14491.4	9.6	31.0
2015	21966.2	8.9	15712.4	8.4	30.6
2016	23821.0	8.4	17110.7	8.9	30.1
2017	25974.0	9.0	18322.0	7.1	29.3

资料来源:中国统计局(国家数据 2014—2018 年)整理而得。

注:2012 年国家统计局数据中只有"城镇居民人均可支配收入"和"农村居民人均纯收入"指标,2013 年开始对城乡统一用"人均可支配收入"指标,且开始使用"全国居民人均可支配收入"指标。

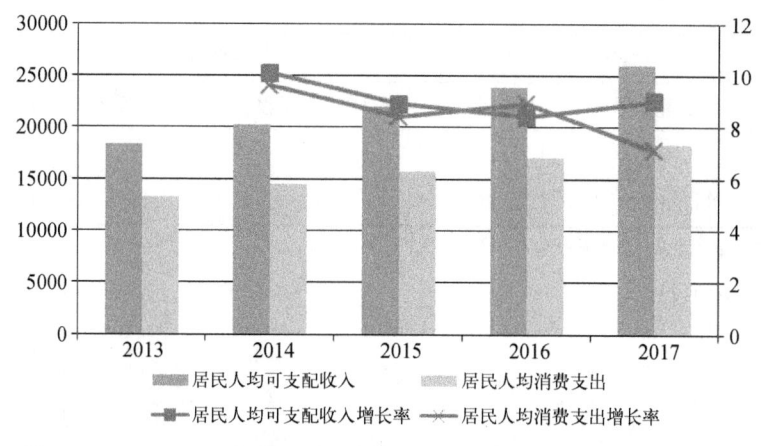

图 2.3 2013—2017 年中国居民人均收入与人均支出情况　单位：元、%

资料来源：中国统计局（国家数据 2014—2018 年）整理而得。

2017 年，中国的基尼系数为 0.467，较 2016 年的 0.465 上升 0.002，较 2015 年的 0.462 上升 0.005。2017 年中国人均实际可支配收入增速在前几年的持续下降后有所反弹，但基尼系数却有所回升，居民收入贫富差距有拉大的趋势。2017 年，在五个收入层次中，"高收入组"收入增长幅度为 9.1%，同比扩大 0.8 个百分点，增幅最大。而中间层的"中等偏上"、"中等"和"中等偏下"的收入增长率分别为 7.7%、7.2%、7.1%，与 2016 年相比，增长率都有减少，与富裕阶层产生了差距，这应该是导致 2014—2016 年中国人均可支配收入增速持续下降的原因。"低收入组"人群收入增长 7.5%，增幅扩大 1.8 个百分点，最低组收入虽比最高组增幅略大些，但绝对增长还是低于最高组，扶贫政策看似取得了一定成果，但贫富差距仍然存在。

2017 年，全国城镇居民人均可支配收入 36396 元，同比增长 8.3%，比 2016 年增加 0.5 个百分点，与 2013 年相比，增长了 37.5%。2017 年，农村居民人均可支配收入 13432 元，同比增长 8.6%，比 2016 年增加 0.4 个百分点，与 2013 年相比，增长了 42.4%（见表 2.5）。2013—2017 年，全国城镇居民人均可支配收入增长表现为先升后降再升，增速都保持在 7.5%—9%之间，年均增速为 8.2%；农村居民人均可支配收入增长表现为先降后升，由 2013 年的 19.1%逐年下降到 2016 年的 8.2%，增速差距有近 10 个百分点，其年均增速为 11.2%。相比较，农村居民人均可支配收入增速均快于城镇，增速最大差距为 2013 年的 11.4 个百分点，最小差距为 2017 年的 0.3 个百分点（见图 2.4）。2017 年，全国城乡居民人均收入比为 2.71，比上年减少 0.01。2013—2017 年，城乡收入比不断下降，但城乡收入的绝对差距却逐年拉大，2013 年为 17037 元，2017 年则扩大到 22964 元。

表 2.5　2013—2017 年中国城乡人均可支配收入增长情况　　　　　　　　　　单位：元、%

年份	城镇居民 人均可支配收入	增长率	农村居民 人均可支配收入	增长率	城乡 收入比
2013	26467	7.7	9430	19.1	2.81
2014	28844	9.0	10489	11.2	2.75
2015	31195	8.2	11422	8.9	2.73

(续表)

年份	城镇居民 人均可支配收入	增长率	农村居民 人均可支配收入	增长率	城乡收入比
2016	33616	7.8	12363	8.2	2.72
2017	36396	8.3	13432	8.6	2.71

资料来源:根据中国统计局(国家数据2014—2018年)数据整理而得。

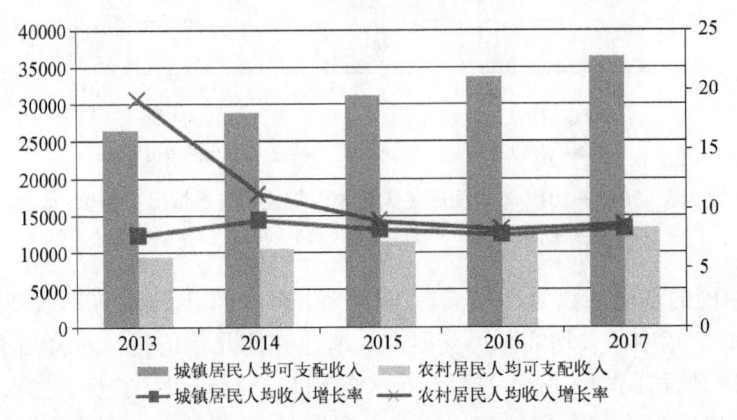

图2.4　2013—2017年中国城镇居民人均收入及增长　单位:元、%

资料来源:中国统计局(国家数据2014—2018年)整理而得。

四、消费模式更趋多元,农村居民支出增速加快

2017年,全国城镇居民人均消费支出24445元,同比增长5.9%,比2016年下降2个百分点,与2013年相比,增长了32.2%。2017年,农村居民人均消费支出10955元,同比增长8.1%,比2016年下降1.7个百分点,与2013年相比,增长了46.4%(见表2.6)。2013—2017年,全国城镇居民人均消费支出增长表现为先降后升再降,增速只有2013年为10.9%,其余年份均在10%以内,2017年增速最小,这五年间,其年均增速为8.0%;农村居民人均消费支出增长自2013年的26.7%后,逐年下降到2017年,增速差距有近18.6个百分点,其年均增速为13.3%。相比较,农村居民人均消费支出增速均快于城镇,增速最大差距为2013年的15.8个百分点,最小差距为2016年的1.9个百分点(见图2.5)。收入影响了消费,并在很大程度上决定了市场的容量,是内贸流通企业销售额的"晴雨表"。

表2.6　2013—2017年中国城乡人均消费支出及增长　　单位:元、%

年份	城镇居民 人均消费	增长率	农村居民 人均消费	增长率
2013	18488	10.9	7485	26.7
2014	19968	8.0	8383	12.0
2015	21392	7.1	9223	10.0
2016	23079	7.9	10130	9.8
2017	24445	5.9	10955	8.1

资料来源:根据中国统计局(国家数据2014—2018年)数据整理而得。

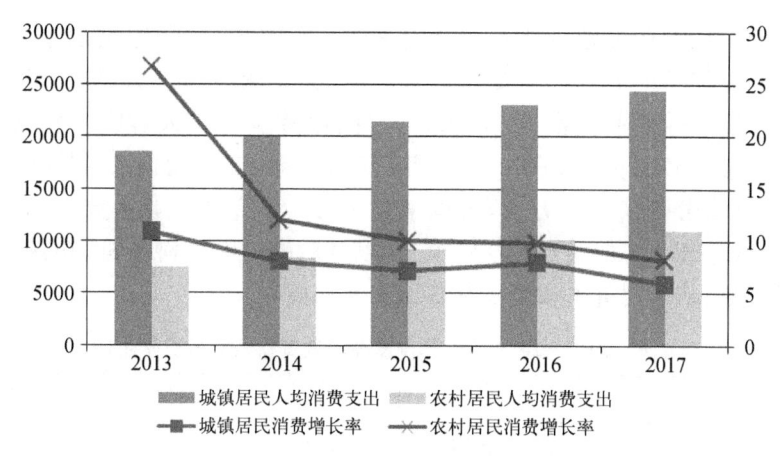

图 2.5 2013—2017 年中国城乡人均消费支出及增长　单位:元、%

资料来源:根据中国统计局(国家数据 2014—2018 年)数据整理而得。

五、科技投入加大,推进改革深入

2017 年,江苏的科研机构数(包括科研单位和高等院校等)为 24112 个,同比减少 290 个,2013 年为 19393 个,五年增长 24.3%。其中,规模以上工业企业为 22007 个,同比减少 15557 个,比 2013 年增长了 22.9%;高等院校中的科研机构数为 1133 个,同比增加 78 个,比 2013 年增长了 41.4%。2017 年,研发经费支出为 2260.6 亿元,同比增长 11.5%,比 2013 年增长了 52.0%。同年,研发支出占江苏 GDP 的比重为 2.63%,同比增长了 0.01 个百分点,比 2013 年提高了 0.18 个百分点。2013—2017 年,江苏研究与发展经费支出不断增长,其占地区生产总值比重越拉越大(见表 2.7)。科技进步是江苏经济发展、全面实施科技驱动战略、增强区域竞争力、率先建成创新省份的必然要求,是内贸流通业发展的内在助推器。

表 2.7 2013—2017 年江苏科技发展情况

指标	2013 年	2014 年	2015 年	2016 年	2017 年
科技机构数(个)	19393	21844	23101	25402	24112
科研单位	143	144	142	135	133
规模以上工业企业	17996	20411	21542	23564	22007
#大中型工业企业	7231	7538	7432	7816	7204
高等院校	801	854	971	1055	1133
其他	453	435	446	648	839
科技活动人员数(万人)	109.5	115	112	117	—
#大学本科及以上学历	49.1	53.6	54.8	70.2	—
研发内部支出(亿元)	1487.5	1652.8	1801.2	2026.7	2260.6
研究与发展经费支出占 GDP 比重(%)	2.45	2.50	2.53	2.62	2.63

资料来源:根据《江苏统计年鉴》(2014—2018)数据整理而得。

注:1. 规模以上工业企业科技统计从 2011 年开始实施;2017 年开始取消科技活动人员数、大学本科及以上学历数。
　2. 因研发支出计入 GDP,对 2013—2017 年研究与发展经费支出占地区生产总值比重进行调整。

2017年,江苏普通高等教育本科毕业生数为252892人,同比增加了8677人(见表2.8),其中,经济学和管理学毕业生人数分别为14865人和47603人,同比分别增长2.7%和2倍。2017年,专科毕业生数为236630人,同比减少769人,其中,财经类毕业生为14122人,同比减少35453人。2013—2017年,江苏普通高等教育向社会输送本科毕业生数122.5万人,其中,经济学类7.3万人,管理学类11万人;专科毕业生数118.3万人,其中,财经类19.7万人。江苏省加大对科技的投入,以及对高等院校科技机构的持续增加,促进了科学技术的发展,从而促进了整个江苏知识人才的培养。

表2.8 2013—2017年江苏普通高等教育财经类毕业学生数　　　　单位:人

年份	本科毕业生数 合计	经济学	管理学	专科毕业生数 合计	财经大类
2013	236363	14283	14667	237480	45232
2014	245558	14644	15616	233155	42820
2015	245932	14981	15909	238164	45489
2016	244215	14469	15969	237339	49575
2017	252892	14865	47603	236630	14122

资料来源:根据《江苏统计年鉴》(2014—2018)数据整理而得。

第三章 江苏内贸各行业发展情况

一、批发零售业

(一) 产值比重下降,但增速明显

2017年,江苏商贸流通业产值突破1万亿,达到12003亿元,同比增长37%,与2016年相比,增速提高了近30个百分点,规模扩大明显。全年江苏批发零售业产值为10105.8亿元,同比增长了35.3%,与2016年相比,增速提高了28.5个百分点,比2013年增长了65%。批发零售业产值增速在2013—2016年间表现较为平稳,保持在6.5%—7.5%之间,到2017年速度加快。这五年间,批发零售业产值年均增速为12.6%。从行业产值占比情况看,2017年,江苏批发零售业产值比重84.2%,为五年最低,但总体保持在85%左右(见表3.1)。

表3.1 2013—2017年江苏批发零售业产值增长及占比情况

年份	流通业产值(亿元)	批发零售业 产值(亿元)	增长率(%)	比重(%)
2013	7151.4	6123.5	7.3	85.6
2014	7653.5	6559.0	7.1	85.7
2015	8182.1	6992.7	6.6	85.5
2016	8761.6	7470.3	6.8	85.3
2017	12003.0	10105.8	35.3	84.2

资料来源:根据《江苏统计年鉴》(2014—2018)数据整理而得。

(二) 消费品零售额稳步增长,比重占绝对优势

2017年,江苏批发零售业社会消费品零售额为28610.3亿元,同比增长10.5%,与2013年相比,增长53%(见表3.2)。观察发现,2013—2017年,江苏批发零售业社会消费品零售额增长表现为先降后升再降,但保持两位数的增长,这五年里,其年均增速分别为12%。2017年,其占社会消费品零售额比重为90.15%,2013—2017年五年间,行业所占比重相对稳定,批发零售业一直处于绝对优势地位(见图3.1)。

表 3.2　2013—2017 年江苏批发零售业消费品零售额及增长

年份	流通业(亿元)	批发零售业 零售额(亿元)	批发零售业 增长率(%)
2013	20878.2	18694.9	13.6
2014	23458.1	21229.6	10.3
2015	25876.8	23414.3	10.6
2016	28707.1	25899.1	14.9
2017	31737.4	28610.3	10.5

资料来源:根据《江苏统计年鉴》(2014—2018)数据整理而得。

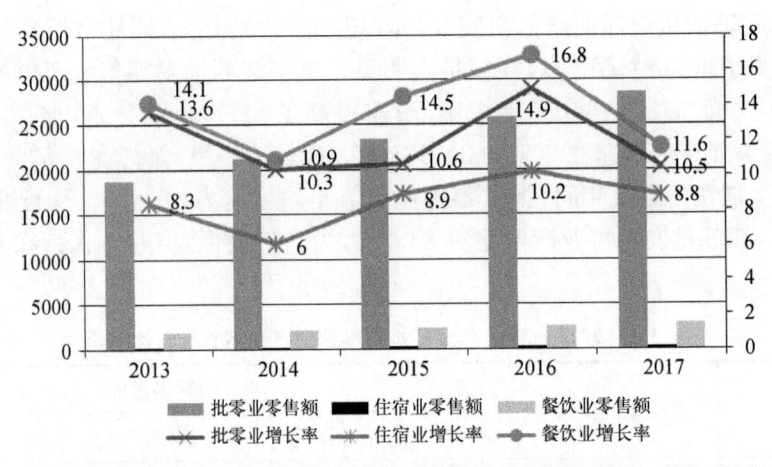

图 3.1　2013—2017 年江苏内贸各行业社会消费品零售额及增长　单位:亿元、%

资料来源:根据《江苏统计年鉴》(2014—2018)数据整理而得。

(三) 内资企业比重高,非国有比重逐年增长

2017 年,江苏内贸固定资产投资额为 2068.3 亿元,同比减少 1.3%,与 2013 年相比,增长了 56.9%,其中,批发零售业固定资产投资额为 1649.5 亿元,同比增长 0.55%,与 2013 年相比,增长了 1.02 倍;从固定资产投资企业的性质和注册类型来看,2017 年,批发零售业内资企业比重 98%,同比提高 1.2 个百分点,与 2013 年相比,提高了 3.8 个百分点(见表 3.3)。2013—2017 年,批发零售业内资企业比重保持在 93%—98% 之间,五年间,其比重变化表现为逐年增长的趋势,近几年来国内企业不断扩张市场规模及早期进入市场的外资企业因"水土不服",现已逐步减少在中国市场份额。2017 年,批发零售业国有控股企业 6.1%,同比下降 0.2 个百分点,与 2013 年相比,下降 3 个百分点,2013—2017 年,批发零售业国有控股企业比重保持在 6%—10% 之间,五年间,比重曲线表现为逐年下降的趋势,批发零售业内资企业比重保持在 10%—24% 之间,自 2014 年以后,其比重表现为逐年下降的趋势,表明批发零售业市场化程度较高(见图 3.2)。

表 3.3　2013—2017 年江苏批发零售业固定资产投资情况　　　　单位：亿元

年份	流通业固定资产投资额	批发零售业 投资额	批发零售业 内资	批发零售业 国有控股
2013	1318.3	816.2	768.8	74.9
2014	1409.9	985.5	916.7	81.3
2015	1988.9	1447.5	1387.5	111.2
2016	2096.4	1640.5	1587.7	103.3
2017	2068.3	1649.5	1616.0	100.9

资料来源：根据《江苏统计年鉴》(2014—2018)数据整理而得。

	2013	2014	2015	2016	2017
批发零售业内资比重	94.2	93.0	95.9	96.8	98.0
住宿餐饮业内资比重	94.9	95.3	91.2	93.9	93.6
批零业国有控股比重	9.1	8.2	7.7	6.3	6.1
住餐业国有控股比重	16.2	23.6	16.7	12.2	10.9

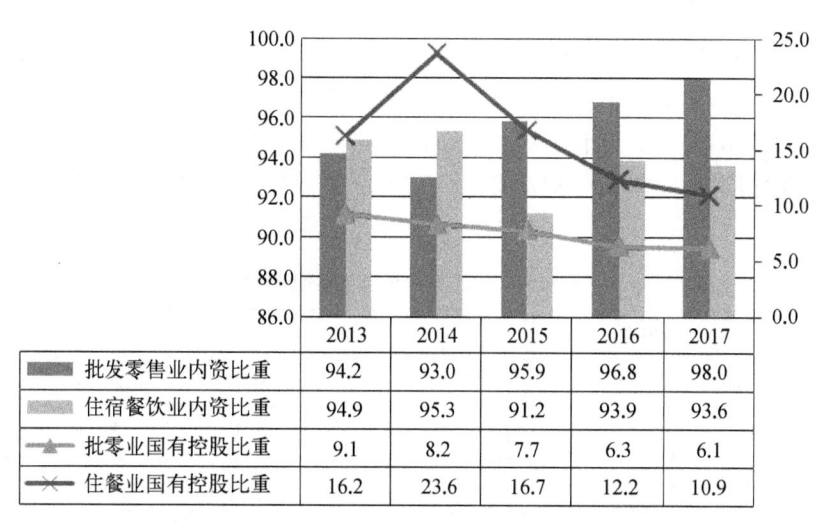

图 3.2　2013—2017 年江苏批发零售业各类固定资产投资增长　　单位：%

资料来源：根据《江苏统计年鉴》(2014—2018)数据整理而得。

（四）就业规模减少，零售服务性特征凸显

传统的内贸行业主要是劳动密集型行业，但随着科学技术和互联网的快速发展，服务业的人口红利逐渐失去了原有的优势。2017 年，江苏流通业限额以上企业就业人数为 127.3 万人，同比下降 1.2%，与 2013 年相比，下降了 11.7%，江苏内贸各行业就业人数总体表现为逐年减少的趋势。全年江苏批发业限额以上企业就业人数为 42.1 万人，同比上升了 4.2%，与 2013 年相比，下降了 8.9%；零售业限额以上企业就业人数为 53.6 万人，同比下降 4.6%，与 2013 年相比，下降了 11.7%。2013—2017 年，就业人数规模下降幅度最大的是零售业，达 6.8 万人（见表 3.4）。这一方面表明，零售服务性特征凸显，另一方面，在新型消费模式的引导下，需要有更现代、更创新的新型模式出现，因此，以新技术、新资本为标志的新零售业态应运而生，如线上线下融合模式、无人值守店铺等。

表 3.4 2013—2017 年江苏内贸各行业限额以上就业情况　　　　　　单位：人

年份	流通业	批发业	零售业	住宿业	餐饮业
2013	1442376	462293	605001	134364	240718
2014	1372467	426460	589719	127611	228677
2015	1316192	414793	573752	129100	198547
2016	1288982	404339	561763	126789	196091
2017	1272986	421163	536361	123237	192225

资料来源：根据《江苏统计年鉴》(2014—2018)数据整理而得。

（五）连锁企业规模收缩，便利店强势增长

2017 年，江苏内贸连锁经营企业销售额为 4582 亿元，同比减少 4.3%，批发零售企业销售额为 4480.2 亿元，增速同比减少 4.6%，与 2013 年相比，减少 5.5%。从连锁经营企业的销售增长情况看，2013—2017 年，批发零售业销售增长表现为先降后升再降，尤以从 2014 年到 2015 年变化最大，其增长率提高 55 个百分点，这五年间批发零售企业销售增长相互抵消（见表 3.5）。

表 3.5 2013—2017 年江苏内贸连锁企业销售及增长情况　　　　　单位：亿元、%

年份	批发零售业 销售额	批发零售业 增长率	住宿业 销售额	住宿业 增长率	餐饮业 销售额	餐饮业 增长率
2013	4741.8	−2.3	0.47	−4.1	89.6	−2.4
2014	3483.9	−26.5	0.42	−10.6	96.7	7.9
2015	4475.4	28.5	0.38	−9.5	91.3	−5.5
2016	4695.6	4.9	0.33	−13.2	93.7	2.6
2017	4480.2	−4.6	0.28	−15.2	101.6	8.4

资料来源：根据《江苏统计年鉴》(2014—2018)中的数据整理计算而得。

近几年，随着互联网的发展以及数字技术在零售业的应用，零售市场发生了巨大的变化：一方面，不仅表现为市场容量的规模扩大，且各种新型业态层出不穷，另一方面，还表现为在微观层面上，企业在盈利模式、运作流程、供应链和渠道重构等方面的变化，这些都给我们提供了新的研究方向。2017 年，江苏线下主要零售业态销售情况，百货店销售额为 240.6 亿元，同比增长 7.6%，增速比 2016 年提升 23 个百分点；超级市场销售额为 914.6 亿元，同比减少 9.5%，与 2013 年相比，减少 7.6%；专业店销售额为 1516.8 亿元，同比减少 56.5%（可能与统计指标有变有关）；专卖店销售额为 22.9 亿元，同比增长 50.7%，增速比 2016 年提高 16 个百分点；便利店销售额为 17.1 亿元，同比增长 55.3%，增速比 2016 年提高 67 个百分点；家居建材店销售额为 1.8 亿元，同比下降了 22.6%，持续两年负增长（见表 3.6）。2013—2017 年，江苏主要零售业态销售额增长情况看，百货店的增长曲线表现为先降后升，超级市场的增长曲线表现为先降后升再降，专业店的增长曲线表现为先降后升再降，专卖店的增长曲线表现为逐年上升，便利店的增长率曲线表现为先降后升，家居建材店的增长曲线

表现为先升后降(见图3.3)。这五年间,除超级市场增速没有变化外,其他零售业态的年均增速分别为:百货店3%、专业店9.3%、专卖店－0.8%、便利店14.3%、家居建材店－9.3%。如今的零售业与五年之前相比,差别较大,而不同业态间的发展更是具有差异性,如传统百货店、超级市场和家居建材店的发展低速甚至负增长,而便利店的发展势头很强劲,这些应该是与线上线下融合的商业环境发展分不开的。

表3.6 2013—2017年江苏主要零售业态销售情况　　　　　　　　　　单位:亿元

年份	百货店	超级市场	专业店	专卖店	便利店	家居建材店	合计
2013	233.1	989.4	3484.0	21.8	11.2	2.3	4741.8
2014	251.3	953.3	2250.4	14.3	12.1	2.5	3483.9
2015	264.4	972.2	3212.3	11.3	12.5	2.7	4475.4
2016	223.7	1011.1	3432.3	15.2	11.0	2.3	4695.6
2017	240.6	914.6	1516.8	22.9	17.1	1.8	4480.2

资料来源:根据《江苏统计年鉴》(2014—2018)中的数据整理计算而得。

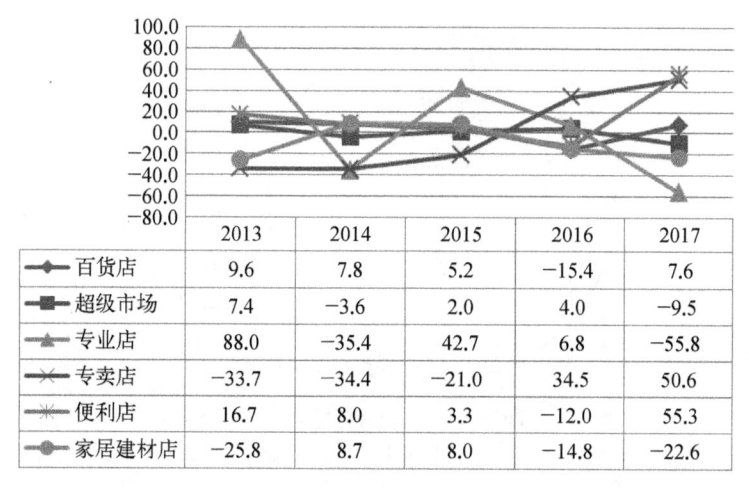

	2013	2014	2015	2016	2017
百货店	9.6	7.8	5.2	－15.4	7.6
超级市场	7.4	－3.6	2.0	4.0	－9.5
专业店	88.0	－35.4	42.7	6.8	－55.8
专卖店	－33.7	－34.4	－21.0	34.5	50.6
便利店	16.7	8.0	3.3	－12.0	55.3
家居建材店	－25.8	8.7	8.0	－14.8	－22.6

图3.3 2013—2017年江苏连锁零售业态销售增长 单位:%

资料来源:根据《江苏统计年鉴》(2014—2018)中的数据整理计算而得。

限额以上零售企业中,2017年,江苏线下零售业态销售额占前四位的分别为:专业店4295.6亿元、专卖店3217.1亿元、大型超市1150.7亿元和百货店1057.3亿元,业态占比分别为:专业店41%、专卖店31%、大型超市11%、百货店10%,其他的线下零售业态占比均在2%以下(见图3.4)。2017年,江苏无店铺零售业态所占比重由高到低分别为:网上商店实现商品零售额907.6亿元,同比增长61%,占比87%,电视购物销售额17.1亿元,占比2%,邮购、电话购物和自动售货机占比分别为0.7%、0.2%和0.1%(见图3.5)。

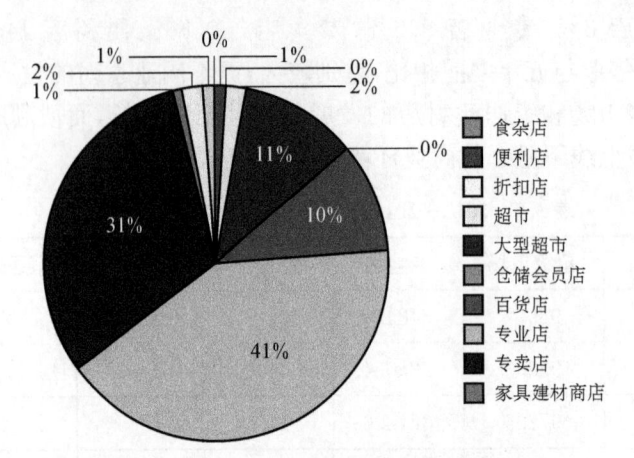

图 3.4 2017 年江苏有店铺零售业态销售占比

资料来源:根据《江苏统计年鉴 2018》中的数据整理计算而得。

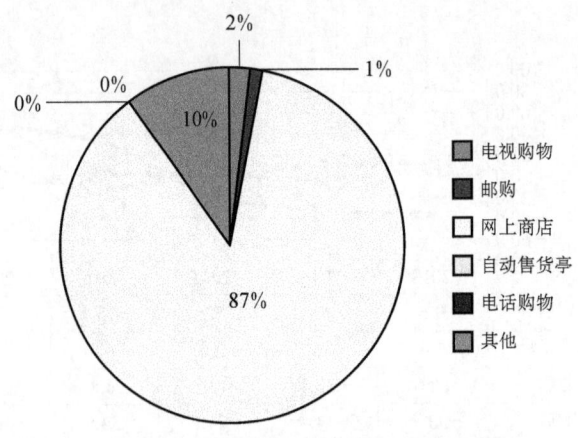

图 3.5 2017 年江苏无店铺零售业态销售占比

资料来源:根据《江苏统计年鉴 2018》中的数据整理计算而得。

二、住宿餐饮业

(一)产值规模增长快,占内贸流通比重上升

2017 年,江苏住宿餐饮业产值为 1897.2 亿元,同比增长了 46.9%,与 2016 年相比,增速提高了 38.3 个百分点,比 2013 年增长了 84.6%,增幅明显。住宿餐饮业产值 2013 年表现为负增长,自 2014 年开始缓慢上升,但都低于 10% 的增速,到 2017 年增速加快,2013—2017 年,住宿餐饮业年均增速为 13.8%。从行业产值占比情况看,2017 年,住宿餐饮业产值所占比重 15.8%,同比上升 1.1 个百分点,五年间均保持在 15% 左右(见表 3.7)。

表 3.7　2013—2017 年江苏住宿餐饮业产值增长及占比情况

年份	流通业产值(亿元)	住宿餐饮业 产值(亿元)	增长率(%)	比重(%)
2013	7151.4	1028.0	−1.6	14.4
2014	7653.5	1094.5	6.5	14.3
2015	8182.1	1189.4	8.7	14.5
2016	8761.6	1291.3	8.6	14.7
2017	12003.0	1897.2	46.9	15.8

资料来源:根据《江苏统计年鉴》(2014—2018)数据整理而得。

(二)消费品零售额规模增加,餐饮业增速更快

2017 年,江苏住宿业社会消费品零售额为 235.8 亿元,同比增长 8.8%,与 2013 年相比,增长 36%;餐饮业社会消费品零售额为 2891 亿元,同比增长 11.6%,与 2013 年相比,增长 61.6%(见表 3.8)。2013—2017 年,住宿业社会消费品零售额及餐饮业社会消费品零售额的增长曲线均表现为先降后升再降,升降的幅度在时间上都相当一致,这五年间,住宿业、餐饮业年均增速分别为 8.4% 和 13.6%,餐饮业增幅更快,并且,餐饮业每年增速均高于住宿业,2016 年增速都是最快的。从行业社会消费品零售额所占比重看,2017 年,住宿业社会消费品零售额占比 0.74%,餐饮业占比 9.11%,餐饮业会略高些。

表 3.8　2013—2017 年江苏住宿餐饮业社会消费品零售额及增长

年份	流通业(亿元)	住宿业 零售额(亿元)	增长率(%)	餐饮业 零售额(亿元)	增长率(%)
2013	20878.2	173.2	8.3	1788.4	14.1
2014	23458.1	187.7	6.0	2040.9	10.9
2015	25876.8	198.9	8.9	2263.6	14.5
2016	28707.1	216.7	10.2	2591.3	16.8
2017	31737.4	235.8	8.8	2891.4	11.6

资料来源:根据《江苏统计年鉴》(2014—2018)数据整理而得。

(三)内资企业比重下降,市场化程度较高

2017 年,江苏住宿餐饮业固定资产投资额为 418.8 亿元,同比减少 8.1%,与 2013 年相比,减少了 16.6%(见表 3.9)。从固定资产投资企业的性质和注册类型来看,2017 年,住宿餐饮业内资企业 2017 年比重 93.6%,同比降低 0.3 个百分点,与 2013 年相比,下降了 1.3 个百分点。住宿餐饮业国有控股企业 2017 年比重为 10.9%,同比降低 1.3 个百分点,与 2013 年相比,下降了 5.3 个百分点。2013—2017 年,住宿餐饮业内资企业比重保持在 91%—96% 之间,非国有企业比重变化表现为先升后降,2017 年其市场化程度达到近 90%,总体上,江苏内贸行业国有控股性质的企业比重都不高,表明其市场化程度比较高。

表 3.9　2013—2017 年江苏住宿餐饮业固定资产投资情况　　　　　单位：亿元

年份	流通业固定资产投资额	住宿餐饮业		
		投资额	内资	国有控股
2013	1318.3	502.1	476.4	81.5
2014	1409.9	424.4	404.6	100.3
2015	1988.9	541.5	493.8	90.5
2016	2096.4	455.9	428.0	55.7
2017	2068.3	418.8	392.1	45.6

资料来源：根据《江苏统计年鉴》(2014—2018)数据整理而得。

（四）就业人数减少，餐饮业下降幅度大

2017 年，江苏住宿业限额以上企业就业人数为 12.3 万人，同比下降 3.1%，与 2013 年相比，下降了 8.2%；餐饮业限额以上企业就业人数为 19.2 万人，同比下降 2%，与 2013 年相比，下降了 20.3%。2013—2017 年，餐饮业就业人数下降幅度较大。从内贸各行业就业人数所占比重看，2017 年，比重由高到低分别为：零售业 42%、批发业 33%、餐饮业 15% 和住宿业 10%（见图 3.6）。

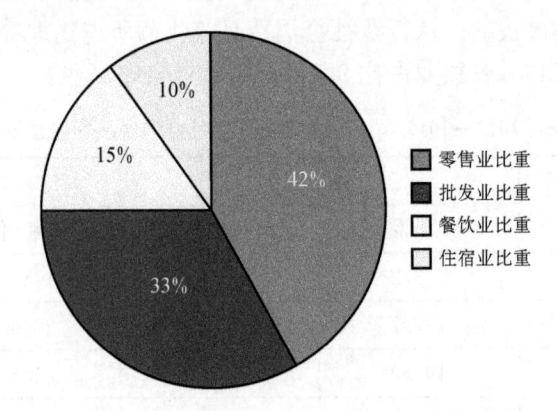

图 3.6　2017 年江苏内贸各行业限额以上就业人数占比

资料来源：根据《江苏统计年鉴 2018》数据整理而得。

（五）住宿企业规模扩大，但餐饮销售增速快

2017 年，江苏住宿企业销售额为 0.28 亿元，同比减少 15.2%，与 2013 年相比，减少 40.4%；餐饮企业销售额为 101.6 亿元，同比增长 8.4%，与 2013 年相比，增长 13.4%。从连锁经营企业的销售增长情况看，2013—2017 年，住宿业销售额增长先降后升再降，总体趋势下降，餐饮业增长曲线表现为先升后降再升，2017 年为最高点。这五年间，住宿业与餐饮业年均增速分别为 −10.5%、2.2%（见图 3.7）。

2017 年，江苏住宿业营业收入为 300.9 亿元，同比增长 8.8%，分星级营业收入及所占比重分别为：五星级为 125.1 亿元，占 40.6%，比重同比上升了 10 个百分点；四星级为 53.9 亿元，占 17.9%；三星级为 26.1 亿元，占 8.7%；三星级以下及其他为 130 亿元，约占 33%（见图 3.8）。2017 年，江苏餐饮业营业收入为 460.5 亿元，同比增长 6.4%，分行业营业收

入及所占比重分别为:正餐服务为309.2亿元,占67%;快餐服务为116.5亿元,占25.3%;饮料及冷饮服务为12.8亿元,占2.8%;其他餐饮服务为22亿元,占4.8%(见图3.9)。

	2013	2014	2015	2016	2017
批零业销售增长率	-2.3	-26.5	28.5	4.9	-4.6
住宿业销售增长率	-4.1	-10.6	-9.5	-13.2	-15.2
餐饮业销售增长率	-2.4	7.9	-5.5	2.6	8.4

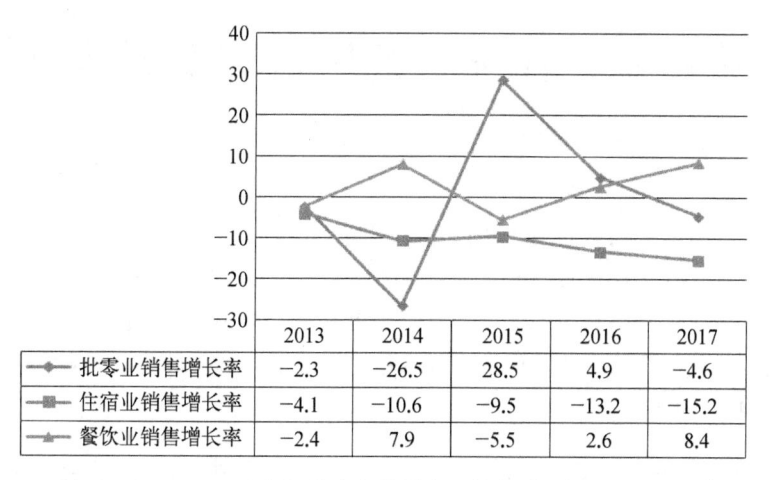

图3.7　2013—2017年江苏内贸连锁企业销售增长情况　单位:%

资料来源:根据《江苏统计年鉴》(2014—2018)中的数据整理计算而得。

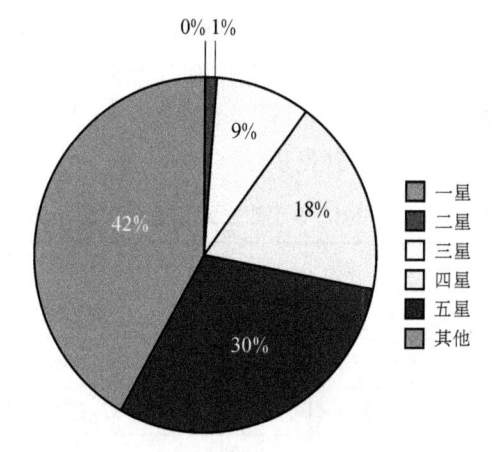

图3.8　2017年江苏各类住宿业营业收入占比

资料来源:根据《江苏统计年鉴2018》中的数据整理计算而得。

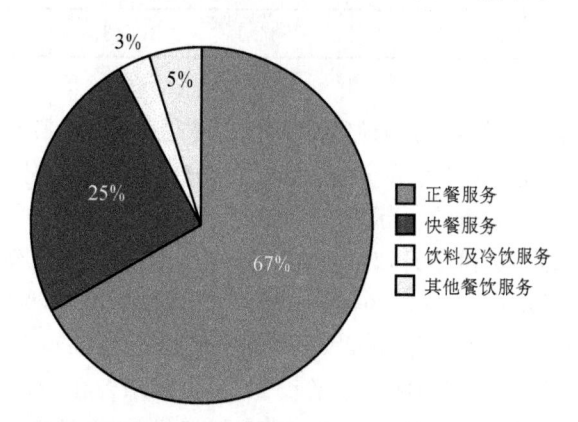

图3.9　2017年江苏餐饮业分行业营业收入占比

资料来源:根据《江苏统计年鉴2018》中的数据整理计算而得。

第四章 江苏各地区内贸发展情况

作为经济大省,江苏自古就是经济重地。2017年,江苏GDP增加值为85900亿元,同比增长了11%,比2015年增加了3.4个百分点,与全国GDP增速相比,增加了4个百分点。但因长江"天堑"屏障,自古以来,淮河流域由于处在南北争夺的交错地带,常年战事,生产力破坏严重。宋末,黄河夺淮入海,苏北地区水系被破坏,大片农田被淤埋,苏北地区经济与苏南地区差距渐渐地拉大。

一、苏南地区流通业领跑全省,苏中苏北地区增速较快

2017年,苏南地区GDP增加值为50175.2亿元,同比增长12%,苏中地区为17544.1亿元,同比增长14.5%,苏北地区为20268.8亿元,同比增长11.6%。与2013年相比,三地区的GDP分别增长38.4%、52.1%和47%,苏中和苏北两地区五年间都增长了五成左右。从GDP增加值的总量上看,苏南地区高于苏北和苏中地区,2017年,苏南地区GDP增加值分别是苏中、苏北的2.86倍和2.47倍(见表4.1)。

表4.1 2013—2017年江苏三大区域GDP增加值情况　　单位:亿元、元

年份	苏南 GDP	苏南 人均GDP	苏中 GDP	苏中 人均GDP	苏北 GDP	苏北 人均GDP
2013	36245.5	109627	11535.0	70344	13787.0	46208
2014	38941.3	117477	12721.5	77532	15151.5	50603
2015	41518.7	125002	13853.1	84368	16564.3	55127
2016	44795.8	134569	15319.4	93228	18160.2	60225
2017	50175.2	150200	17544.1	106637	20268.8	66934

资料来源:根据《江苏统计年鉴》(2014—2018)中的数据整理而得。

从GDP增长速度看,2017年,苏南地区GDP增长率低于苏中2.5个百分点,高于苏北0.4个百分点,增速同比分别提高4.1个百分点、3.9个百分点和2个百分点。2013—2017年,苏中、苏北地区GDP增长速度普遍快于苏南地区,这五年间,三地区GDP增长率变化曲线成"V"形,基本保持一致,都表现为先降后升,2015年为最低点。2013—2017年,三个地区GDP的年均增长率分别为8.5%、11.5%和10.7%,苏中地区增长速度最快,苏南地区最慢(见图4.1)。

2017年,苏南地区人均GDP为150200元,苏中地区人均GDP为106637元,苏北地区人均GDP为66934元,同比三个地区分别增长11.6%、14.4%和11.1%,增速同比提高3.9个百分点、3.9个百分点和1.9个百分点,与2013年相比,三个地区的人均GDP分别增长了37%、51.6%和44.9%,苏中和苏北地区增长均快于苏南地区。2013—2017年,三个地区人均GDP的年均速分别为8.2%、11.4%和10.3%,苏中地区增长速度最快,苏南地区最

慢。总体上,苏南地区人均 GDP 有绝对的优势,2016 年,苏南地区人均 GDP 分别是苏中、苏北的 1.4 倍和 2.2 倍,差距不小,但在 GDP 增速和人均 GDP 的增速方面,都呈现出苏北与苏中地区均快于苏南地区(见图 4.1)。

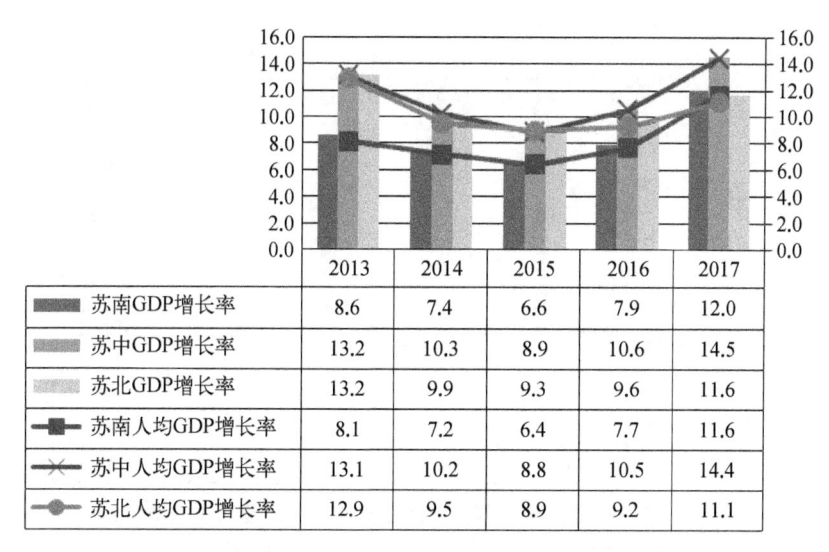

	2013	2014	2015	2016	2017
苏南GDP增长率	8.6	7.4	6.6	7.9	12.0
苏中GDP增长率	13.2	10.3	8.9	10.6	14.5
苏北GDP增长率	13.2	9.9	9.3	9.6	11.6
苏南人均GDP增长率	8.1	7.2	6.4	7.7	11.6
苏中人均GDP增长率	13.1	10.2	8.8	10.5	14.4
苏北人均GDP增长率	12.9	9.5	8.9	9.2	11.1

图 4.1　2013—2017 年江苏三大区域 GDP、人均 GDP 增长情况　单位:%

资料来源:根据《江苏统计年鉴》(2014—2018)中的数据整理而得。

从区域发展的情况来看,江苏经济在总量逐年增长的同时,各地区三次产业也在不断调整和优化。2017 年,苏南地区三次产业产值分别为 920 亿元、22732 亿元和 22564 亿元,同比增长 2.2%、12.0% 和 12.4%,苏中地区三次产业产值分别为 909 亿元、8354 亿元和 8281亿元,同比增长 12%、5.9% 和 14.4%,苏北地区三次产业产值分别为 2110 亿元、8981 亿元和 9178 亿元,同比增长 15.7%、14.5% 和 6.7%,从产值增长速度上看,苏南和苏中地区第三产业增速均快于苏北地区,并都高于第一和第二产业,而苏北地区的第三产业产值增速则低于第一、二产业(见表 4.2)。

表 4.2　2013—2017 年江苏三大区域三次产业产值　　单位:亿元

年份	苏南			苏中			苏北		
	一产	二产	三产	一产	二产	三产	一产	二产	三产
2013	761	18093	17392	734	5969	4833	1626	6437	5724
2014	816	18652	19473	776	6396	5550	1758	6938	6456
2015	865	19402	21251	816	6801	6237	1870	7446	7249
2016	900	20294	23601	858	7302	7159	1978	8022	8160
2017	920	22732	26524	909	8354	8281	2110	8981	9178

资料来源:根据《江苏统计年鉴》(2014—2018)中的数据整理而得。

从地区产业产值构成情况来看,2017 年,苏南地区三次产业产值所占比重分别为1.8%、45.3% 和 52.9%,与 2016 年相比,第一产业比重下降了 0.2 个百分点,第二产业比重没有变化,第三产业比重提高了 0.2 个百分点。2013—2017 年,三次产业比重变化分别是:第一产业稳中有降,五年间比重下降 0.3 个百分点;第二产业表现为缓慢下降,2013 年跌破50%，逐步让位于第三产业；第三产业则表现为逐年上升，年增幅为1.6个百分点，2014年已赶超第二产业，且比重超过50%，五年间涨幅4.9个百分点，苏南地区已逐步形成了"三二一"的产业结构类型（见图4.2）。

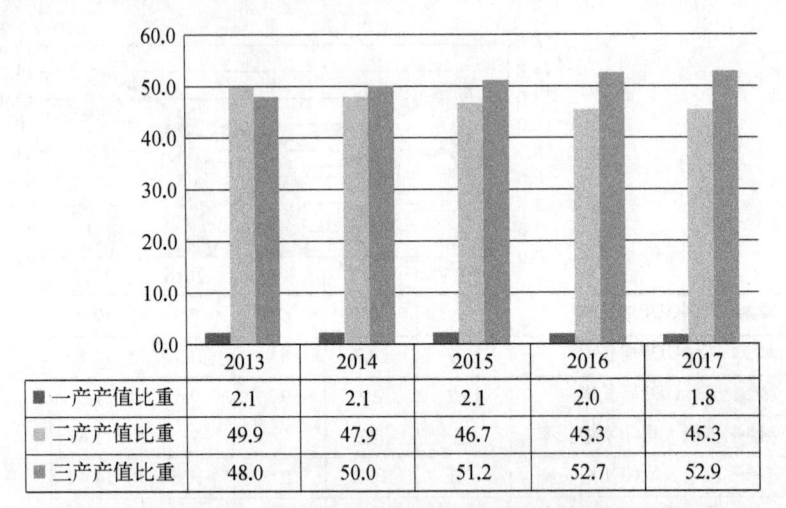

	2013	2014	2015	2016	2017
一产产值比重	2.1	2.1	2.1	2.0	1.8
二产产值比重	49.9	47.9	46.7	45.3	45.3
三产产值比重	48.0	50.0	51.2	52.7	52.9

图4.2 2013—2017年江苏苏南地区三次产业产值比重 单位：%

资料来源：根据《江苏统计年鉴》(2014—2018)中的数据整理而得。

2017年，苏中地区三次产业产值所占比重分别为5.2%、47.6%和47.2%，与2016年相比，第一产业比重下降了0.4个百分点，第二产业比重下降了0.1个百分点，第三产业比重提高了0.5个百分点。2013—2017年，三次产业比重变化分别是：第一产业缓慢下降，五年间比重下降1.2个百分点；第二产业则表现为一路下滑，下降4.1个百分点，2015年跌破50%；第三产业则表现为一路上涨，五年间比重上升5.3个百分点（见图4.3）。

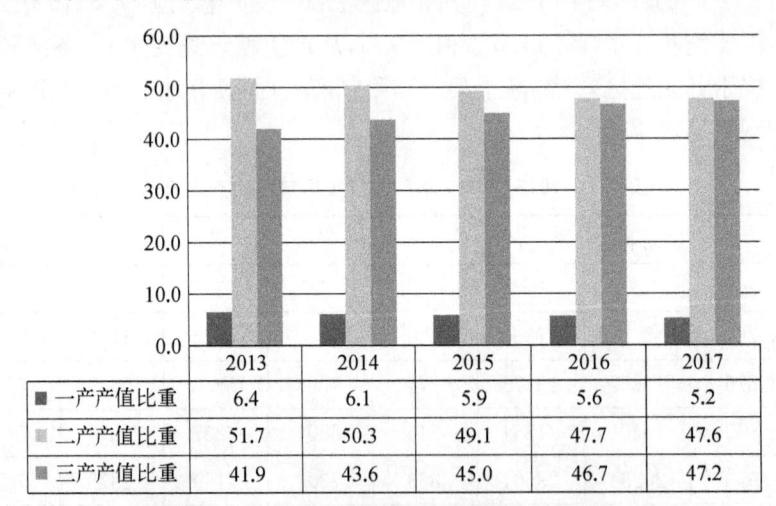

	2013	2014	2015	2016	2017
一产产值比重	6.4	6.1	5.9	5.6	5.2
二产产值比重	51.7	50.3	49.1	47.7	47.6
三产产值比重	41.9	43.6	45.0	46.7	47.2

图4.3 2013—2017年江苏苏中地区三次产业产值比重 单位：%

资料来源：根据《江苏统计年鉴》(2014—2018)中的数据整理而得。

2017年，苏北地区三次产业产值所占比重分别为10.4%、44.3%和45.3%，与2016年相比，第一产业比重下降了0.5个百分点，第二产业比重不降反升0.1个百分点，第三产业比重提高了0.4个百分点。2013—2017年，三次产业比重变化分别是：第一产业缓慢下跌，五年间比重下降1.4个百分点，但均在10%以上；第二产业表现为先降后升，比重下降2.4个百分点，第三产业则表现为逐年上升,2016年已赶超第二产业,五年间比重上升3.8个百分点(见图4.4)。

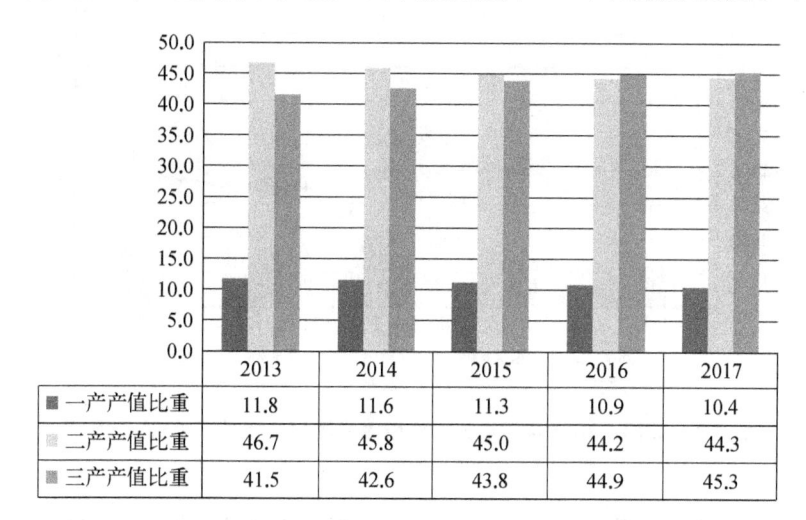

	2013	2014	2015	2016	2017
一产产值比重	11.8	11.6	11.3	10.9	10.4
二产产值比重	46.7	45.8	45.0	44.2	44.3
三产产值比重	41.5	42.6	43.8	44.9	45.3

图4.4 2013—2017年江苏苏北地区三次产业产值比重   单位:%

资料来源:根据《江苏统计年鉴》(2014—2018)中的数据整理而得。

总体上,苏南、苏中、苏北三大区域的服务经济趋势不断增强;从发展规模上看,苏南地区第三产业产值规模明显高于苏中和苏北地区;从增速上看,苏中地区快于苏南和苏北地区,2017年,苏南、苏中、苏北第三产业增加值的增速分别为12.4%、14.4%和6.7%,2014—2017年,三大区域第三产业产值的年均增幅分别为11.1%、14.4%和12.5%。尽管苏南与苏中、苏北在第三产业规模上有明显差距,但随着两者增速差距的拉大,已逐渐缩小了规模上的差距。

2017年,苏南、苏中和苏北三大区域流通业产值分别为7628.5亿元、1795.6亿元和2578.8亿元,占地区GDP的比重分别为苏南15.2%、苏中10.2%、苏北12.7%,同比分别增长9.6%、8.7%和12.9%,与2013年相比,三大区域流通业产值分别增长34.8%、49.8%和56.7%。2014—2017年,三大区域流通业产值增长率曲线均表现为先降后升,其年均增速分别为7.8%、10.7%和11.9%(见表4.3、图4.5),总体看,三大区域流通业产值占GDP比重均超过10%,同比均有增加,苏南地区规模上占有优势,在三个地区GDP中,流通业产值比重最高,但苏北地区增速要快于苏南与苏中地区。

表4.3 2013—2017年江苏三大区域流通产值及增长   单位:亿元、%

年份	流通业	苏南		苏中		苏北	
		流通产值	增长率	流通产值	增长率	流通产值	增长率
2013	8501	5657.6	——	1198.2	——	1645.6	——
2014	9497	6191.7	9.4	1412.1	17.9	1893.0	15.0
2015	10103	6466.1	4.4	1539.4	9.0	2097.1	10.8
2016	10895	6958.8	7.6	1652.2	7.3	2283.5	8.9
2017	12003	7628.5	9.6	1795.6	8.7	2578.8	12.9

资料来源:根据《江苏统计年鉴》(2014—2018)中的数据整理而得。

注:由于统计资料中对于"分市分行业地区生产总值"这一项2012年尚未进行统计,故此表中"流通业产值的增长率"2013年没有测算。

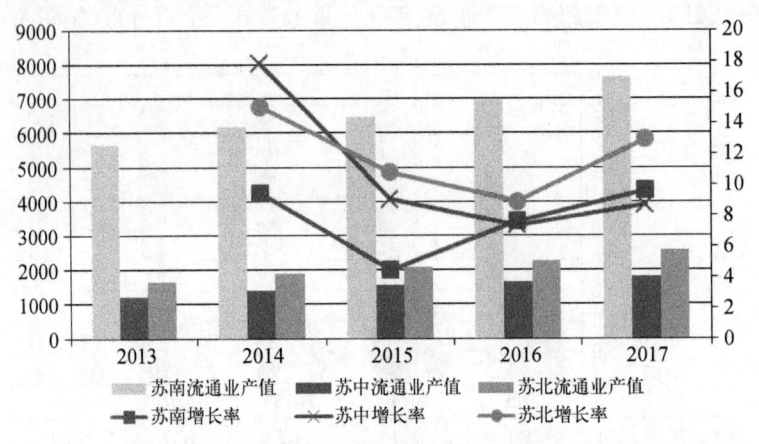

图 4.5 2013—2017 年江苏三大区域流通产值及增长　单位：亿元、%

资料来源：根据《江苏统计年鉴》(2014—2018)中的数据整理而得。

2017年，苏南、苏中和苏北三大区域流通业产值在全省比重分别为63%、15%和22%，苏南地区的流通业产值在全省占近三分之二份额，在全省有很大优势，其流通业产值分别是苏中和苏北地区的4.2倍和3倍（见图4.6）。从区域流通业产值年均占比的情况看，2013—2017年，流通业产值占地区GDP比重，苏南、苏中和苏北三地区分别为15.7%、10.9%和12.4%。

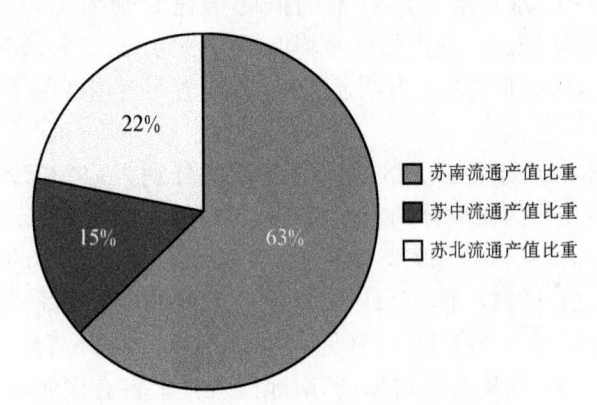

图 4.6 2017 年江苏三大区域流通业产值占比

资料来源：根据《江苏统计年鉴2018》中的数据整理而得。

本报告对江苏省13个地级市分行业生产总值进行统计，评估2013—2017年各地区流通业产值增加值的情况。2017年，全省流通业产值上千亿元的地区有4个，其中，苏州2709.6亿元，超两亿元，位列第一，无锡1912.7亿元和南京1521.6亿元分列第二、三位，徐州1078.2亿元，首次突破千亿元，这四个城市位列第一梯队，它们的地区流通业产值同比分别增长9.0%、11.2%、12.2%和15.1%，与2016年的增速相比，分别提高了3.3个百分点、2.7个百分点、2个百分点和6个百分点。位于第二梯队的地区有3个，分别是常州991.9亿元、南通937亿元和盐城572.4亿元，其流通业产值同比分别增长6.7%、8.1%和10.4%。位于第三梯队的地区有6个，分别是镇江492.7亿元、泰州435.8亿元、扬州423.2亿元、淮安347.1亿元、连云港293.3亿元和宿迁279亿元，其流通业产值同比分别增长6.6%、9.6%、9.3%、6.8%、11.2%和16.4%。不难发现，地区间流通业规模差距较明显，第一位的苏州,其流通业产值是第4名徐州的2.5倍,是宿迁的9.7倍,甚至超过第二梯队4个地区流通业产值之和,也超过第二梯队6个地区流通业产值之和。从增长速度看,2017年,宿迁增速最快,徐州、南京、连云港、无锡和盐城增速紧跟其后,均超过10%,其他地区都保持在6.5%以上的增速(见表4.4)。

表4.4 2013—2017年江苏各地流通业产值　　　　　　　　　　单位:亿元

地区	2013年	2014年	2015年	2016年	2017年
南京	973.3	1119.2	1230.9	1357.1	1521.6
苏州	2160.5	2334.6	2353.8	2486.9	2709.6
无锡	1504.5	1570.3	1585.1	1720.5	1912.7
常州	673.2	791.9	865.5	932.5	991.9
镇江	346.1	393.3	430.9	462.2	492.7
南通	612.1	737.6	806.7	867.0	937.0
泰州	292.1	338.1	370.3	397.7	435.8
扬州	293.9	339.0	362.4	387.5	423.2
盐城	383.3	442.3	481.7	518.7	572.4
淮安	219.5	266.2	300.9	325.0	347.1
连云港	177.4	209.4	238.2	263.8	293.3
宿迁	159.4	192.8	218	239.7	279.0
徐州	706.1	782.4	858.2	936.4	1078.2
全省	8501	9517	10103	10895	12003

资料来源:根据《江苏统计年鉴》(2014—2018)中的数据整理而得。

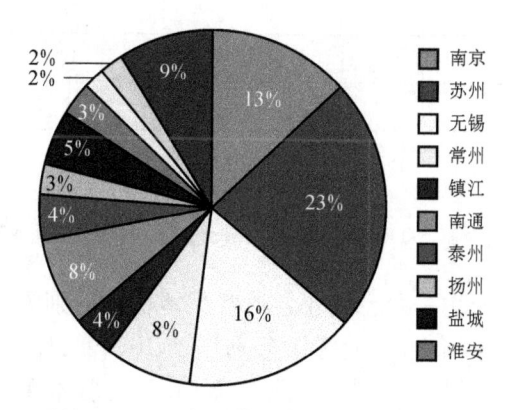

图4.7 2017年江苏各地流通业产值占比

资料来源:根据《江苏统计年鉴》(2014—2018)中的数据整理而得。

2017年,江苏省13个地级市流通业产值在全省的比重由高到低分别为:苏州22.6%、无锡15.9%、南京12.7%、徐州9%、常州8.3%、南通7.8%、盐城4.8%、镇江4.1%、泰州3.6%、扬州3.5%、淮安2.9%、连云港2.4%和宿迁2.3%(见图4.7)。与2016年相比,苏州、无锡、南京、徐州、常州和宿迁所占比重都略有提高,盐城和连云港几乎没有变化,南通、镇江、泰州、扬州和淮安则有所下降。从地区流通业产值占地区GDP的比重来看,2017年,江苏13个地级市地区流通业产值占地区GDP的比重由高到低,分别是:无锡18.2%、徐州16.3%、苏州15.6%、常州15%、南京13%、镇江12.3%、南通12.1%、盐城11.3%、连云港11.1%、宿迁10.7%、淮安10.4%、泰州9.2%、扬州8.4%。从地区流通业产值占比看,有11个地区比重超过10%,苏南地区5个城市都在前列,徐州因其有较大的规模稳稳地进入了第一梯队,排名第2;排位第二梯队的分别是南通、盐城、连云港、宿迁和淮安;第三梯队的地区流通业产值占比均低于10%,包括泰州和扬州(见表4.5)。无论是地区流通业产值占全省流通业产值比重,还是占地区GDP比重,苏南五市和徐州都有明显的优势,镇江、南通和盐城则稳定地保持在中部位置。

表4.5 2017年江苏各地流通业产值情况及排名　　　　　　　　　单位:%

地区	地区流通业排名	占全省流通业比重	地区流通业排名	占地区GDP比重
南京	3	12.7	5	13.0
苏州	1	22.6	3	15.6
无锡	2	15.9	1	18.2
常州	5	8.3	4	15.0
镇江	8	4.1	6	12.3
南通	6	7.8	7	12.1
泰州	9	3.6	12	9.2
扬州	10	3.5	13	8.4
盐城	7	4.8	8	11.3
淮安	11	2.9	11	10.4
连云港	12	2.4	9	11.1
宿迁	13	2.3	10	10.7
徐州	4	9.0	2	16.3

资料来源:根据《江苏统计年鉴2018》中的数据整理而得。

二、消费品市场增长稳定,苏北地区增速较快

2017年,苏南、苏中、苏北三大区域社会消费品零售额分别为18315.6亿元、5621.6亿元、7800.2亿元,与2016年相比,三大区域分别增长10.4%、10%和11.2%,与2013年相比,苏南增长47.3%、苏中增长44.7%、苏北增长74.2%,总体看,苏北地区增长幅度最大,其次是苏南地区和苏北地区。区域间社会消费品市场规模差距还是比较大的,2017年,苏南地区社会消费品零售额分别是苏中的3.26倍和苏北的2.35倍(见表4.6)。2013—2017年,江苏三大区域社会消费品零售额增长变化曲线略有差异,苏南和苏中地区均表现为先降后升再降,苏南地区2015年增速最慢,为9.7%,苏中地区2014年增速最慢,为8.1%,其他年份均以10%以上的速度增长,苏北地区增长变化曲线表现为先升后降,2014年增速最快,达到24.6%,其他年份均保持在两位数的增长。这五年间,苏南、苏中和苏北地区的社会消费品零售额年均增长率分别为10.8%、10.4%和14.8%,苏北地区社会消费品零售额增速

高于苏南和苏中地区(见图4.8)。

表4.6　2013—2017年江苏三大区域社会消费品零售额及增长情况　　单位:亿元、%

年份	苏南 社销额	苏南 增长率	苏中 社销额	苏中 增长率	苏北 社销额	苏北 增长率
2013	12433.7	13.4	3884.4	13.2	4478.5	13.9
2014	13679.4	10.0	4197.8	8.1	5580.9	24.6
2015	15003.6	9.7	4618.1	10.0	6255.1	12.1
2016	16584.2	10.5	5110.0	10.7	7012.9	12.1
2017	18315.6	10.4	5621.6	10.0	7800.2	11.2

资料来源:根据《江苏统计年鉴》(2014—2018)中的数据整理而得。

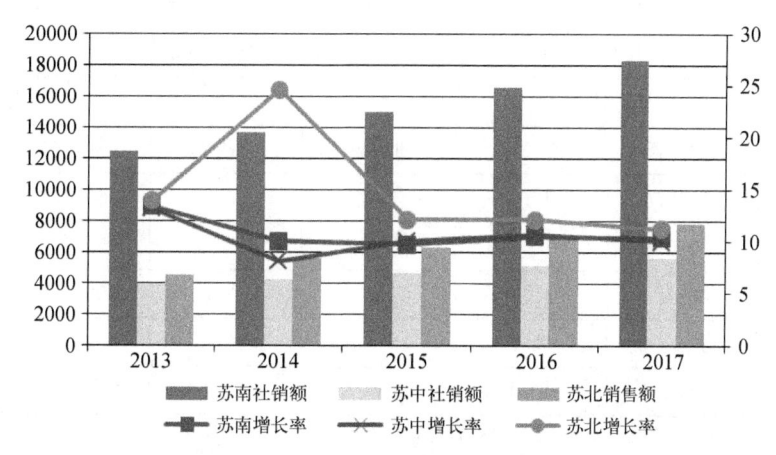

图4.8　2013—2017年江苏三大区域社会消费品零售额及增长情况　单位:亿元、%

资料来源:根据《江苏统计年鉴》(2014—2018)中的数据整理而得。

2017年,苏南、苏中和苏北地区社会消费品零售额占全省比重分别为57.7%、17.7%和24.6%,与2013年相比,苏南地区降低了2.1个百分点,苏中地区降低了1个百分点,苏北地区则提高了3.1个百分点(见图4.9)。

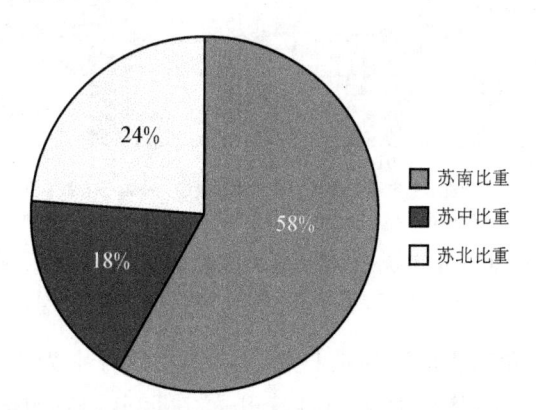

图4.9　2017年江苏三区域社会消费品零售额占比

资料来源:根据《江苏统计年鉴2018》中的数据整理而得。

从地区社会消费品零售额分行业的发展情况看,苏南、苏中和苏北三区域之间也有一定的差距,2017年,苏南、苏中和苏北地区批发零售业销售额分别为16479.4亿元、5033.6亿元和7008亿元,与2016年相比,分别增长10.1%、10.1%和11.9%,增幅同比变化:苏南上升0.7个百分点,苏中下降0.4个百分点,苏北下降0.8个百分点。与2013年相比,苏南、苏中和苏北地区批发零售业销售额分别增长47.6%、44.0%和75.3%,总体上,苏北增幅快于苏南和苏北地区(见表4.7)。从批发零售业销售额增长情况来看,2013—2017年,苏南地区增长变化曲线表现为先降后升,2016年增速最慢,为9.4%,其余年份均以两位数的速度增长;苏中地区表现为先降后升再降,2014年增速最慢,为7.9%,其余年份均以10%左右的速度增长;苏北地区表现为先升后降,2014年增长最快,为26.4%,其余年份均高于10%的速度增长(见图4.10)。这五年间,三大区域的年均增速分别为10.9%、10.3%和14.9%,从发展规模上看,苏南地区占有较大优势,其批发零售业销售额分别是苏中和苏北地区的3.3倍和2.4倍,从增长速度上看,苏北地区增速快于苏南和苏中地区。

表4.7 2013—2017年江苏三大区域批发零售业销售额　　　单位:亿元、%

年份	苏南 批零额	苏南 增长率	苏中 批零额	苏中 增长率	苏北 批零额	苏北 增长率
2013	11168.6	13.6	3496.3	13.5	3996.7	13.5
2014	12360.3	10.7	3773.9	7.9	5053.4	26.4
2015	13681.0	10.7	4137.7	9.6	5661.6	12.0
2016	14965.4	9.4	4573.1	10.5	6321.3	11.7
2017	16479.4	10.1	5033.6	10.1	7008.0	10.9

资料来源:根据《江苏统计年鉴》(2014—2018)中的数据整理而得。

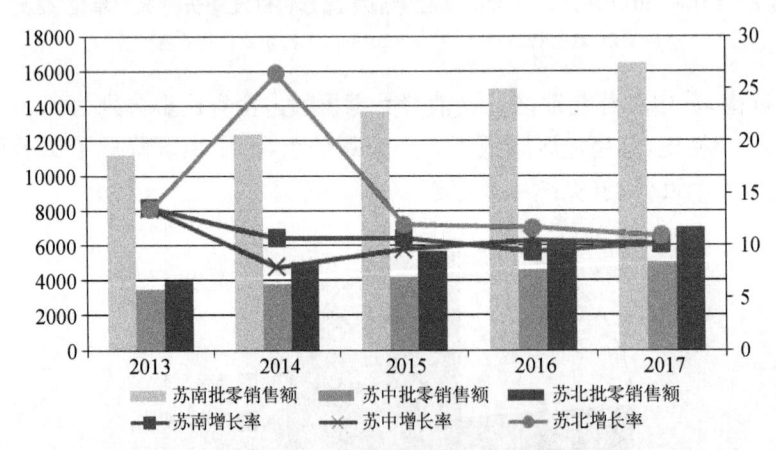

图4.10 2013—2017年江苏三大区域批发零售业销售额及增长　　单位:亿元、%

资料来源:根据《江苏统计年鉴》(2014—2018)中的数据整理而得。

2017年,苏南、苏中和苏北地区住宿与餐饮业销售额分别为1836.2亿元、588亿元和792.1亿元,与2016年相比,分别增长13.4%、9.5%和14.5%,增幅同比变化:苏南下降9个百分点,苏中下降2.3个百分点,苏北下降2个百分点。与2013年相比,三大区域住宿与餐饮业销售额分别增长57.2%、60%和72.3%,总体上看,苏北地区增速快于苏南和苏中地区(见表4.8)。从地区住宿餐饮业销售额增长情况看,2013—2017年,苏南和苏北地区住宿餐饮业销售额增长曲线均表现为隔年交替升降进行,苏中地区则表现为先升后降,三大区域年均增速分别为 11.7%、13.9% 和 14%(见图 4.11)。从发展规模上看,苏南地区占有较大优势,分别是苏中和苏北地区的 3.1 倍和 2.3 倍,从增长速度看,苏北地区增速略快于苏南和苏中地区。

表 4.8　2013—2017 年江苏三区域住宿餐饮业销售额　　单位:亿元、%

年份	苏南 住餐额	苏南 增长率	苏中 住餐额	苏中 增长率	苏北 住餐额	苏北 增长率
2013	1168.0	9.5	367.4	10.4	459.8	11.6
2014	1319.1	12.9	423.9	15.4	527.5	14.8
2015	1322.6	0.3	480.3	13.3	593.5	12.5
2016	1618.7	22.4	536.9	11.8	691.7	16.5
2017	1836.2	13.4	588.0	9.5	792.1	14.5

资料来源:根据《江苏统计年鉴》(2014—2018)中的数据整理而得。

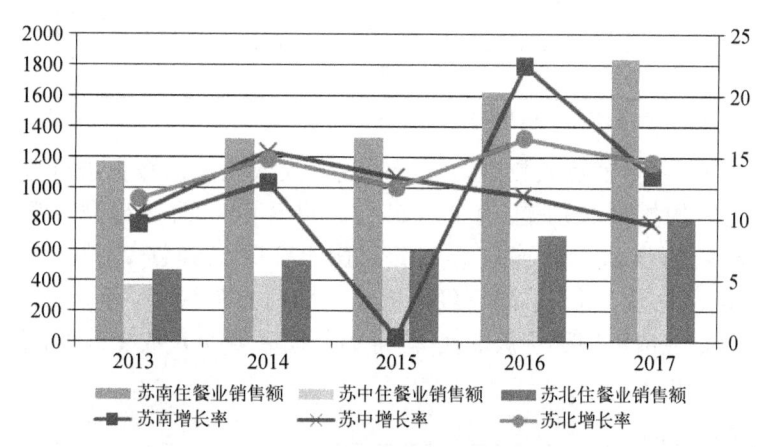

图 4.11　2013—2017 年江苏三区域住宿餐饮业销售额及增长　单位:亿元、%

资料来源:根据《江苏统计年鉴》(2014—2018)中的数据整理而得。

三、就业规模略有收缩,地区间变化有差异

2017 年,江苏内贸就业人数为 70.42 万人,同比减少 3.6%。13 个地级市内贸企业城镇就业人数按规模由高到低分别是南京 22.04 万人,同比减少 2.78 万人;苏州 15.33 万人,同比增加 1.1 万人;无锡 7.11 万人,同比减少 0.15 万人;南通 4.3 万人,同比增加 0.01 万人;徐州 3.92 万人,同比减少 0.07 万人;常州 3.65 万人,同比减少 0.02 万人;盐城 2.83 万人,同比减少 0.47 万人;泰州 3.05 万人,同比增加 0.13 万人;扬州 2.64 万人,同比增加 0.05 万人;淮安 2.09 万人,同比减少 0.17 万人;连云港 2.2 万人,同比增加 0.07 万人;镇江 1.77 万人,同比减少 0.15 万人;宿迁 1.49 万人,几乎没有变化(见表 4.9)。其中,有 5 个地区内贸企业城镇就业人数略有增加,有 7 个地区略有减少,其中有变化的是:南通进入第一梯队,盐城进入第二梯队,镇江转入第三梯队。

表 4.9　2014—2017 年江苏 13 个地级市内贸企业城镇就业人数　　　单位:万人

地区	2014 年	2015 年	2016 年	2017 年
南京 1	25.71	22.94	22.92	20.04
无锡 3	7.83	7.68	7.26	7.11
徐州 5	4.29	4.13	4.05	3.92
常州 6	4.03	3.82	3.67	3.65
苏州 2	15.81	15.05	14.23	15.33
南通 4	4.44	4.59	4.29	4.30
连云港 10	1.61	2.07	2.13	2.20
淮安 11	2.54	2.49	2.26	2.09
盐城 8	3.44	3.63	3.30	2.83
扬州 9	2.83	2.72	2.59	2.64
镇江 12	2.15	2.29	1.92	1.77
泰州 7	2.91	2.96	2.92	3.05
宿迁 13	1.50	1.52	1.49	1.49

资料来源:根据《江苏统计年鉴》(2015—2018)中的数据整理而得。

本报告选取内贸企业就业人数占第三产业就业人数比重的数据进行分析,2017 年,按就业比重由高到低的排列分别是:南京 7.5%、苏州 5.9%、无锡 4.5%、常州 3.2%、南通 2.8%、泰州 2.8%、扬州 2.5%、连云港 2.4%、徐州 2.1%、镇江 2.0%、淮安 1.8%、盐城 1.6%和宿迁 1.6%(见图 4.12)。随着经济的发展和科技的应用,行业间的分工越来越细化,劳动密集型的行业或部门逐步被取代,使得部分地区就业人数在减少,第三产业内部结构不断优化、不断升级。

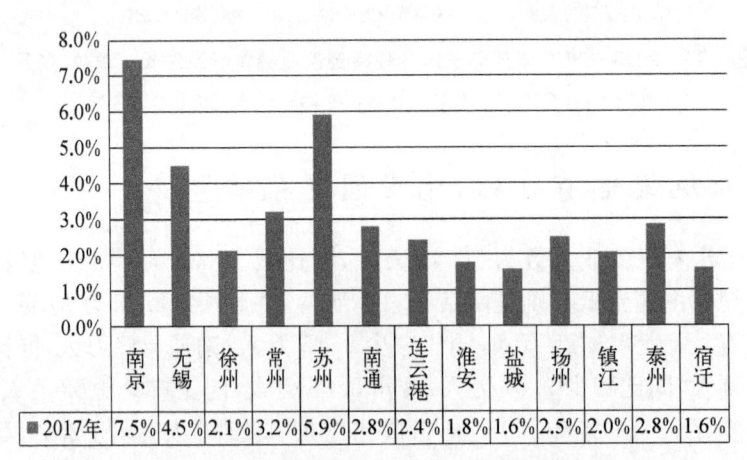

	南京	无锡	徐州	常州	苏州	南通	连云港	淮安	盐城	扬州	镇江	泰州	宿迁
2017年	7.5%	4.5%	2.1%	3.2%	5.9%	2.8%	2.4%	1.8%	1.6%	2.5%	2.0%	2.8%	1.6%

图 4.12　2017 年江苏各地区内贸企业占第三产业就业人数比重

资料来源:根据《江苏统计年鉴 2018》中的数据整理而得。

四、收入增长稳定,苏中地区消费增速略快

2017年,苏南、苏中和苏北地区居民人均可支配收入分别为54169元、40920元和31007元,同比分别增长为8.5%、8.9%和8.7%,三地区增长均在8.5%以上(见表4.10)。苏南地区居民人均可支配收入分别是苏中和苏北地区的1.32倍和1.75倍。从人均可支配收入增速看,与2016年相比,苏南、苏中和苏北地区居民人均可支配收入增速分别提高0.5个百分点、0.8个百分点和0.5个百分点。

表4.10 2015—2017年江苏三大区域人均可支配收入 单位:元、%

年份	苏南 可支配收入	苏南 增长率	苏中 可支配收入	苏中 增长率	苏北 可支配收入	苏北 增长率
2015	46222	—	34758	—	26349	—
2016	49920	8.0	37585	8.1	28515	8.2
2017	54169	8.5	40920	8.9	31007	8.7

资料来源:根据《江苏统计年鉴》(2016—2018)中的数据整理而得。
注:《江苏统计年鉴》中分地区居民人均可支配收入只有2015年以后年份的数据,之前年份则是分城镇和农村数据。

2017年,苏南、苏中和苏北地区居民人均消费支出分别为32034元、24549元和18035元,同比分别增长5.2%、5.3%和5.1%。苏南地区居民人均消费支出分别是苏中和苏北地区的1.31倍和1.78倍。2017年,居民消费支出结构有所变化,苏南居民恩格尔系数26.6%,同比下降0.3个百分点,苏中居民恩格尔系数28.8%,同比下降0.5个百分点,苏北地区居民恩格尔系数30.9%,同比下降0.5个百分点。从恩格尔系数地区间差异看,苏南地区比苏中低2.2个百分点、比苏北低4.3个百分点,苏南与苏中地区都已低于30%,苏北地区已离破30%越来越近(见表4.11)。

表4.11 2015—2017年江苏三大区域人均生活消费支出 单位:元、%

年份	苏南 消费支出	苏南 恩格尔系数	苏中 消费支出	苏中 恩格尔系数	苏北 消费支出	苏北 恩格尔系数
2015	28477	27.1	21861	29.4	16105	31.7
2016	30444	26.9	23311	29.3	17163	31.4
2017	32034	26.6	24549	28.8	18035	30.9

资料来源:根据《江苏统计年鉴》(2016—2018)中的数据整理而得。
注:《江苏统计年鉴》中分地区居民人均可支配收入只有2015年以后年份数据,之前年份则是分城镇和农村。

参考文献

[1] 雷兵.网络零售生态系统种群成长的系统动力学分析[J].管理评论,2017(6):152-164.
[2] 鲁钊阳,廖杉杉.农产品电商发展的区域创业效应研究[J].中国软科学,2015(5):67-78.
[3] 陈亮.从阿里平台看农产品电子商务发展趋势[J].中国流通经济,2015(6):58-64.
[4] 胡俊波.农产品电子商务发展模式研究:一个模式构想[J].农村经济,2011(11):111-113.

对外贸易篇

第一章　江苏对外贸易发展概况

2017年全国经济运行稳中有进,经济社会保持平稳健康发展,全年国内生产总值827122亿元,较上年同比增长6.9%。这一年,江苏省对外贸易发展势头强劲,不仅一扫前两年的回落趋势,实现强劲反弹,而且斩获了进出口总额的历史新高,最终交出了进出口总额超40000亿人民币、增长速度19.1%的令人振奋的"成绩单"。

一、贸易总量创历史新高,大幅增长强劲反弹

根据南京海关2018年初公布的数据,2017年江苏省实现外贸进出口40022.1亿元人民币,较上年同比增长19.10%。其中,出口24607.2亿元,增长速度为16.90%;进口15414.9亿元,增长速度为22.60%。以美元统计径来看,2017年全年江苏省进出口总额为5911.39亿美元,增长速度为16.00%。其中,出口总额3632.98亿美元,增长速度13.76%;进口总额为2278.40亿美元,增长速度为19.75%。

表1.1　2013—2017年江苏省进出口情况　　　　　　　单位:亿美元

年份	进出口 总额	进出口 增长率	进口 总额	进口 增长率	出口 总额	出口 增长率
2013	5508.44	0.50%	2219.88	1.11%	3288.57	0.10%
2014	5637.62	2.35%	2218.93	−0.04%	3418.69	3.96%
2015	5456.14	−3.22%	2069.45	−6.74%	3386.68	−0.94%
2016	5096.12	−6.60%	1902.68	−8.06%	3193.44	−5.71%
2017	5911.39	16.00%	2278.40	19.75%	3632.98	13.76%

数据来源:《江苏统计年鉴》2018

从表1.1中,我们可以看出2015年和2016年连续两年江苏省进出口总额、进口额和出口额都有比较明显的下滑。以2016年为例,全年进出口较2015年下滑6.60%,其中出口下滑5.71%,进口下滑8.06%。2017年江苏省不仅在外贸上站稳了脚跟,更是实现了历史性的突破;不仅在时间纵向上实现了增长,在地区横向上也表现出众。

观察表1.2,可以看到2017年江苏省进出口占全国进出口总额的14.40%,仅次于广东省的24.53%。作为全国的贸易大省,江苏省进出口总额已经连续15年位居全国第二。2017年江苏省实现出口总额3632.98亿美元,占全国出口总额的16.05%;进口总额为2278.40亿美元,占全国进口总额的12.38%。江苏省的进出口贸易更加偏向于对外出口,这与广东省和浙江省的情况类似,而上海市和北京市则更偏重于进口贸易。

表1.2 2017年全国前五省(市)外贸总量及占全国比重情况   单位:亿美元

	进出口		进口		出口	
	总量	占比	总量	占比	总量	占比
全国	41045.00	100%	18410.00	100%	22635.00	100%
广东	10064.76	24.52%	3836.95	20.84%	6227.82	27.51%
江苏	5911.39	14.40%	2278.40	12.38%	3632.98	16.05%
上海	4761.23	11.60%	2824.42	15.34%	1936.81	8.56%
浙江	3778.96	9.21%	910.05	4.94%	2868.91	12.67%
北京	3237.19	7.89%	2652.16	14.41%	585.03	2.58%

数据来源:《江苏统计年鉴》2018

从全国前五省(市)的进出口贸易总额占比变化来看,2013—2017年五年间,江苏省在全国进出口所占的比重越来越大,14.40%的占比较2016年的13.83%提升了近0.6个百分点,这说明江苏省正在我国对外贸易中扮演着越来越重要的角色。总的来说,2017年江苏省的外贸发展实现了一个历史性的突破,取得了巨大的进步。

表1.3 2013—2017年全国前五省(市)进出口占全国比重(%)

年份	广东	江苏	上海	浙江	北京
2013	26.25%	13.24%	10.61%	8.07%	10.32%
2014	25.02%	13.10%	10.84%	8.25%	9.66%
2015	25.85%	13.79%	11.35%	8.78%	8.08%
2016	25.93%	13.83%	11.77%	9.13%	7.65%
2017	24.52%	14.40%	11.60%	9.21%	7.89%

数据来源:历年《江苏统计年鉴》

二、一般贸易稳步上升,加工贸易转换升级

按贸易方式分类,对外贸易分为一般贸易、加工贸易、易货贸易、保税监管场所进出境货物和海关特殊监管区域物流货物等几种类型。其中,一般贸易和加工贸易是最常见的贸易方式,对于江苏省来说这也是最主要的贸易方式。

2017年全年,江苏省对外贸易发展迅猛,各主要贸易方式的进口额和出口额都有显著的提升。进口方面,一般贸易总额1086.04亿美元,同比上涨22.70%;加工贸易总额920.28亿美元,同比上涨19.40%。出口方面,一般贸易总额1756.40亿美元,同比上涨13.00%;加工贸易总额1513.25亿美元,同比上涨8.90%。此外,出口方面其他贸易方式增长较快,由2016年的249.78亿美元上涨到2017年的363.33亿美元,同比上涨46.20%。

表 1.4 2017年江苏省按贸易方式分类的进出口情况　　　　　　单位:亿美元

贸易方式	出口 金额	出口 同比变动	进口 金额	进口 同比变动
总值	3632.98	13.90%	2278.40	19.80%
一般贸易	1756.40	13.00%	1086.04	22.70%
加工贸易	1513.25	8.90%	920.28	19.40%
其他贸易	363.33	46.20%	272.09	10.30%

数据来源:江苏省商务厅

观察近五年数据可得知,进口贸易中一般贸易和加工贸易的比重不断地增加,一般贸易进口额占进口总额的比重从2013年的39.50%上升至2017年的47.67%,达到1086.04亿美元;加工贸易进口额占进口总额的比重则从2013年的37.66%上升至2017年的40.39%。其他贸易方式在进口贸易中所占比重则逐年下降。

表 1.5 2013—2017年江苏省进口贸易方式的比重变化　　　　　　单位:亿美元

年份	一般贸易 金额	一般贸易 占比	加工贸易 金额	加工贸易 占比
2013	876.92	39.50%	835.90	37.66%
2014	901.92	40.65%	864.80	38.97%
2015	835.77	40.39%	817.15	39.49%
2016	885.19	46.52%	770.71	40.51%
2017	1086.04	47.67%	920.28	40.39%

数据来源:江苏省商务厅

再看出口方面,近五年江苏省出口贸易中一般贸易比重逐年上升,一般贸易出口额从2013年的1455.29亿美元上涨到2017年的1756.40亿美元,所占比重从2013年的44.25%上升到2017年的48.35%,在2016年比重最高达到48.68%。加工贸易出口额在2017年有较多提升,但在出口总额中所占的比重则逐年下降,从2013年的45.63%下降到2017年的41.65%,为历史最低值。

表 1.6 2013—2017年江苏省出口贸易方式的比重变化　　　　　　单位:亿美元

年份	一般贸易 金额	一般贸易 占比	加工贸易 金额	加工贸易 占比
2013	1455.29	44.25%	1500.61	45.63%
2014	1583.44	46.32%	1492.19	43.65%
2015	1552.49	45.84%	1479.55	43.69%
2016	1554.39	48.68%	1389.30	43.51%
2017	1756.40	48.35%	1513.25	41.65%

数据来源:江苏省商务厅

"一般贸易比重上升,加工贸易比重下降",这是2008年金融危机后中国对外贸易发展的趋势,也是江苏省外贸的真实写照。以2008年为例,加工贸易出口占比达到59.63%,一般贸易出口占比只有38.66%。而到了2017年,加工贸易出口已降低至41.65%,一般贸易出口占比48.35%。

这背后的巨大变化总的来说可以归结为两个方面:第一,全球经济复苏乏力。海外需求巨大的情况不再,以往靠着海外订单就可以过上舒服日子的时代宣告终结。第二,劳动力和资源环境的约束。随着经济的发展,劳动力价格上升,大量低技术含量的加工贸易转向东南亚等劳动力成本更低的国家;另外,"两头在外,大进大出"的加工贸易也给企业造成了高污染、高能耗的结果,随着资源环境约束趋紧,这种发展模式越来越不可持续。在这种形势下,结合原有产业就地转型升级以及转移到一般贸易则成为了外贸企业的主要出路。

但是,加工贸易所占比重的下降并不都是被动的收缩,其中还有许多企业主动调整,实现转换升级。俗话说"转型升级,技术先行",在加工贸易最为集中的苏州、无锡地区,不断有加工贸易企业向新兴产业和高技术项目延伸,逐渐着重科技研发和自主品牌的创立,使得加工贸易的业务结构不断优化。这些企业通过多种举措来提升产品附加值。在产品质量上,产品加工由低端向高端转变,即逐步由以简单加工组装为主向高水平、精加工为主转变,提高产品技术含量,把产品做好、做精致,要符合国际标准,把有创新的关键部分申请专利和注册商标,使加工贸易企业拥有更多的自主品牌和自主知识产权。

三、各类主体贸易增加,外商投资为中流砥柱

根据对外贸易主体的经济类型,可以把贸易企业分为国有企业、集体企业、私营企业和外商投资企业。其中外商投资企业包括中外合作企业、中外合资企业及外商独资企业。

进口贸易方面,国有企业、集体企业、私营企业和外商投资企业的进口数额较2016年都有不小的提升,分别增长了27.93%、23.73%、20.86%和18.66%。从结构上来看,公有制企业占比退居到10%以下;私营企业占比连年下滑,影响力减弱;外商投资企业进口贸易占贸易总额的72.60%,近五年间总体呈现上涨趋势,继续保持江苏外贸主力军的地位。尤其是其中的外商独资企业,更是在江苏进口贸易中贡献了56.31%的作用。(详见表1.7和表1.8)

表1.7 2013—2017年江苏省按经济类型分类的进口情况　　　　单位:亿美元

类型	2013年	2014年	2015年	2016年	2017年
国有企业	179.11	162.24	142.21	125.68	160.78
集体企业	62.62	47.64	35.98	27.47	33.99
私营企业	518.39	495.44	544.88	355.29	429.40
外商投资#	1451.43	1511.10	1434.33	1393.66	1653.78
外商独资	1078.11	1156.83	1091.61	1064.95	1282.75

数据来源:历年《江苏统计年鉴》

表1.8 2013—2017年江苏省各经济类型主体进口占比(%)

类型	2013年	2014年	2015年	2016年	2017年
国有企业	8.10%	7.32%	6.88%	6.61%	7.06%
集体企业	2.83%	2.15%	1.74%	1.44%	1.49%
私营企业	23.44%	22.35%	22.04%	18.68%	18.85%
外商投资#	65.63%	68.18%	69.34%	73.27%	72.60%
外商独资	48.75%	52.19%	52.78%	55.99%	56.31%

数据来源：根据历年《江苏统计年鉴》计算

出口贸易方面，各经济类型贸易主体出口绝对数额也都有不同程度的增加，分别比2016年增长了30.61%、0.14%、10.45%和13.35%。从五年趋势来看，国有企业在出口比重中略有增加，从2013年的8.75%稳步上升至2017年的10.33%，可以说出口贸易方面，国有企业正在更多地"走出去"。其他经济主体则呈小幅度下降趋势，集体企业出口占比震荡下降，从2013年的1.81%下降到2017年的1.57%；民营企业和外资企业在出口贸易中的绝对数额仍旧大幅提升，但所占比例略微下降。外资企业中的外商独资则逆势而行，说明外资企业出口中，越来越多的是外商独资企业，而中外合作和中外合资的形式，则没有外商独资企业势头旺盛。（详见表1.9和表1.10）

表1.9 2013—2017江苏省按经济类型分类的出口情况　　　　单位：亿美元

类型	2013年	2014年	2015年	2016年	2017年
国有企业	287.61	306.18	307.40	287.06	374.92
集体企业	59.33	66.06	69.52	56.73	56.81
私营企业	996.76	1054.62	1068.18	981.49	1084.09
外商投资#	1942.22	1987.99	1938.86	1865.44	2114.43
外商独资	1495.05	1530.89	1527.68	1475.97	1679.12

数据来源：历年《江苏统计年鉴》

表1.10 2013—2017年江苏省各经济类型主体出口占比(%)

类型	2013年	2014年	2015年	2016年	2017年
国有企业	8.75%	8.97%	9.08%	9.00%	10.33%
集体企业	1.81%	1.93%	2.05%	1.78%	1.57%
私营企业	30.33%	30.88%	31.57%	30.76%	29.86%
外商投资#	59.11%	58.22%	57.30%	58.46%	58.24%
外商独资	45.50%	44.83%	45.14%	46.26%	46.25%

数据来源：根据历年《江苏统计年鉴》计算

四、传统市场成压舱石，"一带一路"变活化剂

截至目前，与江苏省有外贸进出口关系的国家和地区大约有210个，贸易伙伴分布在各个大洲。在诸多贸易伙伴中，传统贸易市场的"压舱石"作用显著。

2017年,江苏对主要贸易伙伴的依赖程度进一步加深。受益于全球经济延续复苏态势和经贸往来,2017年江苏省对美国、欧盟、东盟、韩国和日本分别进出口1007.19亿美元、966.16亿美元、681.59亿美元、641.67亿美元和560.90亿美元,分别增长19.89%、17.67%、16.17%、18.36%和12.03%;对上述5位贸易伙伴进出口合计占同期江苏进出口总值的65.26%,成为江苏进出口增长的主要推动力。

主要贸易伙伴中,美国、欧盟、东盟是江苏省的主要出口地,江苏省对这些国家和地区保持着高额的贸易顺差。韩国、日本和澳大利亚,则是江苏省的主要进口地,对于这些贸易伙伴则呈现较大的贸易逆差。

表1.11　2017年江苏对外贸易主要贸易伙伴情况　　　　　　单位:亿美元

主要市场	出口 金额	出口 同比变动	进口 金额	进口 同比变动
总值	3632.98	13.9%	2278.40	19.8%
亚洲#	1589.56	10.6%	1562.11	18.4%
香港	304.77	12.3%	6.48	2.9%
日本	273.01	5.1%	287.89	19.5%
台湾	104.48	4.6%	296.12	7.45
韩国	184.46	10.5%	457.21	21.8%
东盟	391.39	11.5%	290.20	23.1%
中东	157.14	10.7%	69.90	45.35
非洲#	86.47	12.2%	20.66	32.5%
欧洲#	753.10	15.0%	307.09	22.2%
欧盟	687.25	15.5%	278.91	23.2%
拉丁美洲#	190.87	12.9%	109.04	15.0%
北美洲#	911.96	18.5%	176.59	22.5%
美国	855.85	19.3%	151.34	23.2%
大洋州#	101.00	20.0%	102.76	33.0%
澳大利亚	76.01	19.8%	91.39	36.8%

数据来源:江苏省商务厅

从江苏省与各大洲贸易的近五年历史数据来看,进口贸易方面,亚洲、非洲北美洲和大洋洲的所占比重都有不同程度的下降,在欧洲和拉丁美洲市场上的进口贸易额则呈现递增趋势。出口贸易方面,亚洲、非洲和拉丁美洲下降明显,欧洲、北美洲和大洋洲则有显著的提升。江苏省与北美洲以及大洋洲近些年贸易顺差不断扩大,这与中国整体对外贸易情况相似,不断扩大的贸易顺差也极易引起贸易摩擦和贸易争端。

表1.12　2013—2017江苏与各洲进口贸易占比情况(%)

	2013年	2014年	2015年	2016年	2017年
亚洲	69.19%	69.63%	70.33%	69.35%	68.56%

(续表)

	2013年	2014年	2015年	2016年	2017年
非洲	1.17%	0.80%	0.75%	0.82%	0.91%
欧洲	12.06%	12.97%	12.78%	13.21%	13.48%
拉丁美洲	4.01%	3.62%	4.38%	4.98%	4.79%
北美洲	8.78%	8.34%	7.96%	7.58%	7.75%
大洋洲	4.78%	4.63%	3.78%	4.06%	4.51%

数据来源:根据历年《江苏统计年鉴》计算

表1.13 2013—2017江苏与各洲出口贸易占比情况(%)

	2013年	2014年	2015年	2016年	2017年
亚洲	47.68%	46.73%	46.62%	45.05%	43.75%
非洲	2.83%	2.72%	2.57%	2.41%	2.38%
欧洲	19.63%	20.65%	19.57%	20.51%	20.73%
拉丁美洲	6.03%	5.61%	5.59%	5.29%	5.25%
北美洲	21.38%	22.08%	23.14%	24.10%	25.10%
大洋洲	2.46%	2.21%	2.51%	2.64%	2.78%

数据来源:根据历年《江苏统计年鉴》计算

"一带一路"倡议涉及沿线71个国家,基础设施投资建设带来的便利和沿线国家给予的支持为江苏省企业发展对外贸易提供了良好的机遇,增添了新的活力。根据《"一带一路"贸易合作大数据报告》的统计,在2017年与"一带一路"国家的进出口总额排名中,江苏省位列第二,仅次于广东省。据统计,仅2017年上半年,江苏省对"一带一路"沿线的印度、俄罗斯和阿联酋进出口总额就分别达到了442.5亿元、175.2亿元和173.4亿元,分别增长30%、36.8%和39.4%。全年,江苏省与"一带一路"沿线西亚、北非、南亚部分国家进出口增长也都超过了20%。

五、外贸依存趋于下降,多种因素交织并存

外贸依存度是反映一个地区的对外贸易活动对该地区经济发展的影响和依赖程度的经济分析指标。用一个国家或地区的进出口贸易总额与该国家和地区的生产总值之比来表示。从最终需求拉动经济增长的角度看,该指标也反映一个地区的外向程度。

表1.14 外贸依存度(%)

	2013年	2014年	2015年	2016年	2017年
外贸依存度	56.19%	52.35%	47.67%	43.74%	46.46%
进口依存度	22.64%	20.61%	18.08%	16.33%	17.91%
出口依存度	33.55%	31.75%	29.59%	27.41%	28.56%

数据来源:根据历年《江苏统计年鉴》计算

从表1.14可以看出,2017年江苏省外贸依存度为46.46%,其中进口依存度为

17.91%，出口依存度为28.56%，三项指标较2016年都有不同程度的增长。但从近五年的变化来看，外贸依存度整体上呈现下降趋势，其背后的因素多样，影响复杂，大致可以分为国际和国内两个方面来考虑。

国际方面主要是贸易保护主义和制造业回流带来的影响。由于长期以来中国对主要贸易伙伴呈贸易顺差，极易引起与贸易国之间的贸易摩擦和反倾销调查。江苏省在这个过程中对外贸易也势必受到影响。此外，美欧等西方工业化国家意识到了"产业空心化"问题严重，近年开始陆续倡导制造业的回归并挽救就业率，产业转移总体上也不利于江苏省出口贸易的发展。

国内方面的因素有劳动力要素价格上涨、资源和环境约束趋紧。中国曾经凭借着人口众多，劳动力价格低廉，吸引了众多外资企业来中国投资建厂，从事与贸易有关的活动。但随着中国劳动力成本上升，越来越多的外商投资企业向东南亚、印度与非洲等劳动力更廉价的地区转移。江苏省作为利用外资的大省，外商投资企业一直是对外贸易的主力军，企业向东南亚国家转移势必会使得江苏的对外贸易水平受到影响，进而影响贸易依存度。除此之外，"两头在外，大进大出"的加工贸易带来的高能耗、高污染，也越来越不符合可持续发展的理念。资源和环境的约束日益趋近，使得此类企业的生存空间越来越小，对外贸易势必受到影响，进而降低江苏省的外贸依存度。

六、贸易改革不断深化，外贸新业态蓬勃发展

金融危机后，全球经济复苏缓慢，外需市场低迷。国内劳动力和原材料价格的上涨也使得加工制造业向东南亚国家转移，这些问题都给江苏省外贸带来不小的挑战。在这样的背景之下，江苏省不断深化贸易改革，鼓励外贸新业态发展，取得了显著的成绩。

2017年全年，以跨境电商、市场采购贸易和外贸综合服务为代表的外贸新业态蓬勃发展，实现了不断突破与进步。如今，新业态已成为全省外贸从"大进大出"向"优进优出"转变的重要动力，充分显示出江苏外贸高质量发展的巨大活力。据南京海关统计显示，全年跨境电商B2B出口超70亿元、市场采购贸易出口300亿元、以11家省级试点企业为主体的重点外贸综合服务企业出口近225亿元。

市场采购贸易方面，2017年2月25日，继南通海门叠石桥之后，常熟服装城启动市场采购贸易方式试点。2017年全年，海门叠石桥、常熟服装城共申报市场采购出口报关单36915票，货值300亿元，市场新增备案商户超过1200家。市场采购贸易以"多品种、多批次、小批量"为特点，小批量交易行为都可以合法、便捷地申报出口，在满足国外采购商需求的同时也促成了专业市场内中小微企业的出口交易。此外，南京海关进一步在提高市场采购出口通关效能上下功夫，开展监管资源整合和业务流程再造，推进"提前申报、运抵验放"、"掌上物流"等业务改革，加强与上海、乌鲁木齐等口岸海关的联系配合，物流速度不断提升，有利地促进了外贸企业的贸易量增长。

2017年11月，"保税研发"改革正式启动。研发投入给企业带来了更多的订单和利润，但同时也会产生不小的成本。有了保税研发账册，所有用作研发的进口原材料都能依规定免于征税，将大大减轻企业研发负担。作为江苏省首家试点企业，龙腾光电自设立研发专项账册至今，已进口14票研发原料。据龙腾光电总经理蔡志承介绍，按2017年产能，全年可直接省下300多万元成本。"保税研发"新政带来的红利远不止免税这一点。昆山海关核销一科科长徐占洲介绍，从一般贸易到保税账册监管，企业可以享受更低的查验率，简化通关

手续,解决审价困难等问题。在"保税研发"改革推动下,龙腾光电进口研发原料的通关时效由原先两天缩短至半天,研发投入速度大幅加快。蔡志承说,"我们公司测算,每缩短一天,就可新增利润 70 万元。"

据相关人员透露,2018 年将进一步加大对保税研发的政策研究与监管试点,推动产业链向中高端延伸,加快培育外贸新优势。相信随着江苏省外贸形式的不断改革与创新,新业态的发展必将给江苏对外贸易带来更多的活力。

第二章　江苏对外贸易发展的特征

江苏省作为全国第二的贸易大省,对外贸易进出口商品金额巨大,品类繁多。从地理位置上看,江苏省辖江临海,扼淮控湖,13个地市各具特色,地理位置、矿产资源和生物资源各不相同,这也使得江苏省各个地市、各个区域的贸易总量和贸易结构差距较大。只有把握江苏省对外贸易的商品特征和区域特征,才能对江苏省外贸发展有更好的理解。

本章节将从这两个角度分析2017年江苏省对外贸易,为读者提供更细致的外贸情况介绍。商品角度主要从初级产品和工业制成品、机电产品和高新技术产品、农产品和传统劳动密集型产品四个方面做出分析。区域角度主要从江苏省各地市、苏北苏中苏南三大区域、沿江沿海地区三个角度对江苏省对外贸易情况做出分析。

一、江苏对外贸易的商品特征

(一) 初级产品和工业制成品

根据商品是否经过加工、是否经过复杂加工,人们将进出口商品划分为初级产品和工业制成品。其中,初级产品又称原始产品,指未经加工或因销售习惯而略作加工的产品,工业制成品则指的是经过复杂加工的工业产品和商品。

表2.1　2013—2017年江苏省进口商品总体情况　　　单位:亿美元

年份	初级产品	所占比重	工业制成品	所占比重
2013	346.21	15.90%	1831.55	84.10%
2014	330.39	15.22%	1840.54	84.78%
2015	253.40	12.65%	1749.47	87.35%
2016	233.26	12.78%	1591.87	87.22%
2017	299.86	13.95%	1849.92	86.05%

数据来源:历年《江苏统计年鉴》

具体来说,初级产品包括食品及活动物、饮料及烟类,非食用原料(燃料除外)、矿物燃料、润滑油及有关原料,动植物油、脂及蜡。工业制成品包括化学成品及有关产品、按原材料划分的制成品、机械及运输设备及杂项制品。

由表2.1和表2.2可知,2017年全年,江苏省进口初级产品299.86亿美元,占全年进口总额的13.95%;进口工业制成品1849.92亿美元,占全年进口总额的86.05%。出口方面,全年出口初级产品55.26亿美元,占出口总额的1.59%;出口工业制成品3411.89亿美元,占出口总额的 98.41%。

表 2.2 2013—2017 年江苏省出口商品总体情况   单位:亿美元

年份	出口情况			
	初级产品	所占比重	工业制成品	所占比重
2013	52.56	1.62%	3193.96	98.38%
2014	56.01	1.66%	3321.42	98.34%
2015	50.99	1.53%	3285.58	98.47%
2016	51.38	1.64%	3077.73	98.36%
2017	55.26	1.59%	3411.89	98.41%

数据来源:历年《江苏统计年鉴》

观察近五年的发展变化可知,进口方面工业制成品是最主要的部分,五年年均进口占进口总额的 85% 以上,呈现小幅递增趋势。其中,机械及运输设备有相当的增加,从 2013 年的 55.20% 增加到 2017 年的 59.79%;化学成品及有关产品略微下降,从 2013 年的 20.87% 下降到 2017 年的 18.31%。初级产品进口在近五年整体上逐年减少,其中非食用原料(燃料除外)进口显著减少,从 2013 年的 73.31% 降低到 2017 年的 23.73%。

出口方面,工业制成品占绝对的地位,五年年均都在 98% 以上。化学成品及有关产品出口上升明显,从 2013 年的 7.17% 上升到 2017 年的 7.70%,其他类型的工业制成品趋势变化不显著。初级产品在江苏省对外出口中占比不足 2%,其中矿物燃料、润滑油及有关原料下降明显,从 2013 年的 16.04% 下降到 2017 年的 10.94%,2016 年更是下降到 9.41%。

(二)机电产品和高新技术产品

机电产品是江苏省进口的主要产品,也是对外出口的主打产品。高新技术产品具较高的技术含量、良好的经济效益和广阔的市场前景,是江苏省对外贸易转型升级的重要组成部分。在江苏省推动对外贸易转型升级的过程中,更具有知识密集型的机电产品和高新技术产品是必须重点发展的方向。

表 2.3 2017 年江苏省机电产品和高新技术产品对外贸易情况   单位:亿美元

商品结构	出口		进口	
	金额	同比变动	金额	同比变动
总值	3632.98	13.9%	2278.40	19.8%
高新技术产品	1356.37	16.1%	948.83	20.5%
机电产品	2393.98	15.1%	1355.58	18.4%

数据来源:江苏省商务厅

江苏省 2017 年出口 3632.98 亿美元,同比增长 13.76%,创历史新高。除了总量上的突破值得关注外,出口商品结构的优化,也是去年江苏省外贸的一大看点。长期占全省出口"半壁江山"的机电产品不负众望,成为出口"压舱石"。

表 2.4　2013—2017 年机电产品和高新技术产品出口额及占比　　　　　单位:亿美元

年份	出口总额	机电产品	占比	高新技术产品	占比
2013	3288.57	2142.58	65.15%	1279.65	38.91%
2014	3418.69	2214.51	64.78%	1293.59	37.84%
2015	3386.68	2247.52	66.36%	1310.89	38.71%
2016	3193.44	2080.04	65.13%	1169.78	36.63%
2017	3632.98	2393.00	65.87%	1380.00	37.99%

数据来源:历年《江苏统计年鉴》

2017年全年出口机电产品2393.00亿美元,较上年增长15.0%,占全省同期出口总额的65.87%,为近五年最高比例。其中,便携式电脑、手机、船舶、液晶显示板等主打机电产品都有不俗表现,全年出口便携式电脑416.1亿元人民币,出口规模居同类产品第一,同比增长12%。手机出口241.2亿元人民币,增幅高达90.8%,增幅居机电类产品之首。根据南京海关综合统计处副处长曹芳介绍,2017年部分高附加值机电产品出口也保持了良好增速,全年出口汽车增长14.1%,医疗仪器和器械同比增长15.4%。高新技术产品全年出口总额1356.37亿美元,同比增长16.1%,占当年出口总额的41.7%(机电产品和高新基础产品存在重合的部分),生命科学和航空航天技术领域的出口表现不俗,同比增长速度也快与同期出口增长速度。这样的变化说明,江苏省不仅在出口规模上不断突破,出口的质量和结构也在不断提升,外贸转型升级正在逐步实现。

表 2.5　2013—2017 年机电产品和高新技术产品进口额及占比　　　　　单位:亿美元

年份	进口总额	机电产品	占比	高新技术产品	占比
2013	2219.88	1288.22	58.03%	930.09	41.90%
2014	2218.93	1290.59	58.16%	904.44	40.76%
2015	2069.45	1268.23	61.28%	907.61	43.86%
2016	1902.68	1143.75	60.11%	787.26	41.38%
2017	2278.40	1354.88	59.47%	950.17	41.70%

数据来源:历年《江苏统计年鉴》

进口方面,2017年机电产品进口总额1354.88亿美元,同比增长18.4%,占全年进口总额的59.47%;高新技术产品全年进口总额950.17亿美元,同比增长20.5%,占全年进口总额的41.70%(机电产品和高新技术产品存在重合的部分)。

全年进口集成电路2353.7亿元人民币,同比增长31.6%;进口液晶显示板395.4亿元人民币,同比增长1.7%;进口二极管及类似半导体203亿元人民币,同比增长25.9%。其他方面,集成电路进口增长33.8%,数控机床增长64.6%。

(三)农产品

受益于温和复苏的世界经济、日益密切的全球经贸和稳中向好的国内经济,2017年江苏农产品出口保持稳中有升态势。据海关数据统计,2017年全省实现农产品进出口总额172.91亿美元,同比增长11.7%,占全年进出口总额的2.93%。其中,出口38.26亿美元,同比增长6.6%,增幅与上年基本持平。进口134.62亿美元,同比增长13.21%,对外农产品贸易呈现明显顺差。从时间段来看,江苏省2017年农产品月度出口额呈整体攀升趋势,季度出口额逐季扩大,各季度出口额分别为8.58亿美元、9.63亿美元、9.66亿美元、10.39亿美元。

表2.6 2013—2017年农产品进出口金额及变动情况　　　　　　　单位:亿美元

年份	出口 金额	出口 同比	进口 金额	进口 同比
2013	105.29	−3.62%	31.62	3.10%
2014	103.26	−1.93%	36.17	14.39%
2015	114.73	11.11%	33.68	−6.88%
2016	118.91	3.64%	35.92	6.65%
2017	134.62	13.21%	38.29	6.60%

数据来源:历年《江苏统计年鉴》

观察2017年江苏省农产品贸易,发现主要呈现以下几个特点:

首先,苏中农产品出口增速显著高于全省整体,苏北农产品出口呈负增长。2017年,苏中三市南通、扬州和泰州农产品出口增速高达14.5%,高出全省农产品出口增速7.9个百分点;苏南五市南京、无锡、苏州、常州和镇江农产品出口增速7.7%,高出全省农产品出口增速1.1个百分点;苏北五市连云港、盐城、淮安、宿迁和徐州农产品出口增速−2.2%,低于全省农产品出口增速8.7个百分点。

其次,出口市场更趋多元,在巩固传统市场的同时,对"一带一路"沿线国家和新兴市场国家开拓有力。2017年,江苏省对东盟、欧盟、美国、日本和韩国五大主要出口市场农产品出口额分别增长11.3%、10.4%、4.6%、−5.8%和−1.2%,出口额合计29.0亿美元,同比增长5.8%,占全省农产品出口额的75.8%,这些地区仍是拉动全省农产品出口增长的主要推动力。2017年全年,江苏省对"一带一路"沿线60个国家有农产品出口贸易,实现出口额15.64亿美元,同比增长7.1%,高出全省农产品整体出口增速0.5个百分点,占全省农产品出口额的40.9%,占比较上年提高0.3个百分点。

再次,传统优势产业仍为江苏省农产品出口主力,出口商品结构进一步升级。2017年,园艺、畜禽、特色粮油和水海产品四大出口支柱产业共创出口额32.31亿美元,同比增长9.5%,占全省农产品出口额的84.4%,占比较上年提高。农产品加工品出口17.91亿美元,占全省农产品出口额的46.8%。

最后,各经营主体共同发展,民营企业继续保持出口第一大主体地位。2017年,全省民营企业实现农产品出口额23.16亿美元,同比增长9.7%,占全省农产品出口额的60.6%,继续保持出口份额居首的地位。

(四)传统劳动密集型产品

2017年江苏省累计出口服装及衣着附件、纺织纱线织物及制品、鞋类、塑料制品、旅行用品及箱包、玩具和家具及其零件七大类传统劳动密集型产品615.66亿美元,同比增加9.43%,占全年出口总额的16.95%。

表 2.7　2017 年江苏省传统劳动密集型产品出口情况　　　　　　　　　单位:亿美元

商品类型	金额	同比变动	占比情况
总额	615.66	9.43%	100%
服装及衣着附件	255.72	9.82%	41.54%
纺织纱线织物及制品	213.36	5.95%	34.66%
塑料制品	53.45	18.06%	8.68%
家具	40.23	11.23%	6.53%
鞋类	23.04	10.52%	3.74%
旅行用品及箱包	15.91	19.41%	2.72%
玩具	13.95	15.64%	2.58%

数据来源:《江苏统计年鉴》2018

在出口的劳动密集型产品中,按照出口额大小列示,顺序为服装及衣着附件、纺织纱线织物及制品、塑料制品、家具、鞋类、旅行用品及箱包和玩具。2017 年出口金额分别为 255.72 亿美元、213.36 亿美元、53.45 亿美元、40.23 亿美元、23.04 亿美元、15.91 亿美元和 13.95 亿美元,都创下了近五年的出口贸易金额新高,分别占传统劳动密集型产品总金额的比重为 41.54%、34.66%、8.68%、6.53%、3.74%、2.72% 和 2.58%。

表 2.8　2013—2017 年传统劳动密集型产品出口情况　　　　　　　　　单位:亿美元

商品类型	2013 年	2014 年	2015 年	2016 年	2017 年
服装	246.91	255.36	239.31	232.85	255.72
纺织	190.17	203.70	201.27	201.39	213.36
塑料制品	39.64	40.23	41.74	45.27	53.45
家具	37.26	35.11	36.32	36.16	40.23
鞋类	23.36	23.89	20.85	21.56	23.04
箱包	18.04	14.94	14.48	13.33	15.91
玩具	10.67	11.83	11.32	12.06	13.95

数据来源:历年《江苏统计年鉴》

二、江苏对外贸易的区域特征

江苏省位于中国大陆东部沿海中心、长江下游,东濒黄海,东南与浙江和上海毗邻,西接安徽,北接山东,地跨长江、淮河,京杭大运河从中穿过。地势以平原为主,水网密布,湖泊众多,地理上跨越南北,气候、植被同时具有南方和北方特征。目前,江苏省一共有 13 个地级市,区位分布不同决定了地理位置、交通情况、自然资源的巨大差异。此外,江苏省内如苏州无锡等苏南地区具有一定的历史工业基础,各地级市的起步条件也截然不同,形成了各地市、各区域对外贸易发展不平衡的局面。

(一)各地市的贸易特征

2017 年,江苏省对外贸易进出口总额 5911.39 亿美元,其中进口总额为 2278.40 亿美元,出口总额为3632.98亿美元。观察表2.9可知,2017年苏州市外贸依旧是一枝独秀,全年进出口总额3160.79亿美元,占全省贸易总额的53.47%,统帅了全省外贸的"半壁江山",较上年度增长15.46%。紧随其后的分别是无锡、南京、南通、常州、泰州、扬州和镇江,这七个城市的进出口总额分别为812.53亿美元、611.87亿美元、348.20亿美元、312.66亿美元、129.48亿美元、107.99亿美元和105.36亿美元,都进入了贸易总额百亿级别的城市。增长速度方面,淮安以32.31%的速度领涨全省,紧随其后的是徐州、泰州、南京和宿迁,这五个城市2017年较上年贸易总额增长率都在20%以上。

表2.9 2017年江苏省各地市的外贸主要数据情况　　　　单位:亿美元

城市	进出口总额	进口	出口	总额增长率	总额占比
南京	611.87	267.73	344.15	21.85%	10.35%
无锡	812.53	317.34	495.19	16.40%	13.75%
常州	312.66	83.27	229.39	13.35%	5.29%
苏州	3160.79	1289.18	1871.61	15.46%	53.47%
镇江	105.36	35.51	69.85	2.12%	1.78%
南通	348.20	98.82	249.38	12.84%	5.89%
扬州	107.99	29.32	78.68	12.20%	1.83%
泰州	129.48	47.32	82.16	24.73%	2.19%
徐州	78.01	14.66	63.34	24.98%	1.32%
连云港	82.11	43.03	39.07	16.63%	1.39%
淮安	46.36	16.33	30.03	32.31%	0.78%
盐城	86.53	28.12	58.41	8.83%	1.46%
宿迁	29.48	7.76	21.72	21.72%	0.50%

数据来源:《江苏统计年鉴》2018

根据国家海关总署公布"2017年中国外贸百强城市"名单,江苏省共有11个市入围,数量位居全国首位。苏州市以79.1的得分继续位列全国第四,也是江苏省唯一跻身全国外贸百强城市前十名的城市。全省13个城市中,徐州和宿迁并未入选。"中国外贸百强城市"评选由是海关总署完成的,不仅将城市当年的外贸总额作为评选标准,而且包括外贸竞争力、结构竞争力、效益竞争力、发展竞争力和潜力竞争力5大类共25个指标,以此综合计算城市外贸竞争力分值,具有较强的专业性和权威性。公布的评选结果也进一步说明了江苏省在全国对外贸易中的重要作用。

(二)三大区域的贸易特征

江苏省13个地市依据地理位置和经济发展情况可以划分为苏南、苏中和苏北三大区域。长江以南的南京、镇江、苏州、无锡、常州划分为苏南,原来长江以北的区域统称苏北,现在把扬州、泰州、南通这三个发展较快的城市称为苏中地区,淮安、盐城、宿迁、徐州、连云港称为苏北地区。

表 2.10　2017年江苏省三大区域的外贸主要情况　　　　　　　　　　　单位：亿美元

	进出口总额	进口	出口	总额增长率	总额占比
苏南	5003.22	1993.04	3010.18	15.90%	84.64%
苏中	585.68	175.46	410.22	15.41%	9.91%
苏北	322.49	109.91	212.58	18.75%	5.46%

数据来源：《江苏统计年鉴》2018

表 2.11　2017年江苏省各地市的外贸主要数据情况　　　　　　　　　　单位：亿美元

年份	苏南 总额	苏南 增长率	苏中 总额	苏中 增长率	苏北 总额	苏北 增长率
2013	4746.41	0.53%	497.62	6.24%	264.42	−9.17%
2014	4818.13	1.51%	525.52	5.61%	293.96	11.17%
2015	4651.62	−3.46%	521.46	−0.77%	283.05	−3.71%
2016	4316.78	−7.20%	508.65	−2.46%	271.58	−4.05%
2017	5003.22	15.90%	585.68	15.14%	322.49	18.75%

数据来源：历年《江苏统计年鉴》

江苏的苏南、苏中、苏北地区贸易发展极不平衡。2017年，全省84.64%的进出口贸易都集中在苏南地区，这也对应了人们对江苏省外贸"没有苏南就没有江苏"的说法。全年苏南地区进出口总额5003.22亿美元，其中进口1993.04亿美元，出口3010.18亿美元，贸易总额较2016年同比增长15.90%。苏中和苏北2017年对外贸易总额分别为585.68亿美元和322.49亿美元，分别不到苏南地区的12%和7%，体现了三大区域贸易水平的巨大悬殊。增长速度方面，苏北以18.75%的速度领涨，紧随其后的是苏南地区，苏中地区增长速度最慢。表2.11呈现了近五年间江苏三大区域的对外贸易总额及变动情况。可以看出，2017年三大区域较2016年都有明显的增长，增长幅度为五年最高。苏南与苏中、苏北对外贸易发展差距大，究其原因主要有以下四点：

首先，工业基础扎实，发展历史悠久。在解放以前苏州和无锡等苏南城市就已经是中国重要的轻纺工业基地，积累了良好的工业发展经验和人力资本。

其次，地理位置优越。苏南的地理位置较苏北、苏中更有优势，苏州、昆山等苏南地区毗邻上海，当前承接上海新一轮辐射带动，从市场拓展、分工协作和资源互补等不同方式进行制造业体系战略性调整和结构升级。

再次，外商投资密集。苏南是外商直接投资的主要投向地，苏南地区因为具有良好的基础设施和高效的行政效率，再加上产业集聚效应明显，成为中国主要的外商投资的集聚地。

最后，各类开发区众多。苏南拥有江苏最多的各类开发区，特别是国家级开发区，包括昆山高新技术开发区、苏州工业园区、无锡经济开发区等。

一直以来，苏中、苏北地区的对外贸易在绝对数量上都无法与苏南相抗衡，然而这使得苏中、苏北地区近些年的平均贸易增长速度高于苏南地区，说明苏中和苏北地区未来的发展潜力还是巨大的。

（三）沿江沿海地区的贸易特征

习惯上，我们把长江流经江苏省的八个地市称为沿江八市，包括是苏南地区的南京、无锡、苏州、常州和镇江,以及苏中地区的南通、泰州和扬州。沿江开发区的成立是江苏省委、省政府审时度势做出的重大决策,总共包括江苏省6个市区和13个县(市),目的是通过沿江开发促进沪宁沿线高新技术产业的提升,同时带动苏北地区经济外贸发展,是江苏经济社会发展新的增长极。沿海三市则指的是江苏省临海的三个城市,分别是南通、盐城和连云港。

表 2.12　2017年江苏省沿江沿海地区对外贸易情况　　　　　　　单位:亿美元

	进出口总额	进口	出口	总额占比
沿江八市	5588.89	2168.49	3420.40	94.54%
沿江开发区域	2431.19	929.13	1502.06	41.13%
沿海三市	516.84	169.98	346.86	8.74%

数据来源:《江苏统计年鉴》2018

2017年沿江八市进出口总额为5588.89亿美元,其中进口总额2168.49亿美元,出口总额3420.40亿美元,占全省进出口总额的94.54%。沿江开发区全年进出口总额2431.19亿美元,其中进口总额929.13亿美元,出口总额1502.06亿美元,占全省进出口总额的41.13%;沿海三市全年对外贸易总额516.84亿美元,其中进口总额169.98亿美元,出口总额346.86亿美元,占全省进出口总额的8.74%。

表 2.13　2013—2017年江苏省沿江沿海地区外贸情况　　　　　　单位:亿美元

年份	沿江八市 进出口额	占比	沿江开发区域 进出口额	占比	沿海三市 进出口额	占比
2013	5244.03	95.20%	2188.34	39.73%	429.84	7.80%
2014	5343.66	94.79%	2279.46	40.43%	471.94	8.37%
2015	5173.08	94.81%	2204.92	40.41%	447.43	8.20%
2016	4825.44	94.69%	2100.39	41.22%	458.50	9.00%
2017	5588.89	94.54%	2431.19	41.13%	516.84	8.74%

数据来源:历年《江苏统计年鉴》

关注近五年的历史数据可以发现,沿江八市在全省的贸易总额占比中呈现连年下降趋势,从2013年的95.20%降至2017年的94.54%,但仍然体量庞大,占据了全省贸易的绝对多数,其他两个区域则基本呈现连年上升趋势。

第三章　江苏对外贸易的国内外影响因素

江苏省对外贸易发展受到诸多影响因素,我们把这些影响因素从外部和内部两个角度考察,即分为国际影响因素和国内影响因素。国际影响因素主要从世界经济发展情况、人民币兑主要货币汇率变化情况、贸易保护主义和国际市场竞争几个方面来介绍;国内影响因素包括劳动力要素价格变动、"一带一路"倡议、外贸新业态、机构改革几个方面。

一、江苏对外贸易的国际影响因素

(一)世界经济回暖复苏,全球贸易有所改观

全球贸易始终离不开全球经济发展水平这个大背景。通常来说,两者之间存在正向相关的关系。或者说,世界经济的回暖复苏,有利于各国各地区的对外贸易发展。江苏省2017年对外贸易总额5911.39亿美元,以人民币计价的外贸总额则首次突破了4万亿元,这样的重大成绩自然离不开宏观经济大背景的改观。

2017年1月17日,联合国经济和社会事务部在纽约总部发布的《2017年世界经济形势与展望》报告预测,全球经济预计在2017年增长2.7%,高于2016年的2.2%。报告称,在刚刚过去的2016年,世界经济发展趋势可以用"五低二高"来概括,即:低经济增长、低国际贸易流量、低通货膨胀、低投资增长、低利率;高债务水平和高度依赖货币政策。这种状况在2017年将略有改善。

该报告预测,美国经济2017年预计将增长1.9%;欧洲经济预计增长1.8%。中国经济2017年预计将增长6.5%。南亚已成为全球经济增长最快的地区,预计增长6.9%。其中,印度经济增速预计在2017年增长7.7%。随着石油和其他初级产品价格回升,非洲经济预计2017年增长3.2%。西亚中东地区经济仍然遭受着低石油价格和区域武装冲突的影响,预计2017年增长2.2%。拉美经济在持续两年衰退之后,预计2017年可以恢复增长1.3%。俄罗斯经济随着石油价格的回升也将从过去连续两年的衰退中企稳,在2017年恢复1%左右的增长。

从实际情况来看,2017年全球主要经济体经济增长速度较2016年确实有所提升,部分国家创五年以来的最高增长速度,极少数国家经济增长情况不如2016年。其中,美国全年经济增速2.27%,较2016年有明显改善;欧洲地区德国经济增速2.22%,较去年提高0.28%;法国增速1.82%,较去年提升0.63%;英国方面,可能受到正式启动脱欧程序的影响,全年增速1.79%,较去年下降0.15%;金砖国家中,巴西摆脱2016年的经济负增长,较去年提升0.98%;俄罗斯同样实现经济正向增长,全年增速1.55%;南非增长1.32%,高于2016年的0.57%;印度方面,可能收到去年11月份总理莫迪下达的废除市面上流通的旧版500卢比和1000卢比两种面值货币的废钞令的影响,全年经济增速6.62%,比2016年下滑0.49%。此外,作为江苏省对外贸易的重要贸易国,日本和韩国方面经济发展也表现不俗,

分别增长1.71%和3.06%,纷纷好于2016年的情况。

表3.1 全球主要经济体2013—2017年经济增长水平

国家	2013年	2014年	2015年	2016年	2017年
美国	1.68%	2.57%	2.86%	1.49%	2.27%
澳大利亚	2.64%	2.56%	2.35%	2.83%	1.96%
巴西	3.01%	0.51%	−3.55%	−3.47%	0.98%
德国	0.49%	1.93%	1.74%	1.94%	2.22%
大韩民国	2.90%	3.34%	2.79%	2.93%	3.06%
俄罗斯联邦	1.79%	0.74%	−2.83%	−0.22%	1.55%
法国	0.58%	0.95%	1.07%	1.19%	1.82%
加拿大	2.48%	2.86%	1.00%	1.41%	3.05%
南非	2.49%	1.85%	1.28%	0.57%	1.32%
日本	2.00%	0.37%	1.35%	0.94%	1.71%
英国	2.05%	3.05%	2.35%	1.94%	1.79%
印度	6.39%	7.41%	8.15%	7.11%	6.62%
中国	7.76%	7.30%	6.90%	6.70%	6.90%

数据来源:新浪财经全球宏观经济数据

主要经济体的发展情况改观,有利于提升进口需求,增加对外出口贸易额。主要经济体中,多数都是江苏省的重要外贸伙伴国,正是受益于全球经济的温和复苏,江苏省2017年对外贸易发展有了一个良好的外部环境,为其实现历史突破提供了重要帮助。

(二)汇率情况基本稳定,对外贸易影响中性

人民币汇率变化影响着江苏省对外贸易的发展。作为出口导向的贸易大省,对外出口在经济中占有重要的地位,人民币贬值有利于拉动出口经济发展,提升江苏省对外贸易总额,但是不利于进口为主的外贸型企业,货币贬值将增加这些企业原材料和产品的生产成本。反之,人民币升值则使得一些企业生产需要进口大量国外技术和大型仪器的企业受益,但会使得出口产品成本提升,国际市场竞争力减弱。

2017年以来,中国经济增长表现比预期的好,特别是2016年下半年一度出现的硬着陆风险已经完全消失,全年经济增长速度有望达到6.9%,高于2016年的6.7%。宏观经济面的改善,加上外汇监管的适度增强,抑制了资本外流,导致人民币对美元汇率持续走强,实现对美元升值。欧元实现币值大幅增长,全年增幅14.13%,对人民币实现升值;韩元、英镑、澳元分别增长11.02%、9.44%、8.12%,高于人民币增幅6.6%。

表3.2 2017年部分国家(地区)货币增长幅度

货币种类	增长幅度
欧元	14.13%
韩元	11.02%

(续表)

货币种类	增长幅度
英镑	9.44%
澳元	8.12%
人民币	6.60%
加拿大元	6.35%
印度卢比	5.99%
日元	3.57%

数据来源：根据新浪财经提供的2017年各国货币兑美元的价格变动情况计算

综合来看，虽然全年人民币对美元升值，但是人民币对贸易加权的篮子货币汇率平均略有下跌，或者说基本稳定，对进出口贸易的影响是中性的。中国的企业对外出口很大概率是收美元的，以美元计价结算，如果企业在2016年收了美元没有结汇，对于那些赌人民币继续贬值的企业来说，今年人民币对美元升值就会使这些企业蒙受亏损，这主要是企业财务管理方面的问题。

（三）贸易保护主义盛行，短时期内难以改善

一直以来中国都是对外贸易中贸易保护主义的主要受害国，而江苏省则是我国最主要的贸易保护主义受害地区。2017年中国共遭遇21个国家（地区）发起贸易救济调查75起，涉案金额110亿美元。中国已连续23年成为全球遭遇反倾销调查最多的国家，连续12年成为全球遭遇反补贴调查最多的国家。2017年全年，在国外对华反倾销调查做出裁决的103起案件中（包括已做出初裁尚未终裁的案件34起、已做出终裁的案件69起），共有26个省份以及澳门地区、香港地区的企业参与应诉（1起案件可能有多个省份的企业应诉）。其中，江苏企业应诉最多，共计38起，占比36.9%。2017年全年，在国外对华反补贴调查做出裁决的22起案件（6起已做出初裁尚未终裁、16起已做出终裁）中，共有22个省份以及香港地区的企业参与应诉（1起案件可能有多个省份的企业应诉）。其中，江苏企业应诉最多，共计14起，占比63.6%。

回顾2017年全年，美国食品和药物管理局（FDA）拒绝中国输美商品数量最多，达2259批次，占比14.7%，同比下降6.1%。从美国FDA拒绝进口中国商品的来源省份分析，广东输美商品高居首位，达617批次，占同期美国拒绝进口中国输美商品总量的27.3%，但同比下降11.0%；其次为浙江，598批次，占比26.5%，同比大幅增长63.8%；山东位列第三，148次，占比6.6%，同比下降22.9%；江苏位列第四，139批次，占比6.2%。

进口方面，美国食品和药物管理局（FDA）2017年拒绝进口江苏输美商品139批次，共涉及22个市县，苏州商品被拒绝进口最多，为27批次，其次是无锡14批次。被拒绝进口较多的地市还包括宿迁、南京、扬州均为11批次，南通10批次，连云港8批次，昆山和泰州均为7批次，靖江和镇江均为6批次。此外，江苏输美商品被拒绝进口的其他地市还包括常州、丹阳、江阴、姜堰、瑞安、太仓、兴化、张家港、徐州、盐城、盱眙。

经济复苏缓慢为贸易保护主义的盛行留下了温床，这为外贸的发展蒙上了一层不确定的阴影。美国方面，2017年新任总统特朗普更是在上台后积极去全球化，增加贸易保护措施，加上其反复无常的对外策略，更是给全球经济发展增加了很多不利因素，而这种贸易保护主义的

论调和氛围,预期在特朗普任期内难以改观,未来的全球贸易保护主义应该还是比较盛行的。

(四)国际市场竞争加剧,制造业高低端承压

全球制造业竞争激烈程度上升,江苏省对外贸易发展不论在低端中低端制造业还是在高端制造方面,都将面对不小的国际竞争压力。

一方面,中国的制造业传统优势正在逐渐丧失,面临着诸多挑战。首先,传统的劳动力成本优势逐渐丧失,劳动力成本提升较快,劳动生产率不高,综合成本较高,附加值较低。其次,制造业产品质量较低,低端产能过剩与高端产品有效供给不足并存,缺乏世界知名品牌。最后,企业创新能力不足,技术实力有较大差距。此外,部分新兴市场国家凭借劳动力、土地等低成本优势,积极承接产业及资本转移,推动中低端制造业发展,对我国传统优势产品形成竞争。

另一方面,美欧提出再工业化,加大贸易保护力度,促进部分中高端制造业回流。美国发布了《先进制造业国家战略计划》,德国推出了《德国工业4.0战略》,英国颁布《英国工业2050战略》,日本实施《产业振兴战略》。尤其是在美国特朗普政府的新税收政策下,一些依靠北美本土市场的制造业开始回流美国。

根据德勤对全球主要制造企业高管的调查结果,影响制造业竞争力的主要因素排序结果依次是:人才、成本竞争力、生产力、供应商网络、基础设施、财税政策、法律制度、市场规模、医疗保健和政府投入等,人才成为最重要的影响因素。随着人口红利的消失、劳动力成本的上涨和资源环境约束,未来江苏省在对外贸易发展的过程中,应该着重发展科技密集型和知识密集性的制造业,而这一切的基础在于要着重外贸人才的培养,通过人才来推动企业创新进步,推动制造业向高附加值方向发展。

二、江苏对外贸易的国内影响因素

(一)要素价格不断上涨,成本优势逐渐丧失

随着劳动力成本上升、土地价格不断提高、资源环境约束趋紧,江苏省外贸出口企业迎来阵痛期。以往依靠低廉的用工成本,不顾及环境影响的生产方式越来越难以为继。各种生产要素的价格的提升,都使得外贸企业困难加大,尤其是劳动密集型的加工贸易企业,感受则更为明显。

以劳动力资源为例,近年来我国劳动力人数加速减少,16—59岁劳动年龄人口在2011年的时候达到峰值9.25亿人,2012年比2011年减少345万人,这是劳动年龄人口的首次下降。2012年开始逐年下降,2013年减少244万人,2014年减少371万人,2015年减少487万人,2016年减少349万人。到2017年,劳动力人口已经比上年减少548万人,占总人口比重也逐年下降至64.9%。

表3.3 2013—2017年江苏省各类型单位人员平均工资水平　　　　单位:万元

年份	绝对数			
	全部职工	国有单位	城镇集体单位	其他单位
2013	5.80	7.01	5.18	5.51
2014	6.18	7.47	5.5	5.89

(续表)

年份	绝对数			
	全部职工	国有单位	城镇集体单位	其他单位
2015	6.72	8.24	5.96	6.38
2016	7.27	9.24	6.55	6.80
2017	7.97	10.23	7.14	7.26

数据来源:《江苏统计年鉴》2018

表3.3和表3.4列示了2013—2017近五年来各类型单位的人员平均工资水平和工资指数。可以看出,不论是国有企业还是城镇集体单位,或者其他单位,工资水平的绝对数都在逐年递增。2017年,全国职工平均年工资收入7.79万元人民币,较上年度增长7.78%;国有单位平均收入水平最高,可达到10.23万元人民币,较2016年上涨10.71%,高于全国平均增长水平。劳动力价格的不断上涨,意味着外贸企业的成本不断上升。相比于东南亚国家,我国依靠低劳动力成本发展的出口贸易正越来越难以为继。

表3.4 2013—2017年江苏省各类型单位人员工资指数　　　单位:万元

年份	指数(以上年为100)			
	全部职工	国有单位	城镇集体单位	其他单位
2013	113.1	111.4	118.1	122.5
2014	106.5	106.5	106.3	106.9
2015	108.8	110.3	108.4	108.3
2016	108.2	112.2	109.9	106.6
2017	109.7	110.7	109.0	106.7

数据来源:《江苏统计年鉴》2018

资金资源方面,"融资难,融资贵"是一直以来的主要问题,主要有以下几个方面:一是金融知识匮乏。多数中小企业型外贸企业的管理层都存在文化水平低、知识结构单一的问题,使得企业在融资时无法与专业机构有效对接,往往难以实现融资目标和综合服务。二是融资渠道单一。中小企业融资主要渠道为银行模式融资,而银行的高门槛、高标准使得大多数中小企业融资能力极低。三是信息不对称。大多数需要融资的中小企业没有更多的机会接触好的投资者,互联网金融目标多是B2C模式,缺乏企业级的金融服务平台。

此外,还有其他生产资料成本上升的影响以及环境保护要求提升的约束,这些都成为新时期江苏对外贸易发展需要面临的挑战。

(二)"一带一路"带动发展,对外贸易增添活力

2008年经济危机爆发之后,世界各国的经济都处于疲软的状态。2013年,习近平主席提出了"一带一路"发展倡议。其目的主要是为了加强战略参与国之间的经济贸易合作,维护经济体系而使战略参与国度过难关,共同实现世界经济的发展。

江苏省处于"丝绸之路经济带"和"21世纪海上丝绸之路"的交汇处,地理位置优越,对外贸易发达。"一带一路"倡议给江苏省带来了更加宽广的贸易舞台和更加便利的贸易途

径,有力地带动了江苏省对外贸易的发展。表 3.5 展示了 2012 年到 2016 年五年间,江苏省与"一带一路"沿线国家的贸易占全省对外贸易的比重情况。可以看出,江苏省与"一带一路"国家的贸易比重逐年上升,出口增长尤其较快,不仅拉动了江苏省的经济增长,而且有助于化解省内过剩产能,同时帮助沿线国家发展,实现互利共赢。

表 3.5 2012—2016 年江苏省与"一带一路"国家贸易占比情况

指标	2012 年	2013 年	2014 年	2015 年	2016 年
进出口占比	20.3%	19.9%	20.6%	20.6%	21.5%
出口占比	22.1%	22.4%	22.8%	22.9%	24.2%
进口占比	17.7%	16.2%	17.4%	16.9%	17.1%

数据来源:http://www.gyii.cn/jiangsusheng/20171020/206453.html

2017 年,江苏省与"一带一路"沿线国家外贸发展依旧活跃,以今年上半年为例,江苏实现外贸进出口 18748 亿元人民币,比去年同期增长 20.6%,创下 2011 年以来半年度进出口同比增速最高纪录。对"一带一路"沿线的印度、俄罗斯和阿联酋分别进出口 442.5 亿元、175.2 亿元和 173.4 亿元,分别增长 30%、36.8%和 39.4%。

《"一带一路"贸易合作大数据报告 2018》显示,2017 年江苏省与"一带一路"国家贸易总额排名第三。全年统计,东部地区与"一带一路"国家的进出口总额为 11494.1 亿美元,占中国与"一带一路"国家进出口总额的比重达 79.8%;西部地区与"一带一路"国家进出口总额占该地区外贸总额的比重最高,2017 年达到 48.1%,东北地区为 41.7%;东北地区与"一带一路"国家的进出口总额增速最快,较 2016 年增长 22.0%,其次为西部地区(15.6%),特别是在进口额增速方面,这两个地区表现突出,西部地区进口额同比增长 53.3%,东北地区同比增长 33.9%。具体来看,与"一带一路"国家的进出口总额排名前五的分别是广东、江苏、浙江、山东和上海,贸易额比重合计达 67.8%。

(三)新业态蓬勃发展,搞外贸手段多元

据南京海关统计显示,全年跨境电商零售出口额增长 2 倍,总额超 70 亿元,市场采购贸易出口 300 亿元,以 11 家省级试点企业为主体的重点外贸综合服务企业出口近 225 亿元。

市场采购贸易方面,2017 年 2 月 25 日,继南通海门叠石桥之后,常熟服装城启动市场采购贸易方式试点。2017 年全年,海门叠石桥、常熟服装城共申报市场采购出口报关单 36915 票,货值 300 亿元,市场新增备案商户超过 1200 家。

外贸综合服务方面,2017 年全年南京市外贸综合服务实现出口 1164 亿元,增长 1.5 倍,连续两年高速增长,占据了全省外综服出口的半壁江山,在全国外综服版图中也占据了重要的一极,成为了南京外贸一张靓丽的新名片。作为外贸综合服务的代表企业,江苏跨境及旗下子公司总出口额突破百亿人民币,连续两年同比增长超 150%,在江苏省外综服业态贡献额占比约 45%,帮助 182 家企业实现出口"破零",成为江苏省外贸出口新业态支撑企业,并被推选为江苏省外贸综合服务企业联盟主席单位。

在外贸新业态建设上,江苏跨境有三大创新举措与建设成果:一是"互联网+物联网+大数据"三引擎,构建贸互达外贸综合服务平台,驱动科技、金融、产业共同发展。互联"关检汇税",互联"中小企业",仅用两年时间就跻身全国出口百强。二是合纵连横,通过南京市外贸综合服务企业出口退税资金池与江苏省外贸综合服务企业联盟构建外贸新业态生态圈,

联合监管部门促进监管方式优化,改善新业态产业发展环境。三是建立"一带一路"离岸平台,"外贸+外经"共发展,帮助中国企业"走出去",以新业态新模式打造贸易强国。目前已帮助星月神电动车、空鹰消防完成了海外销售和项目体系的对接,并与徐工集团、法尔胜、锦程物流达成战略合作。联合徐州丰县电动车、扬州高邮灯具等江苏制造业优秀产业带,发挥产业集聚优势,推动产业优化升级。

以跨境电商、市场采购贸易和外贸综合服务为代表的外贸新业态正在成为江苏省对外贸易增长的新动力。连年高速增长的背后,体现的是江苏省对外贸易企业的思想意识创新和管理机构的管理服务改善,外贸新业态发展情况未来可期。

(四)机构创新改革,助力企业发展

江苏省外贸 2017 年取得的成果丰硕,进步巨大。除了外贸企业的积极努力之外,外贸相关监管机构也付出了非常多的努力。机构管理服务措施的不断改善,有力地推动了外贸企业贸易水平的增长。

首先,创新监管方式,培育加工贸易新优势。2017 年,南京海关全面实施加工贸易集中审核作业,加工贸易企业手(账)册设立(变更)环节从 7 个减少至 3 个,耗时缩短至 1.5 个工作日内,为企业"省时、省事、省钱";同时,以企业为单元的加工贸易监管模式在苏州、南通、无锡、盐城首批试点,自主核报、自主缴税、自定核销周期等措施有效降低企业成本,促进守法便利。此外,2017 年江苏产生了全国第一批出口加工区、第一个(B 型)保税物流中心、综合保税区、唯一一个内河型保税物流园区,也是全国海关特殊监管区域最多的地区。南京海关着力将数量优势转化为质量优势,全省 90%的特殊监管区域已升级为综合保税区,24 项自贸试验区海关监管创新制度得到推广。

其次,用足、用好政策,积聚外贸发展新动能。国家减免税政策是推动经济发展和产业调整升级、科技创新的有效手段。一直以来,南京海关通过多种方式执行减免税政策,为江苏企业轻装上阵提供支持。多年来江苏减免税进口设备总值始终占全国总量的 20%以上,对促进江苏产业结构调整,加快技术升级装备提档,助力实体经济发展发挥了重要作用。2018 年 1—11 月,共办理《进出口货物征免税证明》26095 份,免征税款 30.85 亿元。南京海关还通过税则调研方式帮助企业反映税则税目设置、进出口暂定税率设置、出口退税政策等方面的意见和建议。2008 年开展税则调研以来,共提出税则修订调整建议 165 项,22 项税政建议被国务院关税税则委员会及国家相关部委采纳实施,累计为企业节约成本约 9.1 亿元。为帮助企业充分享受优惠贸易协定政策红利,南京海关常态化举办宣传推广会,加强企业对政策调整的理解,引导企业规范操作。

最后,运用"科技+"理念,创新"掌上物流"。南京海关进一步在提高市场采购出口通关效能上下功夫,开展监管资源整合和业务流程再造,推进"提前申报、运抵验放""掌上物流"等业务改革,加强与上海、乌鲁木齐等口岸海关的联系配合,物流速度不断提升,大幅节约等待时间 80%,同步实现关、港、铁数据共享和关键信息查询推送,有力地促进了外贸企业的贸易量增长。

第四章　江苏服务贸易发展的基本情况

根据世界贸易组织定义,服务贸易可划分为跨境贸易、境外消费、商业存在、自然人流动四种提供模式。服务贸易中的"贸易"概念已经超出了传统的"贸易",它将投资、要素流动等国际经贸合作形态也纳入其中。近年来,世界服务贸易发展迅速,服务贸易在一国贸易中所占的比重也日渐成为衡量一个国家贸易发达程度的指标。大力发展服务贸易,打造江苏对外贸易增长新动力,推动江苏省经济服务化、经济结构高级化发展,将成为未来江苏发展的重要方向。

一、江苏服务贸易发展现状

服务贸易是推动经济增长的重要动力,是落实高质量发展要求的重要支点,也是开放型经济转型升级的重要方向。2017 年,江苏服务贸易进出口额突破 600 亿美元,达 635.49 亿美元,创历史新高,同比增长 11.8%。相比于十年前,江苏服务贸易的规模已经是 2008 年的 10 倍多,发展的规模和质量都有明显提升。实现如此巨大的成绩和跨越,其原因可以从三个方面来归纳分析:

表 4.1　2008—2017 年江苏省服务贸易进出口情况　　　　　　　　单位:亿美元

年份	总额	出口额	进口额	年份	总额	出口额	进口额
2008	59.30	18.40	40.90	2013	182.50	83.90	98.60
2009	75.50	23.50	52.00	2014	272.70	108.10	164.60
2010	105.10	34.12	70.97	2015	319.21	144.58	174.63
2011	142.50	50.70	91.87	2016	568.42	134.41	434.01
2012	161.84	69.50	92.34	2017	635.49	—	—

数据来源:江苏省外管局

(一)扎实的产业基础为服务贸易创新发展提供了坚实支撑

依托产业基础和开放优势、创新优势,江苏强化科技引领,积极探索服务贸易新模式、新业态。"互联网+旅游""物联网+运输""互联网+金融"等新服务模式已广泛运用,虚拟现实、全球定位、远程可视化、移动支付等现代科技的应用层出不穷。在计算机服务、软件和信息技术服务、知识产权服务等新兴行业,科技引领作用不断显现。随着人工智能等战略性技术的兴起和应用,高附加值、高技术、高文化内涵的服务贸易新业态稳步发展,在服务贸易中的占比稳步上升,为服务贸易发展提供了新的增长点。

(二)政策体系完善为服务贸易创新发展提供了优越环境

近年来,江苏先后出台了《关于加快发展服务贸易的实施意见》《关于促进服务外包产业加快发展的实施意见》《关于加快发展对外文化贸易的实施意见》等支持服务贸易发展的一系列文件,形成了促进江苏服务贸易加快发展的政策体系。在政策落实上,商务部门与其他部门紧密合作,将产业发展促进政策向服务贸易环节拓展延伸,将政策"红利"真正转化为发展的动力。

(三)众多的载体平台为服务贸易创新发展提供了广阔空间

近年来,江苏积极打造多层次、多功能的服务贸易载体平台,形成了江苏服务贸易的闪亮名片。一是开展国家级服务贸易创新发展试点。2016年2月起,按照国务院部署,我省苏州和江北新区开展国家级服务贸易创新发展试点。两年多来,江苏在管理体制、促进机制、政策体系和监管模式等方面开展了"先行先试",取得了积极成效,共有11条试点经验由商务部向全国推广。二是建设服务外包示范城市集群。江苏有南京、无锡、苏州、南通、镇江5个国家级服务外包示范城市,徐州、常州、泰州、昆山、太仓、江阴6个省级服务外包示范城市,形成了江苏服务外包示范城市集群,其中南京、无锡、苏州在全国31个示范城市综合评价中位居前列,对全省服务外包产业发展起到了很好的示范引领作用。同时,我们按照特色化、专业化、品牌化发展理念,打造了47个服务外包产业集聚区,吸引了一大批世界知名企业落户。三是打造江苏展会品牌。近年来,江苏着力打造了世界智能制造大会、中国(南京)国际软件产品和信息服务交易博览会、世界物联网博览会等7个重点展会品牌,以展会有力地带动了服务贸易的发展。

二、江苏服务贸易发展存在的不足

(一)内部结构不合理,整体水平偏低

江苏省是制造业大省,服务业发展相对滞后,在很大程度上也会影响服务贸易总体国际竞争力的提升。主要原因:一是服务的社会化程度不高。第三产业(服务行业)与第一产业(农业)和第二产业(工业、建筑业)之间的专业分工协作关系尚未形成;二是企业的市场化程度比较低,服务业垄断经营现象严重,公共服务、运输邮电、金融保险、房地产等领域政府干预的成分过多,缺乏合理的市场竞争力,行业的发展缺乏活力;三是服务基础设施相对落后,从业人员素质较低,技术较落后。

(二)服务贸易发展不平衡

江苏省服务贸易发展具有很大地区间不平衡性,主要集中在苏南地区。由于改革开放,引进了大量的资金、人才、技术,使得第三产业优先发展起来。在逐年的发展中,服务业的产业结构不断的积累升级,由此服务业的进出口额较大,且技术含量也比较高。相比之下,苏中和苏北地区服务贸易的发展落后了许多。就全省来看,南京、苏州、无锡仍然是江苏省服务贸易的"排头兵",贡献了全省服务贸易总额中的绝大部分。

(三)服务贸易结构有待优化。

江苏省服务贸易呈现传统服务贸易占主导地位,新兴服务贸易比重偏低的问题。建筑、运输服务贸易比重有所下降,旅行服务贸易呈现爆发式增长;文化娱乐类服务贸易、电信、计算机和信息服务贸易、知识产权服务贸易增长较快,但规模不足。在未来,江苏省服务贸易

结构还有待进一步优化,尤其是要提升新兴服务贸易的比重。

(四) 服务贸易的相关体制不健全

目前我国尚没有一个关于服务业的一般性法律,已有的规定主要表现为各职能部门的规章和内部文件,不仅立法层次较低,而且缺乏协调性,从而影响了我国服务贸易立法的统一性和透明度。所颁布的法律法规在实际运用中操作性比较差,一些条文也与国际规定有冲突,并且一些外国政府针对我国服务贸易设置的壁垒,在我国的现行法律法规中没有相关的保护措施。

三、江苏服务贸易发展的建议

(一) 建立健全和完善有关的法律法规

政府应积极推进建立健全的既符合本国经济发展目标又不违背国际法律准则的法律体系,使我国的服务贸易有法可依,有法可循。对服务市场的准入原则、税收、投资、优惠等以法律形式明文规定下来使服务贸易真正的制度化和规范化,增强透明度。对已经建立的现行立法,要根据经济形势进行全面审核和修改。关键还应该严格执行各种法律法规,完善监管体制。

(二) 鼓励民间资本的介入,政府积极发挥政府职能的作用

我国竞争力较强的企业主要是以大型国企为主,缺乏足够的市场竞争,民间资本的介入可以促进市场的竞争,从而促进服务产业的升级与创新,对于培育大型具有国际影响力的企业具有良好的作用。同时,政府要充分发挥管理、协调与扶持的作用,给企业创造一个良好的外部环境,对于本国具有潜力"走出去"的企业,应该给予一定的扶持,壮大产业规模与结构。

(三) 大力发展教育事业,加快我国服务贸易专业人才的教育和培养

目前,我国比较缺乏服务贸易方面的专业人员,如熟悉服务贸易的研究人员、会计师、审计师等,尤其缺乏新兴服务业和知识型服务业的外向型复合人才。另外,我国服务部门的从业人员的素质普遍不高,这极大地削弱了我国服务贸易的竞争能力。培训更多高层次的国际服务贸易的复合型人才,为中国服务贸易的发展不断输入新生力量。积极引进人才,又要防止国有服务企业人才的流失。完善人才的激励机制,充分调动人才的积极性,发挥其创造性。此外,大力发展教育事业,可以有效地解决地区间、城乡间发展不平衡的问题,促进我国服务贸易的全面发展。

(四) 加强服务业的自主创新,优化产业结构,促进服务产业结构的升级

自主创新,既要管理的创新,又要技术的创新,依靠创新积极推进传统服务业到新兴服务业的转变,由粗放型到集约型的转变,实现服务产业结构的优化与升级。管理的创新尤其是要拓展服务内容的广度和深度,创造差异性产品服务。引入新的服务贸易种类,以填补国内服务的空缺,实现产业结构的升级。

参考文献

[1] 江苏省统计年鉴 2013—2017[EB/OL].http：//www.jssb.gov.cn/

[2] 2017 江苏服务贸易进出口 635.49 亿美元创新高[EB/OL].http：//js.people.com.cn/GB/n2/2018/1108/c360301-32259858.html

[3] 2017 年世界各国 GDP 年度增长率[EB/OL].https：//www.kuaiyilicai.com/stats/global/yearly/g_gdp_growth/2017.html

[4] 经济回顾 2017 年人民币汇率走势[EB/OL].http：//www.sohu.com/a/213009282_315625

[5] 2017 年中国外贸百强城市公布 http：//www.guancha.cn/economy/2017_07_25_419794.shtml

[6] 江苏鲜活农产品渐成进出口主角 http：jsnews.jschina.com.cn/jsyw/201704/t20170407_322248.shtml

[7] 江苏省商务厅对外贸易数据[EB/OL].http：//www.jiangsudoc.gov.cn/DataSearch.asp

[8] 新浪财经 全球宏观数据[EB/OL].http：//finance.sina.com.cn/worldmac/compare.shtml？indicator=NY.GDP.MKTP.KD.ZG&nation=US&type=0

[9] 贸易保护主义的头号受害国！2017 年中国遭遇 21 个国家反倾销调查[EB/OL].http：//www.scbzol.com/content/51320.html

[10] 前三季度江苏传统劳动密集型产品 3172.9 亿元 占江苏出口总值的 17.7%[EB/OL].http：//www.chinairn.com/news/20171020/1557072.shtml

[11] 江苏"一带一路"贸易量大幅增长[EB/OL].https：//news.sina.cn/gn/2018-02-06/detail-ifyreuzn3704180.d.html？oid=3808600449622677&vt=4&pos=8&cid=56261

[12] 2017 年中国劳动力、就业趋势、新增就业人数、失业人数及失业率情况分析[EB/OL].https：//www.chyxx.com/industry/201806/646178.html

[13] 美国服务贸易发展经验对我国的启示[EB/OL].http：//sa.sogou.com/sgsearch/sgs_tc_news.php？tencentdocid=20181204A0D9KX00&req=Aue32DKxRdOvcWjMDTmqTOE48kxqZV1t0mPcVlySYYw=&user_type=1

[14] 江苏省政府关于扩大对外开放积极利用外资若干政策的意见[EB/OL].http：//www.jiangsu.gov.cn/art/2017/5/8/art_46483_2557510.html

[15] 商务部服贸司负责人解读《服务贸易发展"十三五"规划》[EB/OL].http：//www.mofcom.gov.cn/article/ae/ag/201703/20170302530541.shtml

[16] 陶明,吴申元.服务贸易学[M].山西经济出版社,2001-08

[17] 顾国达,陆菁.中国对外贸易概论[M].北京大学出版社,2015-06

[18] 崔黎犁.江苏省服务贸易发展现状及对策研究[J].江苏商论,2015(10)：42-44

[19] 袁蓉.江苏服务贸易发展现状及区域竞争力分析[J].时代金融,2014(35)：72-75,77

[20] 王彩霞,施润玲.江苏服务贸易存在的问题及对策研究[J].东方企业文化,2012(04)：164

外商直接投资篇

第一章　江苏外商直接投资发展概况

2018年,全球外商直接投资增长动力依然不足,而中国将继续扩大自主开放,2018年江苏吸引外资的规模应该会继续回升。随着江苏产业结构不断优化,江苏的外商直接投资使用效率也将提升。2017年,江苏先进制造业及高端服务业外商投资占比增加,未来将延续这一趋势。我国外商直接投资将更加注重高端人才、先进技术和资金的引进,以配合我国"制造业2025"战略和"一带一路"倡议的深入推进。就地区分布而言,2017年江苏省外商直接投资在各地区仍然存在较大差异,苏南地区的外商直接投资远远高于苏中、苏北,但是有轻微靠拢,随着省内经济结构的进一步优化,差距将进一部分缩小。苏北与苏中的外商直接投资总量基本在同一水平。从数量上看,全省外商直接投资呈现出一种地域性的不平衡,而从经济禀赋性差异来看,这种数量占比的相对稳定也可以被视作一种均衡。总体来看,2017年全省新批外商投资企业58577家,新批协议外资554.26亿美元;实际使用外资251.35亿美元,比上年上升2.00%。新批及净增资9000万美元以上的外商投资大项目347个,相较去年提升19.7%,预计2018年江苏外商投资也将延续这一增长态势。

一、影响江苏外商直接投资的因素

(一)国内因素

1."制造业2025"国家战略和"一带一路"倡议深入开展

2017年,全球GDP与贸易增长加快,但是全球经济增速继续低迷。全球外商直接投资平均回报率下降至6.7%,全球外商直接投资总额下降23%。全球经济增长动力不足,全球经济治理依然滞后。在2017年达沃斯论坛上,中国进一步表现出维护多边贸易体制、构建全球价值链、反对贸易和投资保护主义的意愿,在过去的一段时间中国进一步扩大开放的动作以及在经济转型过程中实现经济治理与经济结构双调整的良好表现,使得世界各国对中国的经济以及投资环境抱有更大的信心。总体说来,"丝绸之路经济带"所涵盖的西亚北非国家对华投资增大,环太平洋地区的北美两个主要国家美国、加拿大投资减少,而南美、大洋洲投资上升,这与地缘政治的不稳定性紧密相关。而东北亚与南亚的主要贸易国日本投资持续下降,韩国、新加坡保持高速上升,这与相关国家国内经济环境紧密相关。港澳台地区及东南亚大部分地区外商直接投资整体下滑,这与地区经济形式整体相关,大部分地区外商直接投资项目数增加而实际使用外商投资减少,说明外资对华投资仍有信心但受到全球投资回报率下降的影响,这部分地区对外投资乏力,进而减少在华投资。此外,2017年多国加息也阻碍了一部分外资流入中国,影响江苏对这些国家的实际利用外资额度。位于丝绸之路近端的国家及非洲、欧洲大部分对江苏投资增加,说明随着"一带一路"倡议的深化,中国对外开放成果更加显著。同时,美国作为世界第一大外资流入国退出TPP组织,英国提出脱欧等,让更多的欧洲资本选择中国。2017年,欧洲三大经济强国英、法、德在江苏外商直接投资均实现增长。

2. 新一轮的改革开放,释放了巨大的制度红利

国家政策对江苏外商投资的引入起到基础保障的作用。2017年,中国外资投资环境进一步优化,外商投资的成本和交易费用进一步降低,扩充了外商投资的市场准入空间。同时,中国的开放战略有效提振了中亚北非等"一带一路"沿线地区及欧洲各国外资在华投资的信心。外商直接投资在华利用总额上升、结构优化。2017年1月,中国财政部、商务部、税务总局和国家发改委共同发布《关于境外投资者以分配利润直接投资暂不征收预提所得税政策问题的通知》,对外资引入进行必要的税收优惠政策,降低相关外资在华投资成本,促进外资引入。2017年6月,商务部发布《外商投资产业指目录(2017年修订)》,进一步放宽了服务业、制造业、采矿业的外资准入限制,扩大鼓励类政策范围。2017年,在全球跨国投资相对低迷,外商直接投资总额下降23%的大环境下,我国一系列开放政策促使我国外商直接投资跃居全球第二,实际利用外资实现平稳增长。

3. 成本增加,制约了外资的利润增长

尽管中国的高端服务业持续发展,移动互联网、移动通信设备、电子商务等领域为代表的"弯道超车",体现了中国在经济转型过程中取得的突出成就以及鼓励创新创业的政策的高效实施,但中国仍然是世界制造中心,对能源、原材料、矿产品等需求越来越大,从而导致资源类产品的价格不断提高,制造业产品的成本出现上涨趋势,成本投入的增加抑制了外资企业的利润。同时,人力资源成本随着中国经济的发展而缓慢地提升,这也增加了外资进入的成本,当然人力成本提升的同时也伴随着人力整体劳动素质的提高,从中长期来看,这一变化对投资的影响就是中低端制造的外商直接投资将会受到抑制,而高技术合作型的投资将会得到促进。

(二)省内因素

1. 地理位置

2017年江苏省投资环境相对优越,江苏依然是全国实际利用外资最多的省份。在整个国家实际利用外资保持平稳,且"一带一路"国家及欧洲国家外资明显上涨的大环境下,仍能保持小幅增长。从地理位置分析,江苏属于中国东部经济发达省份,濒临沿海,是华东地区面向太平洋的重要经济区域。江苏境内的连云港市位于中国沿海中部,是"一带一路"中线亚欧大陆桥的起点,江苏向东是新海上丝绸之路的重要窗口,向西又是丝绸之路经济带的中线起点所在地,是"一带一路"倡议在中线的一个交汇点,有效地衔接环太平洋经济与亚欧经济。从这一点看,江苏是中国深入开展经济全球化在中线的起点,在吸引外商投资中扮演中非常重要的角色。同时,江苏的外商直接投资对国际环境反映仍然十分敏感,外资"晴雨表"的作用继续显现。需要注意的是,江苏省投资环境依然存在明显差别,整体上与各地区的经济发展水平类似,呈现出苏南、苏中和苏北的梯队变化,且三个地区实际投资在省内占比保持相对稳定态势,差距有轻微缩小。苏州、南京、无锡、常州四个苏南城市优于江苏其他地区,苏中地区的南通市与上述四个市可以合并为第一梯队。而宿迁、淮安等城市经济发展水平本身落后于苏南地区,这些城市在吸引外资进入,促进当地经济发展方面也明显不如苏南地区。苏中的另外两个城市扬州、泰州的实际使用外资均上升,扬州小幅增长,增长率为0.35%;泰州高速增长,增长率为20.3%。

2. 经济基础

江苏省依然是全国经济最发达的几个地区之一,代表了华东地区相对于全国较优的经济发展水平。但是在我国的"一带一路"倡议深入推进的经济大环境下,江苏的经济发展稳步前进,这对继续吸引外来投资起到促进作用。"一带一路"沿线国家及欧洲国家对苏州投资均有上升。同时,江苏外商直接投资的基数较大,增长率低于全国平均水平,但是数额与比重依然居于全国前列,江苏依然保持经济发达的地区优势。

3. 政策优势

中国早在2015年即提出"制造业2025"的行动纲领,江苏作为全国经济强省,积累了一定的经济优势和技术优势。随着国家对制造业和高兴技术产业的扶持,以及江苏省内对技术创新型企业的财政支持,制造业优势逐渐显现。在培育外资发展新动能方面,江苏政府实施"双轮驱动"引资战略,在先进制造业和现代服务业两个方面都取得了良好的成效。鼓励更多外资进入高端装备、新材料等战略新兴制造产业,降低相关税收,降低外资使用成本。同时,扩大服务业对外开放,清除服务业利用外资的隐形障碍,放宽银行类金融机构的外资准入限制等。江苏2017年制造业实际使用外资增加高于全省行业平均水平,且科学研究和技术服务吸引外资保持高速增长,增长率为14.71%,远高于全省平均水平,这充分说明外资引入政策的有效性。

4. 基础设施

2017年,江苏省的基础设施建设进一步优化。截至2017年底,江苏全省实有二级以上公路42006公里,公路通车里程15.85万公里。在环境卫生领域,江苏全省各市市区卫生机构总数达到15230个,执业医师人数12.75万人,比2016年增长7.50%。其他环境卫生及文化教育等软实力也随着经济的发展稳步提升,这些条件对于吸引外商投资起到促进作用。

5. 人力资源

人力资源是经济发展动力的重要组成部分,与地区经济发展水平之间有着相互促进的作用。江苏良好的经济基础使得更多人愿意选择在区域内工作生活,而人才的积聚反过来又促进经济的发展。一方面,江苏省一直以劳动力的低成本优势,吸引了大量的制造业外资。另一方面,江苏的学院众多,人才辈出,以及周边地区的人才涌入为吸引大量的服务业外资提供了人才基础。同时,江苏为吸引海外高层次人才在江苏创业发展,深入实施了"双创计划""凤凰巢"计划、"外专百人计划"等人才工程,做到"引智"与"引资"并举,进一步促进外资在高端制造与服务领域的应用。

二、江苏外商直接投资规模分析

从规模方面看,2017年江苏外商直接投资呈现出合同利用外商直接投资上升、外资企业单体规模增长快等几个方面的特点。

(一)江苏外商直接投资的总体规模占全国比重较大

2008—2017年的统计数据显示:江苏实际利用外商直接投资占全国实际利用外商直接投资的比重较大,与2016年相比,比重基本持平。2012年以前,江苏吸引外商直接投资在全国占比处在高位且相对稳定。这说明江苏利用外商直接投资在我国有着比较重要的地位,而2012年到2015年连续三年占比下降,2016年到2017年占比略有提升。这说明,

2012年以前,江苏吸引外资相对于全国的吸引外资进度比较超前,而在2012年到2015年全国吸引外商投资速度开始增加的时候,江苏吸引外资的平均速度低于全国的平均速度,以至于比重下降。而在2016年,全国吸引外资达到一个相对稳定的阶段,江苏吸引外资占比同样呈现相对稳定的态势,2017年继续保持稳定。这从另外一个角度说明,江苏吸引外资的规模对全国吸引外资进度起到了重要的参照作用。2008—2016年江苏利用外商直接投资占比很好地体现了这一规律。2017年继续保持稳定,印证了这一规律。具体情况如表1.1和图1.1所示。

表1.1　2008—2017年江苏实际利用外商直接投资规模情况　　　单位:亿美元

年份	江苏省实际利用外商直接投资金额	全国实际利用外商直接投资金额	比重
2008	251.2	923.95	27.19%
2009	253.23	900.33	28.13%
2010	284.98	1057.35	26.95%
2011	321.32	1160.11	27.70%
2012	357.6	1117.16	32.01%
2013	332.59	1175.86	28.28%
2014	281.74	1195.62	23.56%
2015	242.7	1263	19.22%
2016	245.4	1260	19.48%
2017	251.35	1310	19.19%
年均增长率	0.01%	3.96%	

数据来源:历年《江苏省国民经济和社会发展统计公报》及《中国国民经济和社会发展统计公报》。

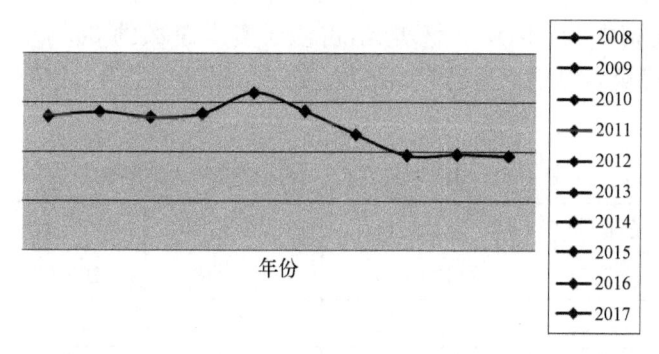

图1.1　2008—2017年江苏实际利用外资占全国实际利用外资比重走势图

数据来源:历年《江苏省国民经济和社会发展统计公报》及《中国国民经济和社会发展统计公报》。

(二)江苏外商直接投资的规模变动

2017年,江苏引进外资项目数继续2016年以来的上升趋势,2013—2017年合同外资项目分别为3453个、3031个、2580个、2859个和3254个。平均单体规模持续上升并趋于稳定,从2013年的平均投资额1368.90万美元快速攀升至2017年的平均投资额1703.44万美元。其中2017年,合同外商直接投资项目数为3254个,与2016年相比,同比上升

13.82%；合同外商直接投资金额为554.3亿美元，与2016年相比，同比上升28.49%；实际利用外商直接投资金额为251.35亿美元，与2016年相比，同比上升2.42%。见表1.2。

表1.2 2007—2017年江苏外商直接投资变动情况表　　　　单位：亿美元

指标	速度指标				
	2016年比下列各年增长（%）				年平均增长（%）	
	2007年	2014年	2015年	2016年	2007—2017年	2014—2017年
合同外商投资项目数变化	−45.64%	7.36%	26.12%	13.82%	−5.91%	2.39%
合同外商直接投资金额变化	27.19%	28.34%	40.83%	28.49%	2.43%	8.67%
实际外商直接投资金额变化	14.85%	−10.76%	3.58%	2.44%	1.39%	−3.72%

数据来源：历年《江苏统计年鉴》。

三、江苏外商直接投资产业结构分析

（一）江苏省外商投资的产业结构持续优化

截至2017年底，江苏省外商投资进入第一产业的企业数为853个，投资金额为102亿美元，仅占投资总额的1.06%，注册资本为70.62亿美元，仅占注册资本总额的1.35%，与2016年底相比，企业数、注册资本的比重都呈现出上升趋势，投资总额所占比重基本未变。

截至2017年底，江苏外商投资主要投入第二产业，设立企业数为28849个，投资金额为5993.12亿美元，占投资总额的49.25%，注册资本为2972.46亿美元，占注册资本总额的62.05%，与2016年底相比，投资总额和注册资本总量增加，但相对比重延续了以往的下降趋势。

截至2017年底，江苏省外商投资投入第三产业投资金额为3563.07亿美元，占投资总额的49.29%，注册资本为2183.08亿美元，占注册资本总额的36.89%。与2016年底相比，投资总额和注册资本总量上呈现大幅增加，投资总额比重上升，注册资本比重略有下降。见表1.3。

表1.3 2017年底江苏省外商投资产业结构表　　　　金额单位：亿美元

行业	企业数（个）	比重	投资总额	比重	注册资本
总计	58577	100.00%	9658.19	100.00%	5226.16
第一产业	853	1.46%	102.00	1.06%	70.62
第二产业	28849	49.25%	5993.12	62.05%	2972.46
第三产业	28875	49.29%	3563.07	36.89%	2183.08

数据来源：《江苏统计年鉴2018》。

（二）江苏省外商投资的行业分布

截至2017年底，江苏省外商投资企业注册数为58577个，注册资本5226.16亿美元，投资总额9658.19亿美元。外商投资企业中，仍以制造业为主，但比重略有下降。注册企业达27435家，占注册外商投资企业总数的46.84%；注册资本为2690.61亿美元，占外商投资企

业注册总资本的51.48%;投资金额为5463.08亿美元,占外商投资企业投资总额的56.56%,与2016年底相比,投资总额和注册资本虽然绝对量上涨,但相对比重仍然延续趋势。其次,科学研究和技术服务业超越房地产业,成为第二大外商投资行业。注册企业4824个,占注册外商投资企业总数的8.24%;注册资本为515.25亿美元,占外商投资企业注册总资本的9.86%;投资金额为1001.97亿美元,占外商投资企业投资总额的10.37%。两者投资总额合计占比重达66.93%。具体情况见表1.4。

表1.4 2017年底江苏省外商投资行业分布情况表　　　　　　　　金额单位:亿美元

行　业	企业数（个）	比重	投资总额（万美元）	比重	注册资本（万美元）	比重
总　计	58577	100.00%	96581873	100.00%	52261586	100.00%
农、林、牧、渔业	853	1.46%	1020042	1.06%	706208	1.35%
采矿业	18	0.03%	142217	0.15%	68258	0.13%
制造业	27435	46.84%	54630789	56.56%	26906071	51.48%
电力、燃气及水的生产和供应业	611	1.04%	2383425	2.47%	916394	1.75%
建筑业	785	1.34%	2774772	2.87%	1833875	3.51%
批发和零售业	9997	17.07%	4737696	4.91%	2930946	5.61%
交通运输、仓储和邮政业	989	1.69%	2316230	2.40%	1107201	2.12%
住宿和餐饮业	3446	5.88%	488925	0.51%	293175	0.56%
信息传输、软件和信息技术服务业	1786	3.05%	811304	0.84%	458746	0.88%
金融业	1184	2.02%	1352132	1.40%	1008788	1.93%
房地产业	1849	3.16%	9615741	9.96%	5985844	11.45%
租赁和商务服务业	3708	6.33%	4708259	4.87%	3996561	7.65%
科学研究、技术服务业	4828	8.24%	10019654	10.37%	5152544	9.86%
水利、环境和公共设施管理业	157	0.27%	555727	0.58%	324737	0.62%
居民服务和其他服务业	413	0.71%	377783	0.39%	207806	0.40%
教育	58	0.10%	18620	0.02%	12111	0.02%
卫生和社会工作	48	0.08%	328914	0.34%	129930	0.25%
文化、体育和娱乐业	381	0.65%	260274	0.27%	197252	0.38%
其他	31	0.05%	39368	0.04%	25141	0.05%

数据来源:《江苏统计年鉴2018》。

(三)江苏外商直接投资的企业类型分布

从外商直接投资的四种企业类型来看,独资经营企业远超合资经营企业、合作经营企业及外商投资股份制企业的总和。其中,2017年,独资经营企业合同外商直接投资项目数为2097个,占总项目数的64.44%;独资经营企业合同外商直接投资金额为408.67亿美元,占合同金额的73.73%;独资经营企业实际外商直接投资金额为165.93亿美元,占投资总金额的66.01%。见表1.5至表1.7。

这种趋势与在华投资的总体趋势一致。由于对外资企业的股份比例限制逐步取消,国内市场日益规范,外资企业逐渐改变过去主要以合资方式进入中国市场的做法,主要采取独资方式来获取最大的市场利益。

表1.5 2017年底江苏合同外商直接投资项目企业类型分布　　　　单位:个

指标	2017年止累计	2012年	2013年	2014年	2015年	2016年	2017年
合计	121544	4156	3453	3031	2580	2859	3254
合资经营企业	51907	721	632	709	606	776	1128
合作经营企业	3081	15	14	2	3	15	15
独资经营企业	66479	3414	2806	2316	1963	2062	2097
外商投资股份制企业	77	6	1	4	8	6	14

数据来源:《江苏统计年鉴2018》。

表1.6 2017年底江苏合同外商直接投资金额企业类型分布　　　　金额单位:亿美元

指标	2017年止累计	2012年	2013年	2014年	2015年	2016年	2017年
合计	83649690	5714109	4726816	4318685	3936089	4313941	5542587
合资经营企业	15919466	743004	561458	661894	610010	851874	1383933
合作经营企业	1632240	32100	26282	9808	19050	95114	24854
独资经营企业	65429252	4869617	4128148	3512530	3222822	3315933	4086719
外商投资股份制企业	668341	69388	10928	134453	84207	51020	47081

数据来源:《江苏统计年鉴2018》。

表1.7 2017年底江苏实际外商直接投资金额企业类型分布　　　　金额单位:亿美元

指标	1985—2016年	1990年	2013年	2014年	2015年	2016年	2017年
合计	39937112	14110	3325922	2817416	2427469	2454296	2513541
合资经营企业	8597790	13787	590073	429339	460420	545032	791142
合作经营企业	693077	249	20102	9508	14383	22837	13448
独资经营企业	28100770	74	2692125	2322693	1856173	1825448	1659310
外商投资股份制企业	454588		23622	55876	96493	60979	49641

数据来源:《江苏统计年鉴2018》。

四、江苏外商直接投资来源地结构分析

(一)江苏外商直接投资的来源地分布情况

2017年六大洲对中国外商投资按规模大小依次为亚洲、南美洲、欧洲、北美洲、大洋洲、非洲,其中亚洲地区为最大的外商投资来源地。统计数据显示,2017年,亚洲地区(中国香

港、中国台湾、中国澳门、印度尼西亚、日本、马来西亚、菲律宾、新加坡、韩国、泰国)对华投资新设立企业项目数为 2098 个,占当年新设立外商投资企业总数的 64.47%;签订投资合同 381.03 亿美元,占外商签订投资合同总额的 68.75%;实际投资 181.32 亿美元,占外商实际投资总额的 72.14%。

2017 年南美洲对华投资新设立企业 89 家,占当年新设立外商投资企业总数的 2.74%;签订投资合同 21.96 亿美元,占外商签订投资合同的 3.96%;实际投资 16.40 亿美元,占外商实际投资总额的 6.53%。欧洲对华投资新设立企业 327 家,占当年新设立外商投资企业总数的 10.05%;签订投资合同 22.51 亿美元,占外商签订投资合同的 4.06%;实际投资 12.98 亿美元,占外商实际投资总额的 5.16%。具体情况见表 1.8。

表 1.8 2017 年江苏外商直接投资主要来源地分布情况　　金额单位:亿美元

国家(地区)	项目(个)	比重	协议注册	比重	实际使用	比重
合计	3254	100.00%	554.2587	100.00%	251.3541	100.00%
亚洲	2098	64.47%	381.0306	68.75%	181.3243	72.14%
#中国香港	1000	30.73%	289.5223	52.24%	145.3410	57.82%
中国澳门	9	0.28%	0.7637	0.14%	0.4441	0.18%
中国台湾	478	14.69%	20.9046	3.77%	5.1909	2.07%
印度尼西亚	8	0.25%	0.4486	0.08%	0.1412	0.06%
日本	109	3.35%	10.9248	1.97%	7.8873	3.14%
马来西亚	38	1.17%	4.6985	0.85%	0.1596	0.06%
菲律宾	7	0.22%	2.2360	0.40%	0.0000	0.00%
新加坡	106	3.26%	27.7690	5.01%	11.9340	4.75%
韩国	223	6.85%	21.3067	3.84%	9.4430	3.76%
泰国	5	0.15%	0.1757	0.03%	0.0088	0.00%
非洲	91	2.80%	4.3520	0.79%	1.9602	0.78%
欧洲	327	10.05%	22.5053	4.06%	12.9787	5.16%
#比利时	6	0.18%	0.4835	0.09%	0.1704	0.07%
丹麦	6	0.18%	0.1404	0.03%	0.0451	0.02%
英国	45	1.38%	3.2235	0.58%	1.5376	0.61%
德国	90	2.77%	5.3032	0.96%	2.4862	0.99%
法国	22	0.68%	1.4313	0.26%	1.3574	0.54%
爱尔兰	5	0.15%	0.6087	0.11%	0.7023	0.28%
意大利	37	1.14%	1.4479	0.26%	0.4226	0.17%
卢森堡	3	0.09%	0.3876	0.07%	0.6698	0.27%
荷兰	19	0.58%	3.5147	0.63%	2.0044	0.80%
希腊	3	0.09%	0.0117	0.00%	0.0000	0.00%

(续表)

国家(地区)	2017年					
	项目(个)	比重	协议注册	比重	实际使用	比重
葡萄牙	3	0.09%	0.2558	0.05%	0.0000	0.00%
西班牙	16	0.49%	0.3837	0.07%	0.2875	0.11%
芬兰	7	0.22%	1.2687	0.23%	0.3840	0.15%
瑞士	6	0.18%	0.5614	0.10%	0.9733	0.39%
北美洲	275	8.45%	9.7203	1.75%	7.4945	2.98%
♯加拿大	68	2.09%	3.9381	0.71%	1.0907	0.43%
美国	205	6.30%	5.2027	0.94%	5.6287	2.24%
大洋洲	119	3.66%	22.3181	4.03%	4.7946	1.91%
♯澳大利亚	50	1.54%	12.9040	2.33%	0.2741	0.11%
南美洲	89	2.74%	21.9558	3.96%	16.4080	6.53%

数据来源:《江苏统计年鉴2018》。

(二) 江苏实际外商直接投资的来源地变化情况

2017年与2016年相比,各国家和地区对江苏实际外商直接投资有增有减,整体上保持2016年的增长态势,实现微小增长,增长率为2.0%。相比去年,2017年对江苏实际外商直接投资负增长的国家和地区分别为:中国香港、中国澳门、中国台湾、印度尼西亚、日本、马来西亚、菲律宾、丹麦、意大利、西班牙、瑞士、美国、澳大利亚,减少的比率分别为:5.27%、46.59%、37.41%、77.40%、6.73%、89.52%、100%、61.62%、38.10%、35.97%、31.24%、45.91%、60.86%。对江苏实际外商投资增加的地区有:新加坡、韩国、泰国、非洲、比利时、英国、德国、法国、爱尔兰、卢森堡、荷兰、芬兰、加拿大、南美洲,增加的比率分别为:19.52%、21.90%、14.29%、54.21、370.72%、3.53%、17.61%、58.43%、472.84%、758.72%、251.28%、913.19%、56.42%、36.07%。

表1.9　2016年与2017年江苏外商直接投资主要来源地比较　　金额单位:亿美元

国家(地区)	2016年	2017年	增长率(%)
合　计	245.4296	251.3541	2.41%
亚洲	191.935	181.3243	−5.53%
♯中国香港	153.4202	145.341	−5.27%
中国澳门	0.8315	0.4441	−46.59%
中国台湾	8.2938	5.1909	−37.41%
印度尼西亚	0.6247	0.1412	−77.40%
日本	8.4564	7.8873	−6.73%
马来西亚	1.5223	0.1596	−89.52%
菲律宾	0.3609	0	−100.00%

(续表)

国家(地区)	2016年	2017年	增长率(%)
新加坡	9.9846	11.934	19.52%
韩国	7.7466	9.443	21.90%
泰国	0.0077	0.0088	14.29%
非洲	1.2711	1.9602	54.21%
欧洲	9.3746	12.9787	38.45%
#比利时	0.0362	0.1704	370.72%
丹麦	0.1175	0.0451	−61.62%
英国	1.4852	1.5376	3.53%
德国	2.1139	2.4862	17.61%
法国	0.8568	1.3574	58.43%
爱尔兰	0.1226	0.7023	472.84%
意大利	0.6827	0.4226	−38.10%
卢森堡	0.078	0.6698	758.72%
荷兰	0.5706	2.0044	251.28%
希腊	0	0	
葡萄牙	0	0	
西班牙	0.449	0.2875	−35.97%
芬兰	0.0379	0.384	913.19%
瑞士	1.4156	0.9733	−31.24%
北美洲	11.4857	7.4945	−34.75%
#加拿大	0.6973	1.0907	56.42%
美国	10.4069	5.6287	−45.91%
大洋洲	5.5553	4.7946	−13.69%
#澳大利亚	0.7003	0.2741	−60.86%
南美洲	12.0582	16.408	36.07%

数据来源:《江苏统计年鉴2017》和《江苏统计年鉴2018》。

第二章　江苏外商直接投资的区域间比较

本章从区域比较的角度对江苏引进外商直接投资活动进行分析,以2013年的数据作为基数参照年,通过江苏与上海、浙江、广东、山东几个外商直接投资发达省市的对比,总结江苏外商直接投资的相对规模和相对增长速度,进而评价江苏外商直接投资的绩效水平。

一、外商直接投资规模比较

2013年江苏实际利用外商直接投资为332.59亿美元,基数较大,上海、浙江、山东基础较差,2013年实际利用外商直接投资仅为167.80亿美元、141.60亿美元和140.50亿美元。江苏是上海、浙江、山东的1.98倍、2.35倍和2.37倍。上海外商投资基本平稳,浙江和山东的发展速度都很快,2013—2017年均增长率分别为0.34%、6.03%和6.72%,后两者远远高于全国实际利用外商直接投资的年均增长率2.74%。2017江苏实际利用外商直接投资为251.35亿美元,相比2016年增长2.0%。2013—2017年年均增长率为-6.76%,呈现负增长状态。具体情况见表2.1。

表2.1　2013—2017年实际利用外商直接投资的区域间比较　　　单位:亿美元

	2013年	2014年	2015年	2016年	2017年	年均增长率
全国	1175.86	1195.62	1263.00	1260.00	1310.00	2.74%
江苏	332.59	281.74	242.70	245.40	251.35	-6.76%
上海	167.80	181.66	184.59	185.14	170.08	0.34%
浙江	141.60	157.97	169.60	176.00	179.00	6.03%
广东	249.52	268.71	268.75	233.49	248.43	-0.11%
山东	140.50	151.95	163.01	167.21	182.26	6.72%

数据来源:历年《中国统计年鉴》《江苏统计年鉴》《上海统计年鉴》《浙江统计年鉴》《广东统计年鉴》《山东统计年鉴》。

2013年江苏签订合同外商直接投资项目数为3453个,基数较大,浙江和山东基础较差,2013年签订合同外商直接投资项目数分别为1572个和1405个。江苏是浙江和山东的2.20倍和2.46倍。2013—2017年,全国签订合同外商直接投资项目呈现正增长,增长率为11.86%。2017年江苏签订合同外商直接投资项目数为3254个,2013年至2017年年均增长率为-1.47%,基本回归到2013年的水平。2013—2017年江苏、上海、浙江、广东和山东五省市中,浙江、广东的合同外商直接投资项目数增速均十分强劲,年均增长率分别为17.83%和29.51%。江苏、上海、广东三个地区外商直接投资项目数基本稳定,增长率远低于全国水平。具体情况见表2.2。

表2.2 2013—2017年签订合同外商直接投资项目数的区域间比较　　　　　单位：个

	2013年	2014年	2015年	2016年	2017年	年均增长率
全国	22773	23778	26575	27900	35652	11.86%
江苏	3453	3031	2580	2859	3254	−1.47%
上海	3842	4697	6007	5153	3950	0.70%
浙江	1572	1550	1778	2145	3030	17.83%
广东	5520	6016	7027	8078	15528	29.51%
山东	1405	1352	1509	1477	1479	1.29%

数据来源：历年《中国统计年鉴》《江苏统计年鉴》《上海统计年鉴》《浙江统计年鉴》《广东统计年鉴》《山东统计年鉴》。

2013年江苏合同利用外商直接投资为472.68亿美元，上海、浙江和山东较低，2013年合同利用外商直接投资为249.30亿美元、243.80亿美元和177.10亿美元。江苏分别是上海、浙江和山东的1.90倍、1.94倍和2.67倍。上海和广东两省的发展速度很快，2013—2017年年均增长率分别为12.68%和18.60%。浙江和山东亦呈现高速增长，增长率分别为9.22%和12.15%。2017年江苏合同利用外商直接投资为554.30亿美元，呈现较大增长，年均增长率为4.06%。2017年浙江和山东合同利用外商直接投资为346.90亿美元和280.13亿美元，江苏是山东和浙江的1.60倍和1.98倍。具体情况见表2.3。

表2.3 2013—2017年合同利用外商直接投资的区域间比较　　　　　单位：亿美元

	2013年	2014年	2015年	2016年	2017年	年均增长率
江苏	472.68	431.87	393.61	431.39	554.30	4.06%
上海	249.30	316.09	589.43	509.78	401.94	12.68%
浙江	243.80	244.12	278.10	281.00	346.90	9.22%
广东	363.13	430.59	561.10	866.75	718.54	18.60%
山东	177.10	159.53	200.40	211.42	280.13	12.15%

数据来源：历年《中国统计年鉴》《江苏统计年鉴》《上海统计年鉴》《浙江统计年鉴》《广东统计年鉴》《山东统计年鉴》。

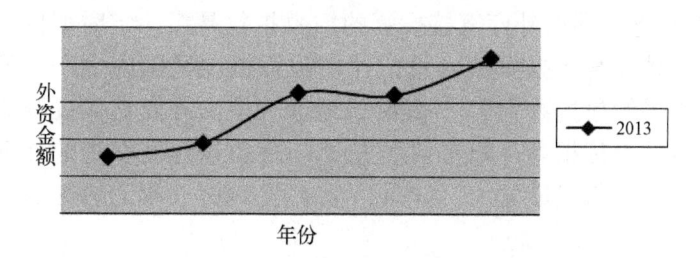

图2.1 2013—2017年全国实际利用外商直接投资走势图

数据来源：历年《中国统计年鉴》《江苏统计年鉴》《上海统计年鉴》《浙江统计年鉴》《广东统计年鉴》《山东统计年鉴》。

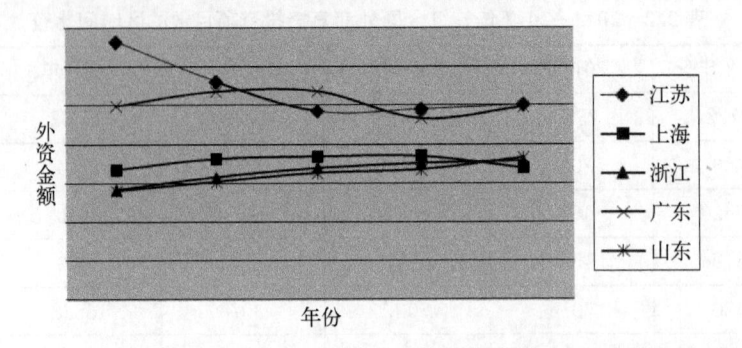

图 2.2　2013—2017年江苏、上海、浙江、广东、山东全国实际利用外商直接投资走势图

数据来源：历年《中国统计年鉴》《江苏统计年鉴》《上海统计年鉴》《浙江统计年鉴》《广东统计年鉴》《山东统计年鉴》

二、外商直接投资行业分布比较

2017年江苏和山东实际利用外商直接投资仍以第一和第二产业为主,分别占实际利用外商直接投资总额的57.06%、61.45%,其中江苏第三产业所占的比重也逐渐增大,已经达到42.94%。2017年上海、浙江和广东实际利用外商直接投资以第三产业为主,占实际利用外资总额的95.00%和65.20%和63.50%。具体情况见表2.4。

表2.4　2017年江苏实际利用外商直接投资产业结构的区域间比较　　单位:亿美元

	江苏		上海		浙江		广东		山东	
	实际利用外资	比重	实际利用外资	比重	实际利用外资	比重	实际利用外资	比重	实际利用外资	比重
第一、第二产业	143.42	57.06%	8.50	5.00%	62.29	34.80%	90.68	36.50%	112.00	61.45%
第三产业	107.93	42.94%	161.58	95.00%	116.708	65.20%	157.75	63.50%	70.26	38.55%
总计	251.35	100.00%	170.08	100.00%	179	100.00%	248.43	100.00%	182.26	100.00%

数据来源：历年《中国统计年鉴》《江苏统计年鉴》《上海统计年鉴》《浙江统计年鉴》《广东统计年鉴》《山东统计年鉴》。

三、外商直接投资绩效指数比较

在一国范围内,地区利用外商直接投资的绩效指数是指一定时期内该地区外商直接投资流入量占全国外商直接投资流入量的比例除以该地区国内生产总值占全国国内生产总值的比例。如果绩效指数等于1,表明该地区占全国外商直接投资流入的份额与占全国国内生产总值的份额相等。如果指数大于1,表明该地区引进的外商直接投资相对于该地区的国内生产总值规模要大。如果指数小于1,则表明该地区引进外商直接投资的竞争力较弱。

表2.5为实际利用外资情况,表2.6为国内生产总值情况,由表2.7可以看出:山东外商直接投资绩效指数上升趋势最快,2017年达到1.58,但是相对于经济发展水平,外资引入仍然有待提升;2017年与2016年相比,江苏外商直接投资绩效指数呈现微小下降,由1.90下降为1.85,主要原因是制造业转型升级,对外资使用的效率提高。

表 2.5　2013—2017 年全国、江苏、上海、浙江、广东、山东实际利用外商直接投资　单位:亿美元

	2013 年	2014 年	2015 年	2016 年	2017 年	年均增长率
全国	1175.86	1195.62	1263	1260	1310	2.74%
江苏	332.59	281.74	242.7	245.4	251.35	−6.76%
上海	167.8	181.66	184.59	185.14	170.08	0.34%
浙江	141.6	157.97	169.6	176	179	6.03%
广东	249.52	268.71	268.75	233.49	248.43	−0.11%
山东	140.5	151.95	163.01	167.21	182.26	6.72%

数据来源:历年《中国统计年鉴》《江苏统计年鉴》《上海统计年鉴》《浙江统计年鉴》《广东统计年鉴》《山东统计年鉴》

表 2.6　2013—2017 年全国、江苏、上海、浙江、广东、山东、国内生产总值　单位:亿元

	2013 年	2014 年	2015 年	2016 年	2017 年
全国	568845	636138.7	676708	744127	827122
江苏	59161.75	65088.32	70116.4	76086.2	85900.9
上海	21602.12	23560.94	24964.99	27466.15	30133.86
浙江	37568	40153.5	42886	46485	51768
广东	62163.97	67792.24	72812.55	79512.05	89879.23
山东	54684.3	59426.59	63002.3	67008.2	72678.2

数据来源:历年《中国统计年鉴》《江苏统计年鉴》《上海统计年鉴》《浙江统计年鉴》《广东统计年鉴》《山东统计年鉴》

表 2.7　2013—2017 年江苏、上海、浙江、广东、山东利用外商直接投资绩效指数比较

	2013 年	2014 年	2015 年	2016 年	2017 年
江苏	2.72	2.30	1.85	1.90	1.85
上海	3.76	4.10	3.96	3.98	3.56
浙江	1.82	2.09	2.12	2.24	2.18
广东	1.94	2.11	1.98	1.73	1.75
山东	1.24	1.36	1.39	1.47	1.58

数据来源:历年《中国统计年鉴》《江苏统计年鉴》《上海统计年鉴》《浙江统计年鉴》《广东统计年鉴》《山东统计年鉴》

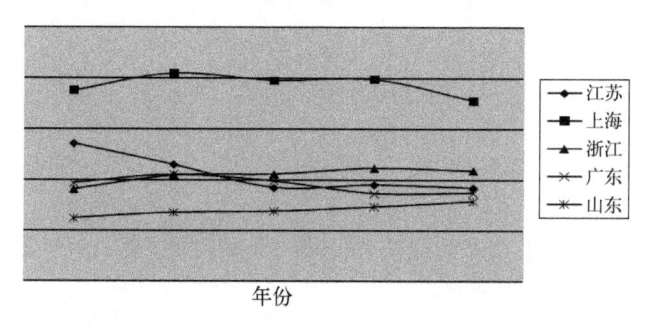

图 2.3　2013—2017 年江苏、上海、浙江、广东、山东利用外商直接投资绩效指数走势图

数据来源:历年《中国统计年鉴》《江苏统计年鉴》《上海统计年鉴》《浙江统计年鉴》《广东统计年鉴》《山东统计年鉴》

上海的外商直接投资绩效指数远远高于其他地区,意味着上海的国际化程度更高,相比于其他地区,上海的经济环境对外资更具有吸引力,这是由上海作为国际化大都市以及城市向全球金融中心发展的城市功能性目标决定的。江苏与广东的绩效指数基本处在同一水平,说明两个经济强省在对于外资引入的功能定位上比较接近。从目前的分析来看,两个省份都侧重于服务业及高技术行业外资的引入,以配合省内新时期经济转型的发展目标。

第三章　江苏外商直接投资的省内区域比较

一、江苏省内区域的经济关系及经济差异

虽然江苏省的经济发展步伐较快,成绩突出,但是,却存在着苏南、苏中、苏北间明显的地域差异,而且这种差异制约着全省经济持续、快速的发展。区域经济协调发展符合社会综合利益原则。改革开放以来,江苏省经济保持了持续快速增长,而在快速增长的背景下,苏南、苏中、苏北三区域经济发展水平由南往北逐渐走低,区域梯度层次分明,区域经济差距化特征明显,虽然省政府提出"积极提高苏南,加快发展苏北"的战略,政策上向苏中、苏北倾斜,但三个地区之间的不平衡仍在加速。

在吸引外资方面,苏南、苏中和苏北区域差别明显。苏州、南京、无锡等苏南五个城市的投资环境明显优于省内其他城市。在苏州的新加坡工业园区聚集了世界500强的很多企业,而宿迁、淮安等城市远远落后于苏南五市,而南通、扬州、泰州苏中三个城市处于苏中沿江地区,加上交通更加便捷,对外商的吸引力也越来越大。

因而,在实施区域协调发展战略中,江苏大力推进产业、财政、科技、劳动力"四项转移"和南北共建开发园区等多项举措,逐步形成了苏南提升、苏中崛起、苏北振兴的区域共同发展新格局。近年来,苏北加快了承接苏南产业转移的速度,这既为苏南产业升级腾出了空间,也促进苏北提高工业化水平。稳住苏南,为苏中、苏北承接先进技术、产业辐射,拉动经济增长创造了优良条件,此举更对稳定全国经济发展大局,促进东中西部协调发展,具有积极的启示作用。

二、苏南、苏中、苏北引进外商直接投资比较

近七年来,江苏省实际利用外商直接投资总额总体趋势呈现先上升后下降的趋势,总体上由2011年的321.32亿美元下降到2017年的251.35亿美元,年均增长率为－4.01%。2012年近七年最高,之后逐年下降并趋于平稳。江苏实际利用外商直接投资由2012年的357.6亿美元下降到2017年的251.35亿美元,2015年到2017年呈起伏波动[①],2017年实际利用外商直接投资251.35亿美元。江苏省内苏南、苏中和苏北间三个区域在利用外商直接投资方面发展并不均衡。这主要体现在以下几个方面:

苏南地区为江苏省外商投资重点区域,2011—2017年实际利用外商直接投资累计达

---

① 根据《江苏统计年鉴2017》,江苏省2016年实际利用外商直接投资245.4亿美元,而由于统计规格的变化,江苏省各市实际的数据为实际利用外资(包含间接利用外资),各市数据汇总结果为260.54亿美元。而此处为了显示各地区利用外资占比、且汇总数据与年鉴给出的245.4亿美元差别不大,不影响整体的占比分布以及反映2015—2017的波动情况,因而此处以汇总数据代替年鉴给出的实际利用外商直接投资结果。在本文其他地方仍采用245.4亿美元的统计结果。

1322.44亿美元,占全省外商实际投资总额的比重平均为64.56%。从图3.1可以看出,苏南这七年一直是江苏省引进外商直接投资的主要区域。苏南地区2011年利用外商直接投资为209.47亿美元,到2017年下降到153.90亿美元,降幅为26.53%,年均增长率为-5.01%,在全省整体占比仍保持均衡。

苏中地区2011—2017年实际利用外商直接投资累计358.2亿美元,占全省外商投资总额的比重平均为17.49%。苏中地区利用外商投资额增幅很小,2012—2015年逐年下降,由2012年的57.62亿美元降为2015年的42.30亿美元,降幅为26.59%,2011—2017年七年间年均增长率仅为-1.66%,下降速度小于全省平均速度,因而苏中在全省所占的比例呈现逐年上升趋势,由2011年的17.47%上升到2017年的20.20%。

苏北地区2011—2017年外商实际投资金额367.80亿美元,占全省外商投资总额的比重平均为17.96%。2011年以来,苏北地区外商实际投资金额在全省的维持均衡,其中2012年,外商实际投资金额为71.18亿美元,比苏中地区高13.56亿美元,首次超越苏中地区。此后几年,两个地区外商直接投资互有高低,占比波动幅度不大。具体情况见表3.1、表3.2、图3.1。

表3.1 2011—2017年苏南、苏中和苏北实际利用外商直接投资情况比较　　　单位:亿美元

	2011年	2012年	2013年	2014年	2015年	2016年	2017年	年均增长率
总 计	321.32	357.6	332.59	281.74	243.29	260.54	251.35	-4.01%
苏 南	209.47	228.8	226.99	180.19	155.63	167.46	153.90	-5.01%
苏 中	56.12	57.62	55.72	46.32	42.30	49.35	50.77	-1.66%
苏 北	55.73	71.18	49.88	55.23	45.36	43.73	46.69	-2.91%

数据来源:历年《南京统计年鉴》《苏州统计年鉴》《无锡统计年鉴》《常州统计年鉴》《镇江统计年鉴》《扬州统计年鉴》《泰州统计年鉴》《南通统计年鉴》《徐州统计年鉴》《连云港统计年鉴》《盐城统计年鉴》《淮安统计年鉴》《宿迁统计年鉴》。

表3.2 2011—2017年苏南、苏中和苏北实际利用外商直接投资占总额比重比较

	2011年	2012年	2013年	2014年	2015年	2016年	2017年
苏 南	65.19%	63.98%	68.25%	63.96%	63.97%	64.27%	61.23%
苏 中	17.47%	16.11%	16.75%	16.44%	17.39%	18.94%	20.20%
苏 北	17.34%	19.90%	15.00%	19.60%	18.64%	16.78%	18.57%

数据来源:历年《南京统计年鉴》《苏州统计年鉴》《无锡统计年鉴》《常州统计年鉴》《镇江统计年鉴》《扬州统计年鉴》《泰州统计年鉴》《南通统计年鉴》《徐州统计年鉴》《连云港统计年鉴》《盐城统计年鉴》《淮安统计年鉴》《宿迁统计年鉴》。

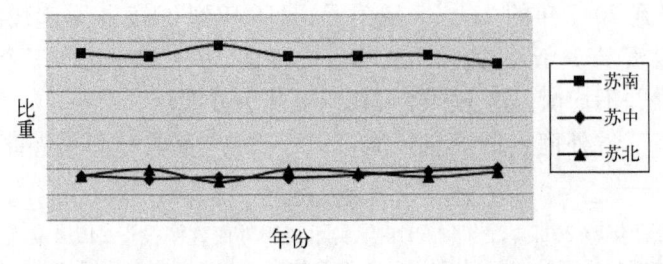

图3.1 2011—2017年苏南、苏中和苏北利用外商直接投资占总额比重走势图

数据来源:历年《南京统计年鉴》《苏州统计年鉴》《无锡统计年鉴》《常州统计年鉴》《镇江统计年鉴》《扬州统计年鉴》《泰州统计年鉴》《南通统计年鉴》《徐州统计年鉴》《连云港统计年鉴》《盐城统计年鉴》《淮安统计年鉴》《宿迁统计年鉴》。

从以上数据可以看出,苏南、苏中和苏北吸引外商直接投资占比基本保持平稳,亦即三个主要区域的外商直接投资格局呈现相对稳定态势,并未发生大的改变。这可以理解为在三个地区对于外商投资吸引的禀赋差异相对平稳,在缺乏外部冲击和内部动力的情况下,这种格局存在一定的延续性。因而,必须采取合理的措施使得苏南、苏中和苏北趋于均衡发展。苏中、苏北各政府应采用有效合理的政策吸引外商直接投资,充分利用劳动力相对廉价的优点吸引外资。同时,应充分考虑地区的特色产业吸引外资。比如,江苏省盐城市射阳县是江苏省纺织基地,射阳县政府应创建纺织工业园,积极吸引外商直接投资。

第四章 江苏典型地级市外商直接投资比较

江苏吸引外资的先行者是苏州。苏州吸引外资长期居于江苏省首位,是江苏作为吸引外商直接投资强省的典型代表,紧追其后的是南京、无锡。这三个地区均位于苏南,经济发达,吸引外资起步早,经验丰富,外商投资环境优越。本章对苏州、南京、无锡三市外商直接投资的规模、来源地、行业分布以及绩效指数比较研究。

一、外商直接投资规模比较

2010—2017 年这八年苏州、南京、无锡引进外商直接投资总量上的变化趋势,其中,苏州外商直接投资基数较大,但是呈逐年下降的趋势;南京呈先下降后上升的趋势;无锡历年来略有波动,但外商直接投资额相对稳定。此外,苏州、南京和无锡三个城市在利用外商直接投资方面发展并不均衡。这主要体现在以下几个方面:

苏州为苏南外商投资重点区域,2010—2017 年实际利用外商直接投资累计 609.56 亿美元,占全省外商实际投资总额的比重平均为 26.30%。这说明,苏州这八年一直是江苏省引进外商直接投资的主要区域。苏州由 2012 年利用外商直接投资 91.65 亿美元,下降到 2017 年的 45.04 亿美元,比上年下降了 24.93%,利用外资总量减少速度较快。

南京 2010—2017 年实际利用外商直接投资 283.21 亿美元,占全省外商投资总额的比重平均为 12.22%。南京利用外商直接投资基础较差,2010 年利用外商直接投资金额仅为 28.16 亿美元,但南京的发展速度很快。2017 年,南京引进外商直接投资为 36.73 亿美元,比 2016 年上升 5.28%,远高于全省平均增速。

无锡 2010—2017 年外商实际投资金额 275.69 亿美元,占全省外商投资总额的比重平均为 11.90%。2010 年,无锡外商实际投资金额在全省的比重较大,为 11.58%,虽然无锡这八年期间年均增长率较低,从额度整体波动状况以及在全省的比重来看,无锡的外商投资处于一个相对稳定的状态(见表 4.1 和表 4.2)。

表 4.1 2010—2017 年苏州、南京、无锡实际利用外商直接投资情况　　金额单位:亿美元

	2010 年	2011 年	2012 年	2013 年	2014 年	2015 年	2016 年	2017 年	年增长率
江苏	284.98	321.32	357.60	332.59	281.74	242.70	245.40	251.35	2.42%
苏州	85.35	89.12	91.65	87.00	81.20	70.20	60.00	45.04	−24.93%
南京	28.16	35.64	41.30	40.33	32.91	33.35	34.79	36.73	5.58%
无锡	33.00	35.05	40.10	33.39	31.16	32.11	34.13	36.75	7.68%

数据来源:历年《南京统计年鉴》《苏州统计年鉴》《无锡统计年鉴》《江苏统计年鉴》。

表 4.2 2010—2017 年苏州、南京、无锡实际利用外商直接投资规模比较

	2010 年	2011 年	2012 年	2013 年	2014 年	2015 年	2016 年	2017 年	2010—2017 年
苏州	29.95%	27.74%	25.63%	26.16%	28.82%	28.92%	24.45%	17.92%	26.30%
南京	9.88%	11.09%	11.55%	12.13%	11.68%	13.74%	14.18%	14.61%	12.22%
无锡	11.58%	10.91%	11.21%	10.04%	11.06%	13.23%	13.91%	14.62%	11.90%

数据来源：历年《南京统计年鉴》《苏州统计年鉴》《无锡统计年鉴》《江苏统计年鉴》。

二、外商直接投资行业分布比较

2017 年苏州利用外资层次提升。全年实际利用外资 45.04 亿美元，比上年下降 24.93%。其中服务业利用外资 15.31 亿美元，占实际利用外资的 34.00%；战略性新兴产业和高技术项目实际使用外资 23.06 亿美元，占实际使用外资的 51.2%。

2017 年南京全年新批外商投资企业 395 个，比上年增长 14.16%。新批注册合同外资金额 60.87 亿美元，上升 7.60%。实际使用外资 36.73 亿美元，增长 5.58%。分产业看，第一产业实际使用外资 0.01 亿美元，下降 98.4%，第二产业实际使用外资 17.40 亿美元，增长 49.3%；第三产业实际使用外资 19.32 亿美元，下降 15.30%。

2017 年无锡市利用外资结构进一步优化。全年新批外资项目 408 个，协议注册外资 68.03 亿美元，增长 38.00%，到位注册外资 36.75 亿美元，增长 7.68%。制造业利用外资占到位注册外资比重达到 65.60%，全年完成协议注册外资超 3000 万美元的重大外资项目 55 个。至 2017 年底全球财富 500 强企业中有 100 家在无锡市投资兴办了 192 家外资企业。

2017 苏州和无锡利用外商直接投资的结构进一步优化，但是苏州和无锡仍以第二产业为主，占实际利用外资总额的一半以上。与之相比，2017 年南京利用外商直接投资投入第三产业的比重超过二分之一，占实际利用外资总额的 52.60%，远高于苏州和无锡第三产业的比重。从图 4.1 可以看出，南京外商直接投资的利用结构更为合理。

表 4.3 2017 年苏州、南京、无锡实际利用外资行业分布比较   单位：亿美元

类别	苏州 实际利用外资	苏州 比重	南京 实际利用外资	南京 比重	无锡 实际利用外资	无锡 比重
第一、二产业	34.35	57.20%	11.97	34.41%	22.76	66.70%
第三产业	25.68	42.80%	22.82	65.59%	11.37	33.30%
总计	60.03	100.00%	34.79	100.00%	34.13	100.00%

数据来源：《苏州市 2017 年国民经济和社会发展统计公报》《南京市 2017 年国民经济和社会发展统计公报》《无锡市 2017 年国民经济和社会发展统计公报》。

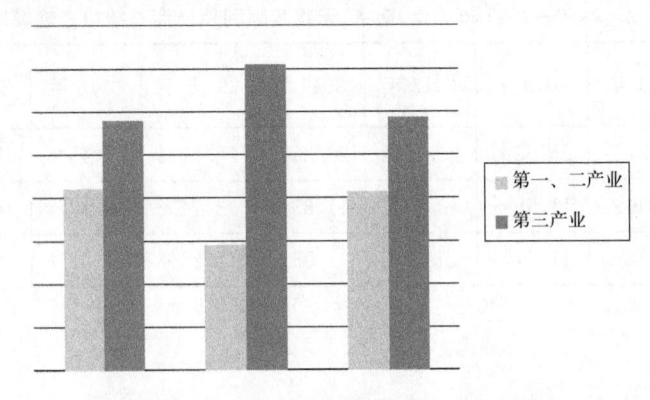

图 4.1　2017 年苏州、南京、无锡实际利用外商直接投资行业分布

数据来源:《苏州市 2017 年国民经济和社会发展统计公报》、《南京市 2017 年国民经济和社会发展统计公报》、《无锡市 2017 年国民经济和社会发展统计公报》。

三、外商直接投资绩效指数比较

第二章已经对地区利用外商直接投资的绩效指数进行了说明。表 4.4 为各地区实际利用外商直接投资情况,表 4.5 为各地区国内生产总值情况,外资金额和国内生产总值采用的单位不同,前者使用金额单位为亿美元,后者使用金额单位为亿元,运算外商直接投资绩效指数时,我们最终得到的是某一年各市外商直接投资占全国比重与 GDP 占全国比重之比,因而单位并不影响结果。

表 4.4　2011—2017 年苏州、南京、无锡实际利用外商直接投资情况　　金额单位:亿美元

	2011 年	2012 年	2013 年	2014 年	2015 年	2016 年	2017 年
全国	1160.11	1117.16	1175.86	1195.62	1263.00	1260.00	1310.00
苏州	89.12	91.65	87.00	81.20	70.19	60.03	40.04
南京	35.64	41.30	40.33	32.91	33.35	34.79	36.73
无锡	35.05	40.10	33.39	31.16	32.11	34.13	36.75
江苏	321.32	357.60	332.59	281.74	242.70	245.40	251.35

数据来源:历年《江苏统计年鉴》《苏州统计年鉴》《南京统计年鉴》《无锡统计年鉴》。

表 4.5　2011—2017 年江苏、苏州、南京、无锡地区生产总值情况　　金额单位:亿元

	2011 年	2012 年	2013 年	2014 年	2015 年	2016 年	2017 年
全国	473104.05	518942.11	568845.00	636138.70	676708.00	744127.00	827122.00
苏州	10716.99	12011.65	13015.70	13761.00	14504.07	15400.00	17319.51
南京	6145.52	7201.57	8011.78	8820.75	9720.77	10503.02	11715.00
无锡	6880.15	7568.15	8070.18	8205.31	8518.26	9210.02	10511.80
江苏	49110.27	54058.22	59161.75	65088.32	70116.40	76086.20	85900.90

数据来源:历年《江苏统计年鉴》《苏州统计年鉴》《南京统计年鉴》《无锡统计年鉴》。

表 4.6 2011—2017 年苏州、南京、无锡利用外资绩效指数比较

地区	2011 年	2012 年	2013 年	2014 年	2015 年	2016 年	2017 年
苏州	3.39	3.54	3.23	3.14	2.59	2.30	1.46
南京	2.37	2.66	2.44	1.99	1.84	1.96	1.98
无锡	2.08	2.46	2.00	2.02	2.02	2.19	2.21
江苏	2.67	3.07	2.72	2.30	1.85	1.90	1.85

数据来源：历年《江苏统计年鉴》《苏州统计年鉴》《南京统计年鉴》《无锡统计年鉴》。

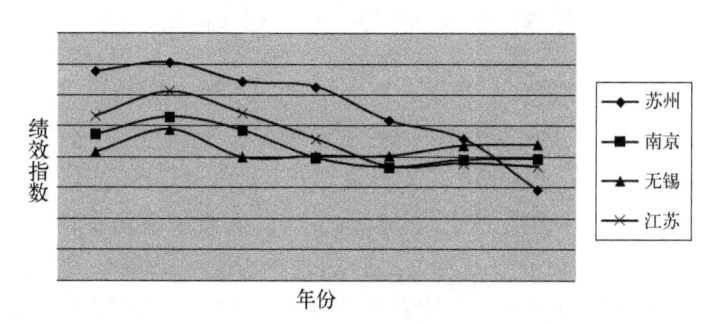

图 4.2 2011—2017 苏州、南京、无锡与江苏利用外商直接投资绩效指数比较

数据来源：历年《江苏统计年鉴》《苏州统计年鉴》《南京统计年鉴》《无锡统计年鉴》。

2016 年以前，苏州的绩效指数最高，远高于江苏省平均水平，近七年均超过 2.5，最高达到 3.51，2011—2017 年这七年间呈现了波动下降趋势；南京的绩效指数在 1.8—2.7 之间，呈现出波浪式变化，但在最近两年相对稳定；无锡绩效指数在 2.0—2.5 之间，呈现出围绕 2.1 上下波动的趋势。这说明苏州引进外商直接投资处于潜力不足状态，而南京和无锡引进外商直接投资规模有进一步提升的潜力。从整体上看，南京、无锡的利用外商直接投资绩效指数与全江苏的绩效指数有"趋同"的倾向，意味着随着经济的发展，在各自的经济规模下，各地区吸引外资水平趋向于均衡。苏州近年来外商直接投资绩效指数持续下降，额度仍然处于全省最高，说明随着时间推进，苏州的投资环境相对于其他两个地区优势在减弱，预计未来将会整体趋向一致。

值得关注的是，几个经济较发达的地级市绩效指数所反映的"均衡"与上一章苏南、苏中、苏北所呈现的规律有着惊人的一致性。外商直接投资在各区域、各市之间都相对稳定的格局可以理解为各地区经济在其现有自身禀赋上都已得到充分发挥；而结合近年来外商直接投资整体缓慢下降的整体状况，江苏需要在中国经济转型的大格局中酝酿新的经济增长动力，创造和把握新的机遇，从而再一次引领外商直接投资的新一轮增长。同时，中国的资本实力正在逐年增强，在吸引外商投资的过程中，中国的对外投资也在逐年增加，也可以通过扩大对外投资赢得更多的合作，从而又促进外商投资的引入。尤其是在中国的"一带一路"倡议推进过程中，与沿线国家有了更多的合作发展机遇。

第五章　江苏服务业外商直接投资发展概况

一、江苏服务业外商直接投资的规模和结构

2017年江苏省服务业增加值为43169.4亿元，比上年增长8.2%，占GDP比重达50.25%，比重较上年度略有上升。近年来，江苏经济结构中，服务业保持着较稳定的高速增长。2017年，南京围绕"扩大开放"和"转型升级"两根主线，配合江苏省2017年引进外资战略，取得良好成效。南京市建筑服务业、交通仓储物流业、批发零售业同比分别增长282%、102.1%、27%，成效显著。苏州2017年着力打造外资发展新的增长极，重点在高端制造业领域发力，提升和优化外资使用结构。服务业方面，苏州率先推进国家级创新发展试点，内容涵盖跨境电商综合试验、市场采购贸易试点、服务业外包发展试验等，为服务业引进外资开拓新路子。在支持外资企业与科研院所、企业单位等机构合作重大科研核工程项目，助力苏州及江苏全省在科研服务领域的外资引入。2017年，在国家"制造业2025"的大战略和经济结构转型升级过程中，江苏制造业、服务业引进外资和外资使用结构优化均处在全国前列。

（一）江苏省服务业利用外商直接投资规模情况

江苏服务业实际利用外商直接投资在全国的比重变化与江苏整个利用外资状况变化呈现惊人的平行变化趋势。在2013年之前的一段时间总体上升，2013年达到最大值23.90%，2013—2015年连续下降，这一阶段正值其他地区吸引外资高速增长时期，2015年以后起伏波动。我们列出2010—2017年的数据来说明这一点（见表5.1）。

表5.1　2010—2017年江苏服务业实际利用外商直接投资规模情况　　　　单位：亿美元

年份	江苏省服务业实际利用外资	全国服务业实际利用外资	比重
2010	81.45	499.63	16.30%
2011	117.34	582.53	20.14%
2012	111.77	571.96	19.54%
2013	139.63	584.3	23.90%
2014	122.7	662.3	18.53%
2015	113.16	811.38	13.95%
2016	114.63	654.46	17.52%
2017	107.92	720.83	14.97%
年均增长率	4.10%	5.38%	

数据来源：历年《江苏统计年鉴》《中国统计年鉴》。

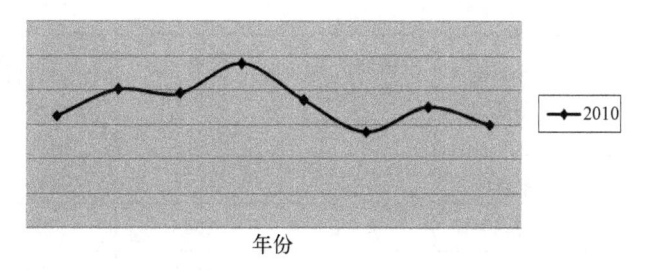

图 5.1　2010—2017 年江苏省服务业实际利用外资占全国服务业实际利用外资比重走势图

数据来源:历年《江苏统计年鉴》、《中国统计年鉴》。

(二)江苏服务业利用外商直接投资规模变动情况

自从我国加入 WTO 以来,江苏服务业领域利用外资呈现高速增长势头。自 2006 年服务业全面开放之后,江苏省服务业外商实际投资发展较快。江苏近八年的变化如图 5.2 所示,图中可以看出,2016 年以前,服务业占比持续向 50% 趋近,2017 年,服务业外资占比降低,这与江苏 2017 年外资引入政策紧密相关。重点引入先进制造业和高端服务业,江苏紧跟国家"制造业 2025"步伐,相应行业外资增长较大,制造业实际利用外资比重上升,服务业利用外资比重略下降。

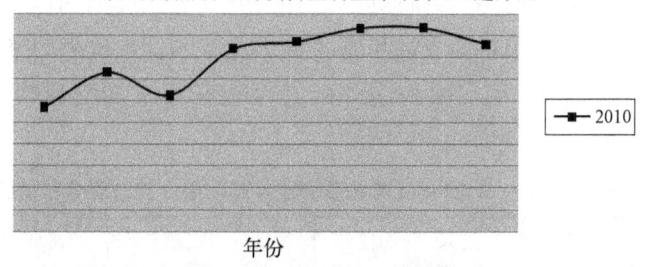

图 5.2　2010—2017 年江苏省服务业外资占全省全部外资比重走势图

数据来源:历年《江苏统计年鉴》。

2010—2017 年江苏省服务业签订外商投资项目绝对数量同样呈现上升趋势,由 1748 个上升到 1848 个。同时,江苏省服务业外商投资项目占总外商投资项目的比重呈现了大幅度地增加,由 37.50% 上升到 56.79%(见表 5.2)。

2010—2017 年江苏省服务业外商直接投资占全省外商直接投资总额的比重也呈现了大幅度地增加,由 28.58% 上升到 42.94%(见表 5.2)。

表 5.2　2010—2017 年江苏省服务业利用外商直接投资情况　　金额单位:亿美元

年份	服务业外商直接投资	外商直接投资总额	服务业外资占全部外资比重	服务业外商投资项目(个)	外商投资项目总数(个)	占总外商投资项目比重
2010	81.45	284.98	28.58%	1748	4661	37.50%
2011	117.34	321.32	36.52%	1439	4496	32.01%
2012	111.77	357.6	31.26%	1554	4156	37.39%

(续表)

年份	服务业外商直接投资	外商直接投资总额	服务业外资占全部外资比重	服务业外商投资项目(个)	外商投资项目总数(个)	占总外商投资项目比重
2013	139.63	332.59	41.98%	1527	3453	44.22%
2014	122.7	281.74	43.55%	1643	3031	54.21%
2015	113.16	252.7	44.78%	1539	2580	59.65%
2016	114.63	245.43	46.71%	1702	2859	59.53%
2017	107.92	251.35	42.94%	1848	3254	56.79%

数据来源:历年《江苏统计年鉴》。

(三)行业结构分布情况

从服务业实际利用外商直接投资的增幅来看,2010—2017年江苏省服务业实际利用外商直接投资基数较大(2010年基数1000万美元以上)的行业中,平均增速较快的依次为:金融业、水利环境及公共实施管理业、文化体育和娱乐业、卫生及社会保障和社会福利业、科研技术服务和地质勘查业、租赁和商务服务业、信息传输计算机服务和软件业、批发和零售业、居民服务和其他服务业,它们实际利用外商直接投资的年平均增长率分别为39.79%、19.49%、19.15%、15.23%、14.71%、12.56%、10.93%、6.73%、6.61%。当然,2010—2017年也有一些服务业行业在利用外商直接投资方面呈现了不同程度的负增长。它们分别是住宿和餐饮业、房地产业,2017年实际利用外商直接投资年平均增长率分别为-30.75%、-3.29%。(见表5.3)

表5.3 2010—2017年江苏省服务业实际利用外资行业分布情况　　单位:万美元[①]

行业	2010年	2011年	2012年	2013年	2014年	2015年	2016年	2017年	年均增长率
交通运输、仓储和邮政业	54152	63208	67549	110862	108700	88463	65722	73217	4.40%
信息传输计算机服务和软件业	15563	22128	27212	22169	19734	33792	22396	32166	10.93%
批发和零售业	131287	129989	174639	253547	215032	213520	265669	207142	6.73%
住宿和餐饮业	20981	16190	16215	9685	10697	10084	5781	1603	-30.75%
金融业	5837	37058	41749	43848	90036	100797	74483	60883	39.79%
房地产业	437418	710111	587029	689593	506025	378331	304135	346007	-3.29%
租赁和商务服务业	97799	107790	111921	157833	194591	225326	294560	223912	12.56%

---

① 服务业各行业实际利用外商直接投资的金额较小,此处金额单位采用亿美元不合适,因而改为金额单位万美元,更能准确地说明服务业各行业实际利用外商直接投资情况。

(续表)

行业	2010年	2011年	2012年	2013年	2014年	2015年	2016年	2017年	年均增长率
科研技术服务和地质勘查业	33011	58763	37013	60608	53205	49781	68437	86260	14.71%
水利、环境和公共设施管理业	8148	16296	41606	34433	18996	16134	24530	28337	19.49%
居民服务和其他服务业	7797	4925	9459	4551	4813	7296	3305	12201	6.61%
教育	162	101	8	660	297	5	6289	194	2.61%
卫生、社会保障和社会福利业	1047	4712	113	1211	600	5352	8435	2824	15.23%
文化、体育和娱乐业	1332	2168	3138	7322	3792	2710	2514	4542	19.15%
总计	814534	1173439	1117651	1396322	1226518	1131591	1146256	1079288	

数据来源：历年《江苏统计年鉴》。

从服务业投资结构来看，2017年服务业利用外商直接投资仍主要集中在房地产业，其次是租赁和商务服务业、批发和零售业、科研技术和地址勘查业、交通运输及仓储和邮政业、金融业。房地产业2017年外商实际投资346007万美元，占服务业外商实际投资的32.06%，比重同期增加5.5个百分点；租赁和商业服务业2017年外商实际投资223912万美元，占服务业外商实际投资的20.75%；批发和零售业外2017年外商实际投资20142万美元，占服务业外商实际投资的19.19%；科研技术和技术勘查2017年外商实际投资86260万美元，占服务业外商实际投资的7.99%；交通运输及仓储和邮政业2017年外商实际投资73217万美元，占服务业外商实际投资的6.78%；金融业2017年外商实际投资60883万美元，占服务业外商实际投资的5.64%；这几个行业合计占服务业外商实际投资的92.42%（见表5.3和5.4）。

表5.4　2010—2017年江苏服务业实际利用外资行业分布情况　　　　　　　　单位:%

行业	2010年	2011年	2012年	2013年	2014年	2015年	2016年	2017年
交通运输、仓储和邮政业	6.65	5.39	6.04	7.94	8.86	7.82	5.73	6.78
信息传输计算机服务和软件业	1.91	1.89	2.43	1.59	1.61	2.99	1.95	2.98
批发和零售业	16.12	11.08	15.63	18.16	17.53	18.87	23.18	19.19
住宿和餐饮业	2.58	1.38	1.45	0.69	0.87	0.89	0.50	0.15
金融业	0.72	3.16	3.74	3.14	7.34	8.91	6.50	5.64
房地产业	53.70	60.52	52.52	49.39	41.26	33.43	26.53	32.06

(续表)

行业	2010年	2011年	2012年	2013年	2014年	2015年	2016年	2017年
租赁和商务服务业	12.01	9.19	10.01	11.30	15.87	19.91	25.70	20.75
科研技术服务和地质勘查业	4.05	5.01	3.31	4.34	4.34	4.40	5.97	7.99
水利、环境和公共设施管理业	1.00	1.39	3.72	2.47	1.55	1.43	2.14	2.63
居民服务和其他服务业	0.96	0.42	0.85	0.33	0.39	0.64	0.29	1.13
教育	0.02	0.01	0.00	0.05	0.02	0.00	0.55	0.02
卫生、社会保障和社会福利业	0.13	0.40	0.01	0.09	0.05	0.47	0.74	0.26
文化、体育和娱乐业	0.16	0.18	0.28	0.52	0.31	0.24	0.22	0.42
总计	100	100	100	100	100	100	100	100

数据来源：历年《江苏统计年鉴》。

二、江苏服务业外商直接投资的区域间比较

从各地区服务业实际利用外商直接投资的增幅来看[1]，2010—2017年北京市服务业实际利用外商直接投资增幅最快，年均增长率为38.27%，山东位居第二，年均增长率为8.97%，广东年均增长率为7.21%，排名第三，这三个省市在2014—2017年这四年间服务业实际利用外商直接投资增幅均高于全国年均增长率2.86%。而江苏出现负增长，年均增速-4.19%，落后于全国增长率。

从各地区服务业实际利用外商直接投资的规模来看，2014—2017年这四年间江苏服务业利用外商直接投资分别为122.70亿美元、113.16亿美元、114.63亿美元和107.92亿美元，占全国服务业利用外商直接投资总额的18.53%、13.95%、17.52%和14.97%，这表明江苏服务业利用外商直接投资的比重呈现逐年上下波动趋势。上海这四年服务业利用外商直接投资分别为163.85亿美元、159.38亿美元、163.35亿美元和161.53亿美元，占全国服务业利用外商直接投资总额的24.74%、19.64%、24.96%和22.41%，从数据表明，上海的服务业直接利用外资增速大于江苏且额度逐渐超越。浙江和山东两省由于基数较低，服务业利用外商直接投资方面一直低于江苏、北京、上海和广东。2014—2017年这四年间浙江服务业利用外商直接投资分别为97.92亿美元、96.77亿美元、103.14亿美元和116.80亿美元，占全国服务业利用外商直接投资总额的14.78%、11.93%、15.76%和22.41%，这表明浙江服务业实际利用外商直接投资的比重呈现出总体上升的态势。2014—2017年这四

---

[1] 各地2017年统计年鉴显示的数值中，今年各主要地区服务业实际利用外资总和大于全国服务业实际利用外资，由于不影响分析结果，文章未对数据进行特殊处理，默认为国家统计局公布的全国服务业实际利用外资未将数额庞大的金融板块数据计入在内，从而造成这一统计结果。

年间山东服务业利用外商直接投资分别为54.30亿美元、60.67亿美元、66.36亿美元和70.27亿美元,占全国服务业利用外商直接投资总额的8.20%、7.48%、10.14%和9.75%,这表明山东服务业实际利用外商直接投资总体在波动上升。(见表5.5)

表5.5 2014—2017年江苏、北京、上海、浙江、广东、山东服务业实际利用外商直接投资比较

单位:亿美元

地区	2014年 外资金额	比重	2015年 外资金额	比重	2016年 外资金额	比重	2017年 外资金额	比重	年均增长率
全国	662.3	100.00%	811.38	100.00%	654.46	100.00%	720.83	100.00%	2.86%
江苏	122.7	18.53%	113.16	13.95%	114.63	17.52%	107.92	14.97%	−4.19%
北京	90.41	13.65%	123.25	15.19%	123.23	18.83%	239.01	33.16%	38.27%
上海	163.85	24.74%	159.38	19.64%	163.35	24.96%	161.53	22.41%	−0.47%
浙江	97.92	14.78%	96.77	11.93%	103.14	15.76%	116.80	16.20%	6.05%
广东	128.02	19.33%	152.97	18.85%	160.89	24.58%	157.75	21.88%	7.21%
山东	54.3	8.20%	60.67	7.48%	66.36	10.14%	70.27	9.75%	8.97%

数据来源:历年《江苏统计年鉴》《北京统计年鉴》《上海统计年鉴》《浙江统计年鉴》《广东统计年鉴》《山东统计年鉴》。

三、江苏服务业外商直接投资的主要问题

(一)吸引外资近年来呈现总体下降趋势

对比全国及其他省市的服务业外商投资规模,我们发现全国的服务业外商投资规模在近年来处于波浪式上升的阶段。几大经济相对发达地区的服务业外商直接投资数据显示,仅江苏地区呈现明显的下降趋势。之前分析过江苏在2012年以前吸引外资的阶段性超前,而之后全国吸引外资上升时江苏的增速低于全国,从而外资比重下降,服务业外商直接投资与整体外商投资呈平行变化。到2015年,经济发达地区吸引外资阶段基本达到一致,因此各省市利用外资的"绩效指数"呈现一定程度的"趋同性"。但是,在这一过程中,江苏吸引外资的结构在持续优化阶段,体现在服务业外商投资占比趋近于50%。

(二)外商直接投资在各服务业之间分布不均

服务业内部结构中,利用外商直接投资行业高度集中化的情况依然存在,即外商直接投资在各服务业之间分布不均。2010—2017年外商直接投资流入量最多的服务行业是房地产业,其次是租赁和商务服务业、批发和零售业、科研技术和地质勘查业、交通运输及仓储和邮政业、金融业。这几个服务行业吸收外资占全部服务业的92.42%,呈现高度集中的状态。值得注意的是,房地产业虽然投资量依旧占据服务业首位,但呈现下降态势。而除了以往占比多的行业,科研与地质勘查业投资增加,意味着中国技术环境更加自由,吸引更多技术型企业。这一数据同时契合了中国的"一带一路"发展倡议。

从近几年江苏服务业吸引外资的行业分布来看,房地产业是最大的外资来源,其他服务业也暂时无法取代。但是,随着中国经济的转型和房地产经济的逐步饱和,房地产业吸引外资比历史最高时期下降了超过50%,从2011年的71.01亿美元下降至2017年的34.60亿

美元。在此期间，随着江苏现代商业经济的发展，租赁和商务服务业吸引外资获得较高增长，成为近年来唯一有望取代房地产业的新的增长极，但在整体规模上与房地产业吸引外资还有差距。在房地产业外资增速减缓甚至出现负增长的情况下，江苏服务业吸引外资虽然有局部行业增长，但未能扭转下降态势。

江苏省外商投资企业工商注册登记企业数也显现聚集态势。2010—2017年，江苏外商投资企业注册登记企业数集中度最高的几个服务行业：批发和零售业、租赁和商务服务业、科学研究及技术服务和地质勘查业、信息传输及技术服务和软件业等，其中资本和技术密集型服务行业外商投资企业数目比重位居前列，体现了中国在新的国际、国内环境下，始终坚持扩大开放的战略，不断地融入并且构建新的经济格局。尤其是中国的"一带一路"倡议提出以后，伴随着全面深化经济体制改革与政府治理能力的现代化推进，中国的投资环境更加自由，国内企业的技术竞争力不断增强，使得外资在与中国企业竞争过程中同样趋向于高新技术的竞争。而这同样有利于江苏服务业技术升级，促进服务业结构由传统服务业为主向现在服务业为主转变。

服务业外商直接投资在江苏各服务行业分布不均、高度聚集的原因是：首先，各服务行业的市场准入不同；其次，各服务行业存在异质性，它们的市场形态和市场结构截然不同，外商投资根据各服务业的特点选择性进入适合自身优势发挥的行业。

四、江苏服务业外商直接投资的发展趋势

从最近几年江苏外商投资的情况可以看出，江苏省服务业外资比重逐步增加，不断缩小与第二产业利用外资的差距，并极有可能实现超越，形成以服务业为主体的引资结构。各细分服务行业利用外资的前景又受其自身的行业经济发展的状况和市场饱和度的影响。对于五个具有代表性的服务行业：金融业、科研技术服务、房地产业、交通运输、批发和零售、仓储和邮政业、批发和零售业以及租赁和商务服务业而言，它们的发展前景是不同的。同时，我们还要关注发展迅速的科研与技术行业。

（1）金融业。金融是关乎整个国民经济命脉的行业，近年来金融业全面对外开放，相比国内金融机构，外资金融机构大多具有悠久的历史、先进的技术水平等优势。江苏省具备沿江的区位优势，加上省内金融活动频繁，金融行业发展前景不可估量。随着中国为首的"亚投行"发挥更大的作用，江苏与制造业金融服务将会得到更大发展，进一步发挥江苏在改革开放以后所累积的制造业技术优势。与金融相关的证券公司、保险公司、期货公司等机构也将吸收更多外商直接投资。

（2）科研技术服务。随着中国的改革不断深入并且卓见成效，我国的市场规模不断扩大，投资环境与技术环境更加自由，竞争也更加激烈。外国资本想要进入中国市场，会更加依赖于技术的创新。同时，近年来中国创新创业的兴起取得丰硕成果，会有越来越多的外国资本寻求技术上的合作，因而科研技术服务也将持续发展。与先进资本的新一代信息技术、半导体和高能芯片、高端软件和信息服务、新能源、空天海洋装备、生物医药等科研合作进一步加深。

（3）房地产业。房地产业在江苏省服务业中吸引外资的比重一直最大，但是随着房地产业引进的外资企业越来越多，市场不断饱和，从2012年开始，房地产业引进外资的比重就在逐年降低，2017年房地产外商直接投资额和占比均增加。未来房地产业可能转向住宅租赁与其他社区服务，单一房地产领域的外商直接投资会在短暂增长以后转而减少。

(4) 交通运输业。江苏的铁路发展在全国都有很大的优势,但是相对于国内企业,外资在交通运输、仓储和邮政业并没有绝对的优势,国内企业在运营成本等方面更具优势。随着中国电商的兴起,物流仓储成为中国地产投资的热点之一,国内投资旺盛,一定程度上会挤出外资。预计将来,外商对江苏的交通运输、仓储和邮政业的投资将会保持相对稳定。

(5) 批发和零售业。该行业 2008 年在江苏服务业中的外资比重迅速上升,而且近几年逐年增加,它是倍受外商关注的消费性服务业。随着互联网新零售的发展,江苏诞生了许多新的零售模式,未来新零售的发展势头已不可逆转,一定程度上促进零售业变革和发展,传统零售业规模已经受到冲击,这一领域外资将逐年递减,相应外资可能转向"互联网＋新零售"领域。

(6) 租赁和商务服务业。租赁和商务服务业在江苏服务业吸引外资的比重都相对稳定,但是 2017 年增加到 20.75%,相比前几年波动上升。受到互联网经济快速发展的影响,2017 年江苏这一领域实际利用外资小幅下降。随着新兴实体经济的复苏,这一领域的外资引入又将上升。

参考文献

[1] 毛日昇.出口、外商直接投资与中国制造业就业[J].经济研究,2009(11):105－117.
[2] 单俊辉,张玉凯.外商直接投资对我国产业结构的影响及对策[J].现代管理科学,2016(3):52－54.
[3] 石卫星.外商直接投资对江苏省产业结构的影响及对策[J].华东经济管理,2015(5):28－33.
[4] 杨军,宁晓刚,张波.外商直接投资对我国产业结构升级影响的总体效应分析[J].商业经济研究,2015(1):116－118.
[5] 郑展鹏;岳帅.互联网普及、地方政府竞争与中国区域外商直接投资[J].经济体制改革,2018(7)
[6] 桑百川,张乃丹,任苑荣.中国制造业外商直接投资持续下降的原因、影响和对策[J].国际贸易,2015(4):11－14.
[7] 曾鹏,秦艳辉.城市行政级别、产业集聚对外商直接投资的影响[J].国际贸易问题,2017(1):104－115.
[8] 许建伟,郭其友.外商直接投资的经济增长、就业与工资的交互效应——基于省级面板数据的实证研究[J].经济学家,2016(6):15－23.
[9] 吕文洁.金融服务业负面清单及自贸试验区改革研究[J].世界经济研究,2016(9):110－117.
[10] 马野青,陈思,唐莹.当今世界经济新格局与中国开放型经济发展的环境[J].南京大学学报(哲学·人文科学·社会科学),2016,53(4):33－41.
[11] 郑晓荣.创建开放新格局实现发展新突破——江苏开放型经济适应新常态,实现提质增效的研究与思考[J].世界经济与政治论坛,2015(2):161－170.
[12] 杨长湧.构建开放型经济新体制打造高水平开放新格局[J].中国财政,2016(1):54－56.
[13] 张成,郭炳南,于同申.FDI 国别属性、门槛特征和技术效率外溢[J].科研管理,2016,37(9):78－88.

[14] 冯婷婷,杨湘玉,沈晨.中国长三角地区 FDI 技术溢出的空间局限性[J].技术经济,2016,35(6):71-77.

[15] 邵玉君.FDI、OFDI 与国内技术进步[J].数量经济技术经济研究,2017(9):22-39.

[16] 李晓钟,张培.FDI 对我国高技术行业技术创新能力与市场转换能力影响研究[J].国际经济合作,2016(11):82-87.

[17] 南雪峰.外商直接投资对我国三大地区发展差距的影响[J].中国外资,2009(6):29-30.

[18] 唐曼兰.外商直接投资对广东产业结构升级影响的实证分析[J].大众科技 2009(11):197-198.

[19] 陈海波,张悦.外商直接投资对江苏区域经济影响的实证分析——基于空间面板模型[J].国际贸易问题,2014(7):62-71.

[20] 胡丽敏,岳金桂,秦云华.外商直接投资对江苏省经济的影响——基于对 GDP、出口和技术的实证分析[J].水利经济,2009,27(2):19-23.

[21] 吴昊,林伟.外商直接投资对珠三角地区产业技术升级的影响及对策[J].经济纵横,2016(11):93-97.

[22] 李佳,张鹏宇.我国外商直接投资的区域性差异研究——基于宏观影响因素的实证分析[J].价格理论与实践,2016(7):146-149.

[23] 王江,丁士龙.中国服务业外商直接投资环境研究[J].商场现代化,2007(7):13-13.

[24] 梅燕,王誉蒙.市场潜能对外商直接投资区位选择的影响效应——以我国长三角和珠三角地区为例[J].杭州电子科技大学学报:社会科学版,2016(3):16-21.

[25] 岳星星."一带一路"倡议下 FDI 对陕西省经济发展的影响[J].西安文理学院学报(社会科学版),2016,19(6):66-72.

对外直接投资篇

第一章 江苏对外直接投资概况

根据商务部相关数据显示,自 2000 年以来,2017 年我国对外直接投资首次出现负增长,同比下降 29.4%。与国家对外直接投资总体状况一致,2017 年江苏对外直接投资新批项目数量和中方协议金额大幅下跌,与去年相比,新批项目数下跌 40.86%,跌至 631 个;中方协议金额下滑 34.8%,下滑至 92.7 亿美元,对外直接投资缩减明显。

一、新批项目数量和中方协议金额大幅下跌,平均投资规模平稳上升

2017 年,江苏对外直接投资缩减明显,自 2000 年以来出现首次下滑。首先,在新批项目数量方面,2017 年为 631 个,而 2016 年和 2015 年分别为 1067 个和 880 个。2015—2017 年,对外直接投资的增速分别为 19.57%、21.25%、-40.86%。在中方协议金额方面,2015—2017 年,江苏省对外直接投资中方协议金额分别为 1030460 万美元、1422365 万美元和 927073 万美元,2015—2017 年增幅分别为 42.81%、38.03%、-34.82%。江苏对外直接投资无论是新批项目数量还是中方协议金额与往年相比,均出现大幅度下跌。主要原因在于 2017 年为中国非理性对外投资监管年,国家政府加大了对国内企业在境外投资房地产、酒店、娱乐业、体育俱乐部等的监管。江苏省相关部门发布了《关于进一步规范企业境外投资的通知》,明确提出对上述部门境外投资进行限制,并加强对境外投资项目的管理。同时,许多东道国逐步加强的监管审查也压制了中国境外直接投资活动。内外监管双重压力制约江苏对外直接投资。虽然新批项目数量和中方协议金额出现下跌,但平均投资额平稳上升(如图 1.1 所示),2015—2017 年江苏对外直接投资平均投资额分别为 1171 万美元、1333 万美元、1469 万美元。这反映出江苏对外直接投资质量不断提高,投资更为理性,在相关政策的引导下,对外投资进入良性状态。

表 1.1 2015—2017 年江苏对外直接投资

指标	2015 年	2016 年	2017 年
新批项目数(个)	880	1067	631
年增长率(%)	19.57	21.25	-40.86
中方协议金额(万美元)	1030460	1422365	927073
年增长率(%)	42.81	38.03	-34.82

资料来源:《江苏统计年鉴 2018》

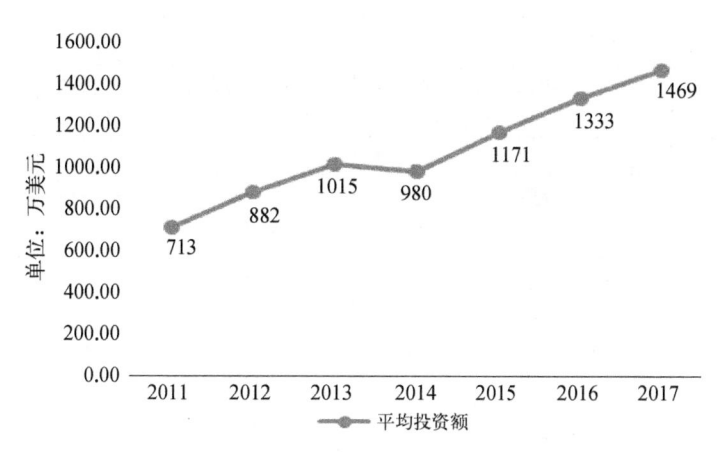

图 1.1　2015—2017 江苏对外直接投资平均投资额

资料来源:根据《江苏统计年鉴 2018》中的数据整理而得。

二、项目类型仍以独资子公司为主,机构增长迅速

对外直接投资按项目类型划分可分为企业和机构两类。企业又可进一步划分为子公司和联营公司;而子公司主要以独资子公司和合资子公司的形式存在。

江苏对外直接投资的项目类型中企业一直是主体,机构则数目相对较少。

首先,从新批项目数来看,2015—2017 年,企业型新批项目数分别为 851 个、1049 个、584 个,各年增长率分别为 21.92%、23.27%、-44.33%,各年占当年项目总数比重分别为 96.70%、98.31%、92.55%。与往年相比,2017 年企业型新批项目数和所占比重均出现下跌。这与机构型新批项目数大幅上涨有很大关系,机构型新批项目数,由 2016 年的 18 个增加至 47 个,涨幅达 161.11%。企业又进一步分为子公司(包括独资子公司和合资子公司)和联营公司两大类。在新批项目中,江苏子公司占据主要位置:2015—2017 年,子公司新批项目个数分别为 806 个、990 个、570 个,占同年项目的比重分别为 91.59%、92.78%、90.33%。其中新批独资子公司项目数占比依次为 70.57%、71.13%、67.99%,与往年相比,2017 年所占比重虽有所下降,但仍居主导地位。联营公司形式的新批项目数所占比重仍较小,2017 年仅为 2.22%。2017 年机构类新批项目数虽然仅为 47 个,但与去年相比,涨幅明显,增长速度达 161.11%。与新批项目数相同,企业中仍主要以独资子公司形式存在的项目类型聚集的协议金额占最重要位置。2017 年独资子公司协议额 689252 万美元,占当年协议金额总额的 74.35%。联营公司形式的中方协议金额仅为 19499 万美元,占当年协议金额总额的 2.10%。2017 年,机构类中方协议金额为 22409 万美元,与去年相比,增长达 13004.53%,增长明显。

总体来看,除机构类,其他各类型新批项目数和中方协议金额均出现下降,这与 2017 年内外监管双重压力有关。江苏独资子公司型一直占据重要地位的原因在于投资者可以完全控制独资子公司在东道国的日常经营活动,确保独资子公司经营战略可以与企业的总体战略融为一体。

表 1.2 对外直接投资各项目类型的新批项目数情况

项目类型	2015年 项目数(个)	2015年 占比(%)	2015年 年增长率(%)	2016年 项目数(个)	2016年 占比(%)	2016年 年增长率(%)	2017年 项目数(个)	2017年 占比(%)	2017年 年增长率(%)
企业	851	96.70	21.92	1049	98.31	23.27	584	92.55	−44.33
子公司	806	91.59	17.66	990	92.78	22.83	570	90.33	−42.42
独资	621	70.57	20.12	759	71.13	22.22	429	67.99	−43.48
合资	184	20.91	20.91	231	21.65	25.54	141	22.35	−38.96
联营公司	45	5.11	246.15	59	5.53	31.11	14	2.22	−76.27
机构	29	3.30	−23.68	18	1.69	−37.93	47	7.45	161.11

资料来源:《江苏统计年鉴 2018》

表 1.3 对外直接投资各项目类型的中方投资协议额情况

项目类型	2015年 协议额(万美元)	2015年 占比(%)	2015年 年增长率(%)	2016年 协议额(万美元)	2016年 占比(%)	2016年 年增长率(%)	2017年 协议额(万美元)	2017年 占比(%)	2017年 年增长率(%)
企业	1030123	99.97	42.84	1422194	99.99	38.06	904664	97.58	−36.39
子公司	996893	96.74	39.92	1373375	96.56	37.77	885165	95.48	−35.55
独资	798599	77.50	47.03	1137147	79.95	42.39	689252	74.35	−39.39
合资	198294	19.24	17.10	236228	16.61	19.13	195913	21.13	−17.07
联营公司	33230	3.22	283.19	48820	3.43	46.92	19499	2.10	−60.06
机构	337	0.03	−19.18	171	0.01	−49.26	22409	2.42	13004.53

资料来源:《江苏统计年鉴 2018》

三、各类主体投资分化明显,民营企业仍然位居首位

从境内主体角度来看,对外直接投资企业主要包括四大类,分别为:国有及国有控股企业、集体企业、民营企业和外资企业。长期以来,民营企业占据主要地位。

首先,从新批项目数来看(如图 1.2 和 1.3 所示),2015—2017 年,民营企业新批项目数分别为 693 个、814 个、432 个,与往年相比,民营企业新批项目数大幅减少,但占当年新批项目总数近 70%,仍处于主体地位。反映了民营企业在江苏对外直接投资中的重要地位。除集体企业外,外资企业和国有及国有控制企业居第二和第三的位置。2015—2017 年,外资企业新批项目数分别为 132 个、152 个、110 个。虽然 2017 年数量较往年减少,但占当年总项目数的比重有所上升。国有及国有控股企业新批项目数变化趋势和外资企业的大致相同。项目数量由 2016 年的 95 个下降至 2017 年的 83 个,2017 年项目数占当年总项目数的比重上升至 13.15%。此外,集体企业在对外直接投资中一直处于薄

弱地位，所占比重较小，且变化不大。

其次，从中方协议金额来看（如图1.4和1.5所示），民营企业仍占据重要地位。2015—2017年，中方协议金额分别为795137万美元、999928万美元、631619万美元。与新批项目数变化趋势一致，2017年中方协议金额与往年相比，投资额规模有所下降，但占当年总协议金额的比重近70%，仍占据主体地位。2017年，外资企业中方协议金额下降明显，由2016年的237479万美元下跌至129070万美元，跌幅达45.65%。国有及国有控股企业中方协议金额变化趋势与新批项目数保持一致，虽然2017年协议金额规模与2016年相比下降23.09%，但占当年协议金额比重同比增加两个百分点。

最后，根据图1.6可以看出，2015—2017年民营企业平均投资额分别为1147万美元、1228万美元、1462万美元，虽然新批项目数和中方协议金额均下降，但平均投资额稳步上升。这说明江苏民营企业投资规模不断扩大，实力不断增强。与此同时，2017年集体企业平均投资规模是最大的，且较往年相比增长明显，主要原因在于集体企业新批项目数较少。而外资企业和国有及国有控股企业平均投资规模均出现不同程度的下降，主要原因在于此类主体与民营企业相比，在海外投资中所受阻力和限制较大，而2017年的内外监管双重压力进一步压制了其投资规模。

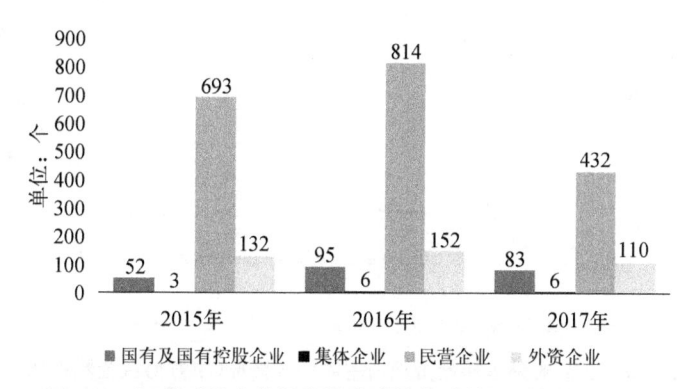

图1.2 江苏对外直接投资境内主体构成情况（新批项目数）

资料来源：根据《江苏统计年鉴2018》中的数据整理而得。

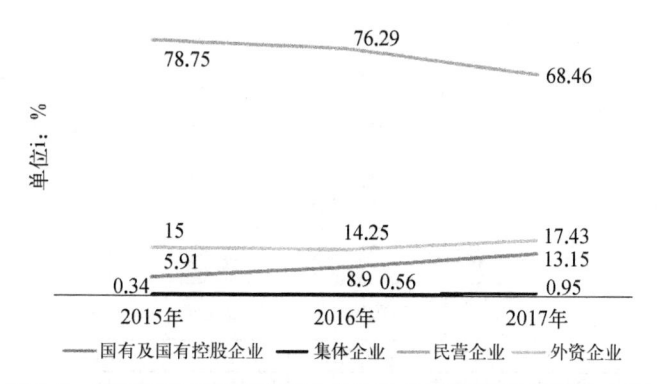

图1.3 江苏对外直接投资境内主体构成情况（新批项目数占比）

资料来源：根据《江苏统计年鉴2018》中的数据整理而得。

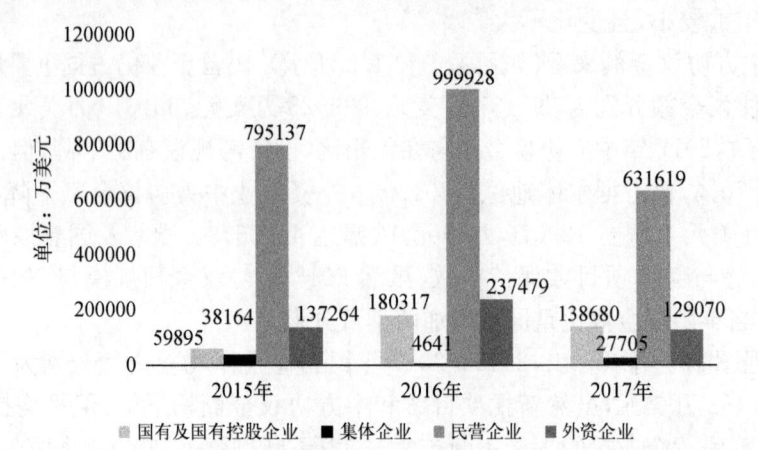

图 1.4　江苏对外直接投资境内主体构成情况（中方协议投资额）

资料来源：根据《江苏统计年鉴 2018》中的数据整理而得。

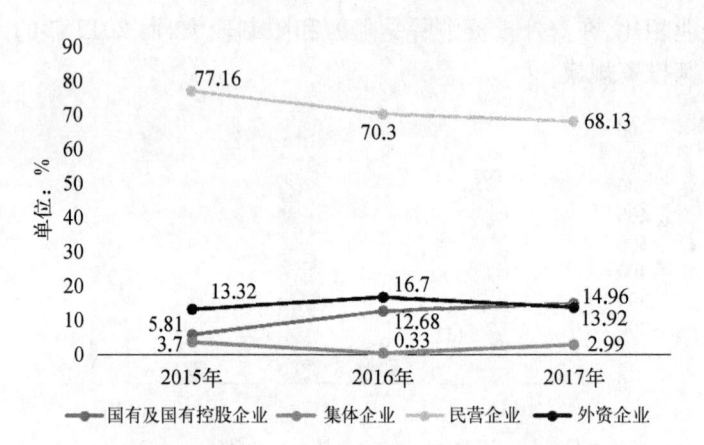

图 1.5　江苏对外直接投资境内主体构成情况（中方协议金额占比）

资料来源：根据《江苏统计年鉴 2018》中的数据整理而得。

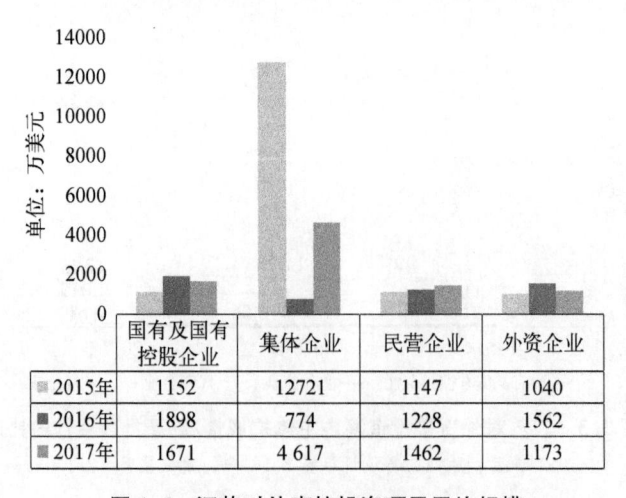

	国有及国有控股企业	集体企业	民营企业	外资企业
2015年	1152	12721	1147	1040
2016年	1898	774	1228	1562
2017年	1671	4 617	1462	1173

图 1.6　江苏对外直接投资项目平均规模

资料来源：根据《江苏统计年鉴 2018》中的数据整理而得。

四、各业务类型有升有降,参股并购类持续稳定增长

对外直接投资的业务类型可以分为三个层面:参股并购类和风险投资类,贸易型和非贸易型,境外加工贸易项目和境外资源开发项目。从表1.7、表1.8和表1.9可以看出,各业务类型新批项目数均出现下跌,中方协议金额有升有降。

首先,从参股并购和风险投资类来看,在参股并购类项目数方面,2015—2017年分别为170个、220个、137个,所占比重分别为19.32%、20.62%、21.71%。虽然2017年参股并购类项目数有所减少,但所占总项目比例不断增加。在风险投资类新批项目方面,2015—2017年分别为7个、2个、1个,占同年项目的比重分别为0.80%、0.19%、0.16%,风险投资类项目数不断减少,且所占总项目比例也不断下降。2015—2017年的中方协议投资额中,参股并购类项目协议金额分别为199902万美元、306426万美元、493901万美元,占同年总协议金额的比重分别为19.40%、21.54%、53.28%。参股并购类协议金额和所占总金额比重均呈上涨趋势。而2017年风险投资类协议金额仅有2655万美元,占当年总协议金额0.29%。

通过上述分析可以看出,虽然江苏对外直接投资投资方式不断发展,但仍以参股并购类为主,风险投资类所占比重仍然较小。主要原因:第一,江苏许多公司缺乏海外市场大规模收购的经验,采取参股并购类的投资方式,相对容易操作,方便日后的经营和管理。第二,风险投资类对投资者投资水平要求较高投资风险也较大。

其次,从贸易型和非贸易型来看,在贸易型新批项目数方面,2015—2017年分别为315个、286个、213个,项目数量呈逐年下降趋势。2017年非贸易型新批项目数为418个,与去年相比减少363个,跌幅达46.48%。下降明显。2017年贸易型中方协议额由去年242426万美元下降至106254万美元,下降136171万美元。非贸易型中方协议额也由2016年的1179940万美元下降至2017年的820819万美元,下降了359121万美元。新批项目数和协议金额均下降与内外监管的大背景有关。同时,通过上述分析可以看出,贸易型和非贸易型投资两者相差悬殊,以非贸易型投资为主。

表1.4 江苏对外直接投资各业务类型新批项目数情况

业务类型	2015年 项目数(个)	2015年 比例(%)	2016年 项目数(个)	2016年 比例(%)	2017年 项目数(个)	2017年 比例(%)
参股并购类	170	19.32	220	20.62	137	21.71
风险投资类	7	0.80	2	0.19	1	0.16
贸易型	315	35.80	286	26.80	213	33.76
非贸易型	565	64.20	781	73.20	418	66.24
境外加工贸易	65	7.39	76	7.12	44	6.97
境外资源开发	18	2.05	7	0.66	2	0.32

资料来源:《江苏统计年鉴2018》

表 1.5　江苏对外直接投资各业务类型中方协议投资额情况

业务类型	2015 年 协议金额（万美元）	2015 年 比例（%）	2016 年 协议金额（万美元）	2016 年 比例（%）	2017 年 协议金额（万美元）	2017 年 比例（%）
参股并购类	199902	19.40	306426	21.54	493901	53.28
风险投资类	7753	0.75	897	0.06	2655	0.29
贸易型	225716	21.90	242426	17.04	106254	11.46
非贸易型	804744	78.10	1179940	82.96	820819	88.54
境外加工贸易	112433	10.91	150458	10.58	157283	16.97
境外资源开发	73734	7.16	30808	2.17	10000	1.08

资料来源：《江苏统计年鉴 2018》

表 1.6　江苏对外直接投资各业务类型年增长情况　　　　　　单位：%

业务类型	新批项目数年增长率 2015 年	新批项目数年增长率 2016 年	新批项目数年增长率 2017 年	中方协议金额年增长率 2015 年	中方协议金额年增长率 2016 年	中方协议金额年增长率 2017 年
参股并购类	54.55	29.41	−37.73	81.16	53.29	61.18
风险投资类	—	−71.43	−50.00	−56.86	−88.43	195.99
贸易型	13.72	−9.21	−25.52	35.15	7.40	−56.17
非贸易型	23.09	38.23	−46.48	45.11	46.62	−30.44
境外加工贸易	6.56	16.92	−42.11	94.11	33.82	4.54
境外资源开发	80.00	−61.11	−71.43	225.42	−58.22	−67.54

资料来源：《江苏统计年鉴 2018》

最后，从境外加工贸易和境外资源开发来看，首先境外加工贸易新批项目数由 2016 年的 76 个下降至 2017 年的 44 个，且 2015—2017 年占同年项目的比重分别为 7.39%、7.12%、6.97%，呈逐年下滑趋势。而其中中方协议金额变化趋势与新批项目数变化相反。2015—2017 年，境外加工贸易中方协议金额分别为 112433 万美元、150458 万美元、157283 万美元，占同年协议金额比重分别为 10.91%、10.58%、16.97%。境外加工贸易新批项目数减少，但协议金额不断上升，反映出随着江苏要素成本的上升，江苏企业加工贸易向海外转移。境外资源开发无论是新批项目数还是中方协议金额，所占比例一直较小，且呈逐年下滑趋势。2017 年，其新批项目数仅占当年项目数 0.32%，与去年相比，下跌 71.43%，下降幅度较大。2017 年，中方协议金额也仅占当年总投资额的 1.08%，与去年相比，下跌 67.54%。

第二章 江苏对外直接投资的地区分布

作为外向型经济发展起步较早且充分发展的江苏省,海外投资范围遍及六大洲的多数国家,投资规模逐年上升。然而,2017年受国内外监管双重压力影响,江苏省在六大洲的投资规模出现大幅缩水。

一、江苏对外直接投资地区分布的总体概况

(一)亚洲、欧洲和北美洲投资规模位列三甲

受国内外监管双重压力等原因影响,2017年江苏省在六大洲的投资规模与往年相比,大幅锐减。但投资仍主要集中在亚洲、欧洲和北美洲。首先,从新批项目数来看,2017年在三大洲的分布分别是亚洲363个、北美洲113个、欧洲97个,分别占到当年总项目数的57.53%、17.91%、15.37%。其次,从中方协议金额来看,2017年在三大洲的分布分别是亚洲459342万美元、北美洲196987万美元、欧洲171703万美元,分别占当年总协议金额的49.55%、21.25%、18.52%。不论从新批项目数来看还是从中方协议金额来看,亚洲仍然是江苏对外直接投资主要集聚地区。主要得益于亚洲地区明显的地缘优势和文化优势。同时,随着"一带一路"建设的推进,中国和亚洲各国的合作空间不断拓宽,为江苏投资者带来了更多的投资机会。排在第二位和第三位的分别是北美洲和欧洲,主要原因在于北美洲地区经济发达,拥有良好的投资环境、先进的生产技术、突出的研究创新能力和完善的基础设施。而欧洲地区政治和经济环境稳定,法制健全,拥有高科技和高附加值产业,吸引了大量投资者。同时中欧双方不断推进国际产能合作和基础设施建设,为江苏投资者提供了投资机会。

(二)非洲、拉丁美洲和大洋洲投资规模仍然较小

江苏对外直接投资目的地中,非洲、拉丁美洲和大洋洲仍占较小的比重。2017年在三大洲的新批项目数分别是非洲21个、大洋洲19个、拉丁美洲18个,分别占当年总项目数的3.33%、3.01%、2.85%。其次,从中方协议金额来看,2017年在三大洲的分布分别是非洲25518万美元、大洋洲32942万美元、拉丁美洲40580万美元,分别占当年总协议金额的2.75%、3.55%、4.38%。主要原因:第一,非洲局部战争和恐怖主义不断,扰乱了投资者的投资信心;第二,受国内外监管力度加大影响,投资者对大洋洲旅游、房地产等的投资大幅下跌;第三,2017年由于中国实施"金融账户涉税信息自动交换标准",拉丁美洲主要国家"避税天堂"的优势消失,投资吸引力下降。

表 2.1　江苏对外直接投资中各大洲新批项目数情况

地区	2016年 新批项目数(个)	比例(%)	2017年 新批项目数(个)	比例(%)	2016—2017年增长率(%)
全部	1067	100	631	100	−40.86
亚洲	558	52.30	363	57.53	−34.95
非洲	55	5.15	21	3.33	−61.82
欧洲	107	10.03	97	15.37	−9.35
拉丁美洲	60	5.62	18	2.85	−70.00
北美洲	240	22.49	113	17.91	−52.92
大洋洲	47	4.40	19	3.01	−59.57

资料来源:《江苏统计年鉴2018》

表 2.2　江苏对外直接投资中各大洲中方协议投资额情况

地区	2016年 协议额(万美元)	比例(%)	2017年 协议额(万美元)	比例(%)	2016—2017年增长率(%)
全部	1422365	100	927073	100	−34.82
亚洲	813219	57.17	459342	49.55	−43.52
非洲	80158	5.64	25518	2.75	−68.17
欧洲	137630	9.68	171703	18.52	24.76
拉丁美洲	86379	6.07	40580	4.38	−53.02
北美洲	198528	13.96	196987	21.25	−0.78
大洋洲	106452	7.48	32942	3.55	−69.05

资料来源:《江苏统计年鉴2018》

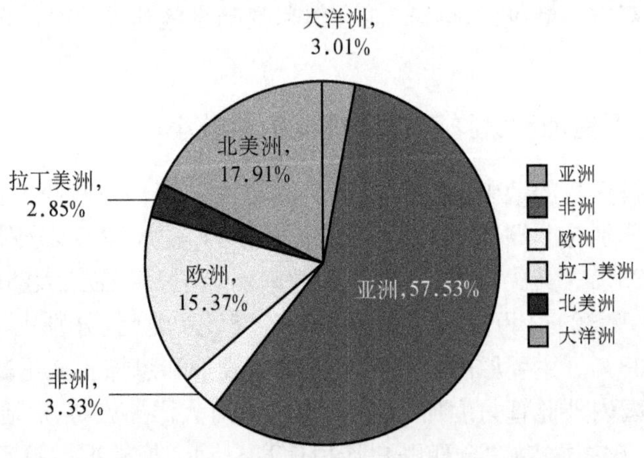

图 2.1　2017年江苏对外直接投资中各大洲新批项目数占比情况

资料来源:根据《江苏统计年鉴2018》中的数据整理而得。

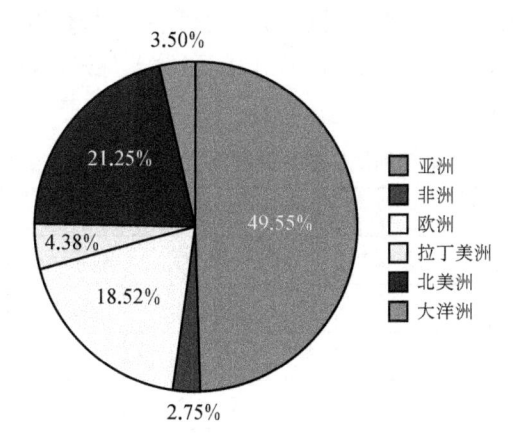

图 2.2 2017 年江苏对外直接投资中各大洲中方协议金额占比情况

资料来源：根据《江苏统计年鉴 2018》中的数据整理而得。

二、江苏对外直接投资地区分布的具体情况

（一）亚洲地区仍是江苏对外直接投资的主要集聚地

2017 年，江苏对亚洲的对外直接投资，新批项目数 363 个，占当年总量的 57.53%；中方协议金额 459342 万美元，占当年总额的 49.55%。可以看出，亚洲一直是江苏对外直接投资的重要市场，这与亚洲良好的地缘优势和文化优势分不开。

2017 年江苏对亚洲内部的投资主要分布在中国香港、印度、印度尼西亚、日本、马来西亚、巴基斯坦、新加坡、韩国、泰国、越南、中国台湾、哈萨克斯坦等国家。2017 年，香港新批项目数 169 个，占当年江苏对亚洲投资的 46.56%；中方协议金额 179445 万美元，占当年江苏对亚洲投资的 39.07%。虽然两者所占比重与去年相比均有所下降，但中国香港仍是江苏在亚洲地区投资的首要目的地。主要原因是中国香港是中国的特别行政区，与其他国家和地区相比，地缘优势更为突出，且中国香港经济繁荣，拥有高度发达的资本主义市场和金融资源禀赋。

2017 年江苏对马来西亚投资（中方协议金额）在亚洲各国投资中排列第二。但与中国香港比，投资比例较小：中方协议金额 48935 万美元，占当年协议金总额 10.65%。2017 年江苏对日本投资规模仍较小，新批项目数仅为 25 个，中方协议金额与去年相比虽有所上涨，但涨幅不明显，仅上涨 4 万美元。主要原因是日本债务危机严重，经济持续低迷，加之中日关系一直存在复杂敏感的因素，对海外投资者的投资行为产生重要影响。2017 年，江苏对韩国投资，新批项目数虽然仅为 9 个，且与去年相比有所下降，但中方协议金额达 28515 万美元，上涨明显，涨幅达 1453.63%。主要原因是两国经济依赖性较强，且"萨德"事件后，中韩两国关系逐渐改善，使得两国经济往来增加。2017 年江苏对印度投资，无论新批项目数还是中方协议金额都出现了大幅度下跌，跌幅分别为 41.18% 和 65.88%。主要是 2017 年中印两国在边境上的政治冲突打击了投资者投资的积极性。值得注意的是，2017 年江苏对泰国投资，无论是新批项目数还是中方协议金额均高于 2016 年。在内外监管大背景下，2017 年江苏对外投资几乎全面下跌，而对泰国的投资不降反而上升的主要原因在于，2017 年中国开始实行"金融账户涉税信息自动交换标准"（Common Reporting Standard，以下简

称 CRS),而泰国未被列入 CRS 名单,泰国与其他国家未进行金融账户信息交换,使得泰国成为新兴亚洲的"避税港湾"。同时,泰国基础设施建设日益完善,加之政府推行各项投资优惠政策,吸引了众多投资者。

表 2.3 江苏对亚洲地区部分国家直接投资的新批项目数情况

	2016 年		2017 年		新批项目数增长率(%)
	项目数(个)	比重(%)	项目数(个)	比重(%)	
中国香港	275	49.28	169	46.56	−38.55
印度	17	3.05	10	2.75	−41.18
印度尼西亚	24	4.30	15	4.13	−37.50
日本	39	6.99	25	6.89	−35.90
马来西亚	15	2.69	19	5.23	26.67
巴基斯坦	9	1.61	8	2.20	−11.11
新加坡	26	4.66	14	3.86	−46.15
韩国	20	3.58	9	2.48	−55.00
泰国	17	3.05	19	5.23	11.76
越南	18	3.23	11	3.03	−38.89
中国台湾	12	2.15	10	2.75	−16.67
哈萨克斯坦	6	1.08	4	1.10	−33.33

资料来源:《江苏统计年鉴 2018》

表 2.4 江苏对亚洲地区部分国家直接投资的中方协议投资额情况

	2016 年		2017 年		中方协议金额增长率(%)
	协议金额(万美元)	比重(%)	协议金额(万美元)	比重(%)	
中国香港	505401	62.15	179445	39.07	−64.49
印度	37072	4.56	12650	2.75	−65.88
印度尼西亚	84480	10.39	48935	10.65	−42.07
日本	4022	0.49	4026	0.88	0.09
马来西亚	30427	3.74	1174	0.26	−96.14
巴基斯坦	26136	3.21	5547	1.21	−78.78
新加坡	19497	2.40	44784	9.75	129.69
韩国	1835	0.23	28515	6.21	1453.63
泰国	22451	2.76	48759	10.61	117.18
越南	24842	3.05	11557	2.52	−53.48
中国台湾	1737	0.21	1704	0.37	−1.89
哈萨克斯坦	13182	1.62	4323	0.94	−67.21

资料来源:《江苏统计年鉴 2018》

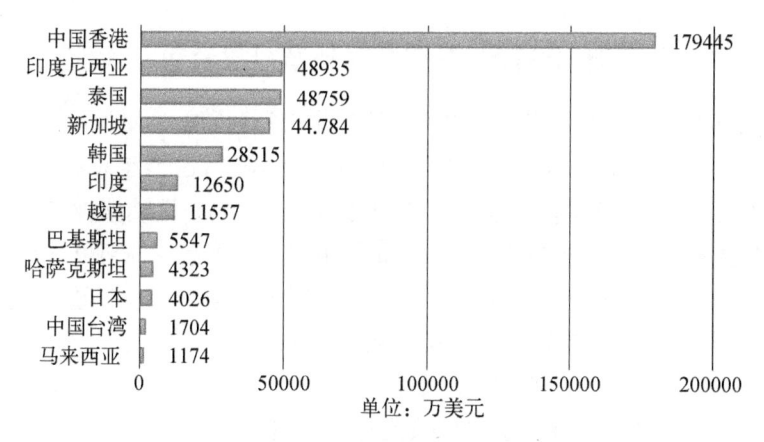

```
中国香港                                              179445
印度尼西亚          48935
   泰国           48759
 新加坡           44.784
   韩国      28515
   印度   12650
   越南   11557
 巴基斯坦  5547
哈萨克斯坦  4323
   日本  4026
 中国台湾 1704
 马来西亚 1174
       0      50000    100000   150000   200000
                                          单位：万美元
```

图 2.3　2017 年江苏对亚洲地区部分国家直接投资情况

资料来源：根据《江苏统计年鉴 2018》中的数据整理而得。

（二）北美洲是江苏对外直接投资的第二大洲

2017 年，江苏对北美洲的对外直接投资，新批项目数 113 个，占当年总量的 17.91%；中方协议金额 196987 万美元，占当年总额的 21.25%。与去年相比，新批项目数和中方协议金额虽有所下降，但北美洲仍是江苏对外直接投资的第二大洲。原因在于，一直以来，北美洲地区高度发达的资本主义市场、先进的生产技术和突出的技术创新能力吸引着江苏投资者。

江苏对北美地区投资主要集中在美国。因为美国是世界上最发达的资产主义国家，拥有先进的高科技技术、金融资源和战略资产。2017 年江苏对美国投资，新批项目数为 108 个，与去年相比，减少了 48.57%；中方协议金额 195045 万美元，与上年相比，增加了 7.11%。主要原因在于受政策和制度因素影响，中美两国之间贸易摩擦频发，加之特朗普政府加大了对中国投资的审查力度，压制了部分投资，导致项目总数下降明显，同时可以看出江苏对美国对外直接投资平均规模扩大，说明江苏企业实力不断增强。加拿大在政治外交方面一直追随美国，随着美国对中国海外投资监管审查力度加大，加拿大势必会追随"兄弟国"，2017 年江苏对加拿大投资规模也出现了大幅度下跌，新批项目数同比下降 83.33%，中方协议金额同比下降 86.06%。

表 2.5　江苏对北美洲地区部分国家直接投资的新批项目数情况　　　　单位：个

国家	2016 年	2017 年	增长率（%）
加拿大	24	4	-83.33
美国	210	108	-48.57
其他	6	1	-83.33

资料来源：《江苏统计年鉴 2018》

表 2.6　江苏对北美洲地区部分国家直接投资的中方协议投资额情况　　单位：万美元

国家	2016 年	2017 年	增长率（%）
加拿大	13932	1943	-86.06
美国	182098	195045	7.11
其他	2497	—	—

资料来源：《江苏统计年鉴 2018》

（三）欧洲仅次于亚洲、北美洲，是江苏对外直接投资第三大洲

2017年，江苏对欧洲地区的投资仅次于亚洲、北美洲，位居六大洲第三位。新批项目数97个，占当年总量的15.37%；中方协议金额171703万美元，占当年总额的18.52%。原因在于，欧洲地区政治和经济环境总体稳定，法律法规较为健全，且欧洲拥有高科技和高附加值的产业，一直以来吸引江苏投资者。与2016年相比，2017年江苏对欧洲整体投资规模有所下降。这与中国政府加强境外投资管控以及东道国加强审查监管有重大关系。

2017年江苏对欧洲地区投资主要集中在英国、德国、法国、意大利、荷兰、西班牙、瑞士、俄罗斯联邦等国家。具体来看，德国仍然是江苏投资者投资的重要地区。2017年，德国新批项目数量虽然有所减少，但所占总项目数比重有所提高。同时，中方协议金额由2016年的40250万美元上升至2017年的45979万美元，涨幅虽然仅为14.23%，但在国内外双重监管压力下，表现可圈可点。2017年江苏对德国平均投资规模超过2016年，达1436.84万美元。主要原因：第一，德国的工业，尤其是汽车、化学、机械设备、医疗器械等产品技术，都居于全球首位，对德进行投资可在短时间内提升我国相关产业技术水平。例如，2017年2月中旬，江苏鱼跃集团通过其在德国图特林根市设立的子公司Yuwell Germany GmbH收购了位于德国的Metrax有限责任公司的全部股份。第二，随着中美贸易摩擦的加剧，中国企业不断卷入贸易纷争。德国是美国重要的进口国，通过投资德国企业或在德国建立生产基地，可减少江苏企业与美国贸易纷争的风险。

除德国外，江苏对西班牙和法国投资规模也较大。2017年，西班牙新批项目虽然仅为7个，但中方协议金额为85669万美元，占当年总协议金额的49.89%，平均投资额达12238.36万美元。其中，中方协议金额占比和平均投资额规模均远远超出德国。主要原因：第一，西班牙经济逐渐从危机中复苏，投资环境和市场日益完善；第二，强大繁荣的旅游业吸引了江苏投资者。2017年法国新批项目数15个，虽然与去年相比仅增加一个，但中方协议金额由2016年的2107万美元增长至2017年的8416万美元，涨幅达299.51%。主要原因在于，2017年，马纽埃尔·马克龙当选新一届法国总统，马克龙坚决支持全球化、主张自由贸易、反对贸易保护主义，并支持力推人民币国际化，重视与中国多领域盟友关系，提振投资者投资信心。

与德国、法国和西班牙不同，2017年英国、意大利、荷兰等国新批项目数和中方协议金额大幅下跌。英国中方协议金额跌幅达87.33%，意大利高达97.92%。这是因为2017年英国正式启动脱欧程序，受脱欧影响，不确定性因素和风险增加，动摇投资者的信心。一直以来，意大利深受难民危机的影响，同时2017年意大利经济虽然有所复苏，但是幅度较小。一系列的不利因素影响了投资者投资积极性。

表2.7　江苏对欧洲地区部分国家直接投资的新批项目数情况

国家	2016年 项目数（个）	2016年 比重（%）	2017年 项目数（个）	2017年 比重（%）	新批项目数增长率（%）
英国	15	14.02	9	9.28	−40.00
德国	34	31.78	32	32.99	−5.88
法国	14	13.08	15	15.46	7.14

(续表)

国家	2016年 项目数(个)	比重(%)	2017年 项目数(个)	比重(%)	新批项目数增长率(%)
意大利	8	7.48	5	5.15	−37.50
荷兰	10	9.35	5	5.15	−50.00
西班牙	3	2.80	7	7.22	133.33
瑞士	3	2.80	2	2.06	−33.33
俄罗斯联邦	7	6.54	2	2.06	−71.43

资料来源:《江苏统计年鉴2018》

表2.8 江苏对欧洲地区部分国家直接投资的中方协议投资额情况

国家	2016年 协议金额(万美元)	比重(%)	2017年 协议金额(万美元)	比重(%)	中方协议金额增长率(%)
英国	26994	19.61	3419	1.99	−87.33
德国	40250	29.24	45979	26.78	14.23
法国	2107	1.53	8416	4.90	299.51
意大利	41722	30.31	870	0.51	−97.92
荷兰	5818	4.23	1240	0.72	−78.69
西班牙	1038	0.75	85669	49.89	8154.30
瑞士	1152	0.84	5919	3.45	413.64
俄罗斯联邦	8635	6.27	218	0.13	−97.48

资料来源:《江苏统计年鉴2018》

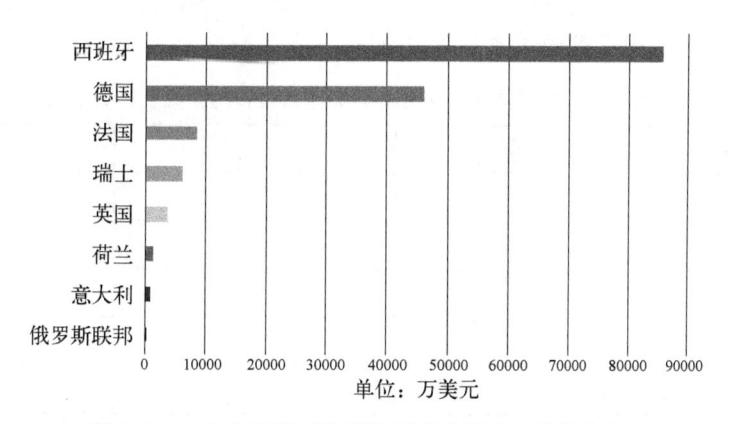

图2.4 2017年江苏对欧洲地区部分国家直接投资情况

资料来源:根据《江苏统计年鉴2018》中的数据整理而得。

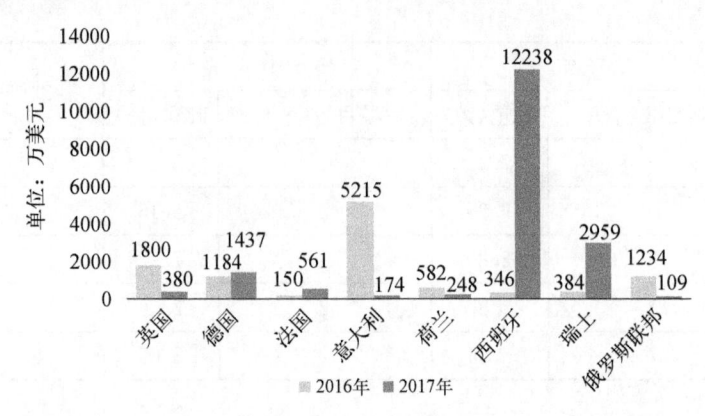

图 2.5　江苏对欧洲地区部分国家开展直接投资的平均规模情况

资料来源：根据《江苏统计年鉴 2018》中的数据整理而得。

（四）受 CRS 影响，拉丁美洲对江苏投资者吸引力下降

拉丁美洲各国经济稳定，发展良好，是江苏实施海外投资的重要市场。2017 年，江苏对拉丁美洲地区的投资，新批项目数 18 个，占当年总量的 2.85%；中方协议金额 40580 万美元，占当年总额的 4.38%。

一直以来，江苏省对拉丁美洲的投资主要集中在开曼群岛和英属维尔京群岛，这主要得益于这两地是著名的离岸金融中心，公认的避税天堂。2017 年 CRS 首次启动信息交换，开曼群岛和英属维尔京群岛也在承诺实施 CRS 的名单之中，使得离岸公司隐身实控人透明化。受此影响，江苏对开曼群岛和英属维尔京群岛新批项目数跌幅分别达 70.97% 和 80.00%；中方协议金额跌幅分别达 40.38% 和 71.67%。2017 年江苏对巴西和墨西哥投资规模也出现了不同程度下降，与去年相比，新批项目数分别下降 80%、25%，跌至 1 个、3 个；中方协议金额分别下降 85.20%、63.38%，跌至 2550 万美元、1238 万美元。但智利中方协议金额出现激增，由 2016 年的 300 万美元增加至 2017 年的 8000 万美元，涨幅高达 2564.89%。这与智利稳定的政治和良好的营商环境有关。

表 2.9　江苏拉丁美洲地区部分国家直接投资的新批项目数情况　　　　单位：个

国家	2016 年	2017 年	增长率(%)
巴西	5	1	−80.00
开曼群岛	31	9	−70.97
智利	2	1	−50.00
墨西哥	4	3	−25.00
英属维尔京群岛	15	3	−80.00

资料来源：《江苏统计年鉴 2018》。

表 2.10　江苏对拉丁美洲地区部分国家直接投资的中方协议投资额情况　单位：万美元

国家	2016 年	2017 年	增长率(%)
巴西	17230	2550	−85.20
开曼群岛	33070	19718	−40.38

(续表)

国家	2016年	2017年	增长率(%)
智利	300	8000	2564.89
墨西哥	3380	1238	-63.38
英属维尔京群岛	32018	9072	-71.67

资料来源:《江苏统计年鉴2018》

(五) 局部战争和恐怖活动降低江苏投资者对非洲的投资信心

2017年,江苏对非洲地区新批项目数下滑明显,由2016年的55个下滑至2017年的21个,下跌61.82%;同时,中方协议金额也出现大规模减少,由2016年的80158万美元减少至25518万美元,下跌68.17%。

虽然非洲地域广阔,自然资源丰富,人口众多,发展潜力巨大,为江苏投资者带来更多的投资机会。但局部战争和恐怖袭击等不安全因素仍然存在,给中国投资者带来了一定风险。

从非洲内部国家来看,2017年,江苏对非洲投资主要集中在埃塞俄比亚:新批项目数为5个,中方协议金额14196万美元,主要原因在于埃塞俄比亚拥有丰富的石油和天然气资源。但与去年相比,江苏对埃塞俄比亚及其他非洲大部分国家投资大幅下降。主要原因是非洲一些国家和地区复杂政治、宗教与种族纷争使得当地的安全局势仍处于一种极不稳定的状态;同时,非洲一些国家的国内环境极为复杂,各类极端主义盛行,对江苏资产和人员均构成了威胁。

表2.11 江苏对非洲地区部分国家直接投资的新批项目数情况　　　　单位:个

国家(地区)	2016年	2017年	增长率(%)
安哥拉	1	1	—
赤道几内亚	1	1	—
埃塞俄比亚	19	5	-73.68
尼日利亚	3	2	-33.33
塞舌尔	1	—	-100.00
南非	1	—	-100.00
坦桑尼亚	6	1	-83.33
赞比亚	4	1	-75.00

资料来源:《江苏统计年鉴2018》

表2.12 江苏对非洲地区部分国家直接投资的中方协议投资额情况　　　　单位:万美元

国家(地区)	2016年	2017年	增长率(%)
安哥拉	660	154	-76.69
赤道几内亚	500	325	-35.00
埃塞俄比亚	29472	14196	-51.83
尼日利亚	4999	200	-96.00

(续表)

国家(地区)	2016 年	2017 年	增长率(%)
塞舌尔	405	—	-100.00
南非	4000	—	-100.00
坦桑尼亚	3946	3400	-13.83
赞比亚	5726	100	-98.25

资料来源:《江苏统计年鉴 2018》

(六) 监管力度加大导致江苏对大洋洲投资下降

与其他大洲相比,江苏对大洋洲地区投资规模较小。2017 年,江苏对大洋洲地区投资新批项目数 19 个,占当年总量的 3.01%;中方协议金额 32942 万美元,占当年总额的 3.55%。

江苏对大洋洲的对外直接投资主要集中在澳大利亚,但 2017 年,澳大利亚新批项目数由去年的 36 个下降到 19 个,中方协议金额也由去年的 95537 万美元跌至 32942 万美元,跌幅高达 65.52%。主要原因:第一,中国政府以及江苏省加强了对投机、非理性投资的规定和监管;第二,澳大利亚修改了对外国投资战略基础设施资产的规定,对外国投资者审查力度加大。2017 年江苏对大洋洲其他国家投资为零,江苏对其他国家投资主要集中在旅游业、房地产业,且一直以来规模较小,在国家对旅游、房地产等相关行业加大监管后,势必会导致对其投资急剧收紧。

表 2.13 江苏对大洋洲地区国家直接投资的新批项目数情况   单位:个

国家(地区)	2016 年	2017 年	增长率(%)
澳大利亚	36	19	-47.22
斐济	—	—	—
瓦努阿图	1	0	-100.00
新西兰	6	0	-100.00
萨摩亚	3	—	-100.00

资料来源:《江苏统计年鉴 2018》

表 2.14 江苏对大洋洲地区国家直接投资的中方协议投资额情况   单位:万美元

国家(地区)	2016 年	2017 年	增长率(%)
澳大利亚	95537	32942	-65.52
斐济	—	—	—
瓦努阿图	20	—	-100.00
新西兰	8715	—	-100.00
萨摩亚	1700	—	-100.00

资料来源:《江苏统计年鉴 2018》

第三章 江苏对外直接投资的行业分布

2017年中国政府加大了对国内企业在境外投资房地产、酒店、娱乐业、体育俱乐部等的监管。同年,江苏省相关部门发布了《关于进一步规范企业境外投资的通知》,明确提出对上述部门境外投资进行限制,并加强对境外投资项目的管理。境外投资项目的限制管理使得非理性投资得到遏制,实体经济受到重点关注,2017年,江苏对制造业投资350157万美元,占当年总协议金额比例达37.77%,比去年高出10个百分点。2017年江苏对外直接投资呈降幅收窄趋势,行业结构持续优化。

一、江苏对外直接投资行业分布的总体特征

(一)从产业角度来看,第二产业跃居首位,成为投资主力军

2017年江苏对外直接投资中方协议金额三大产业分别为12202万美元、483200万美元、431671万美元,分别占当年协议金额的1.32%、52.12%、46.56%,值得注意的是,2017年第二产业中方协议金额增加至52.12%,超过第三产业,跃居首位,使得江苏对外投资格局由"三二一"变为"二三一"格局。一直以来,第三产业为江苏对外投资主力军,但与去年相比,投资额下跌48.88%,协议金额占比降低将近13个百分点。出现上述情况的主要原因在于,我国政府和江苏政府重点限制管理的部门如房地产、酒店、娱乐业、体育等均为第三产业,因此第三产业投资规模受相关政策影响较大。同时,第二产业中的制造业一直是江苏对外投资的重点行业,在其他行业受到政策影响下,投资者将更多目光瞄准制造业,使得第二产业在三大产业中的地位越来越突出。

(二)从行业角度来看,制造业稳居首位,仍为投资热门行业

2017年,江苏对外直接投资金额主要集中在制造业、租赁和商务服务业、批发和零售业、电力、燃气及水的生产和供应业、科学研究、技术服务和地质勘查业、采矿业六大行业。六大行业合计投资流量为677811万美元,占全年投资总量的73.11%,是江苏对外直接投资的热点区域。2016年,江苏对外直接投资协议金额主要集中在制造业、批发和零售业、租赁和商务服务业、科学研究、技术服务和地质勘查、房地产业以及建筑业六大行业。通过对比两年度集聚行业,可以发现:

第一,制造业、批发和零售、租赁和商务服务业、科学研究、技术服务和地质勘查业仍是江苏对外投资的重点行业。2016—2017年,江苏企业对制造业的投资额分别为386615万美元、350157万美元,占当年总投资协议额的比例分别为27.18%和37.77%,连续两年居于所有行业的首位。主要原因是制造业对外投资有效实现省内传统产业和过剩产能转移,同时带动了装备、零部件出口以及技术、标准、服务、品牌"走出去"。对于拉动外贸出口、促进国内产业转型升级发挥了积极作用。批发和零售业一直处于江苏对外直接投资的前沿。但2017年,批发

和零售业协议投资额仅为78447万美元,仅占当年总协议投资额的8.46%,与去年相比投资规模下降明显,跌幅达72.96%。同样,租赁和商务服务业、科学研究、技术服务和地质勘查业投资规模下降明显,分别由2016年的246799万美元、100898万美元下降至2017年的87337万美元、50788万美元。2017年两大行业协议金额占当年总协议金额比重不足15%。

第二,电力、燃气及水的生产和供应业、采矿业将房地产业以及建筑业挤出行业前六,成为2017年江苏企业投资的重点行业。主要原因是我国政府加强对外投资房地产行业的审查管理,限制了部分非理性投资者投资。

表3.1　江苏对外直接投资行业分布情况　　　　　　　　　　　　单位:万美元

行业	2016年 中方协议投资(万美元)	2016年 占总协议投资额比例(%)	2017年 中方协议投资(万美元)	2017年 占总协议投资额比例(%)	年增长率(%)
全部	1422365	100	927073	100	−34.82
第一产业	48227	3.39	12202	1.32	−74.70
第二产业	529713	37.24	483200	52.12	−8.78
第三产业	844425	59.37	431671	46.56	−48.88

资料来源:《江苏统计年鉴2018》

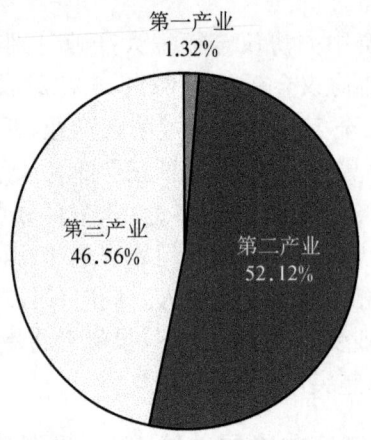

图3.1　2017年江苏对外直接投资中方协议金额行业分布情况

资料来源:根据《江苏统计年鉴2018》中的数据整理而得。

表3.2　江苏省对外直接投资六大行业分布情况

行业	2017年 协议投资额(万美元)	2017年 占总协议投资额的比重(%)
制造业	350157	37.77
租赁和商务服务业	87337	9.42
批发和零售业	78447	8.46
电力、燃气及水的生产和供应业	76782	8.28
科学研究、技术服务和地质勘查业	50788	5.48
采矿业	34300	3.70

资料来源:《江苏统计年鉴2018》

对外直接投资篇

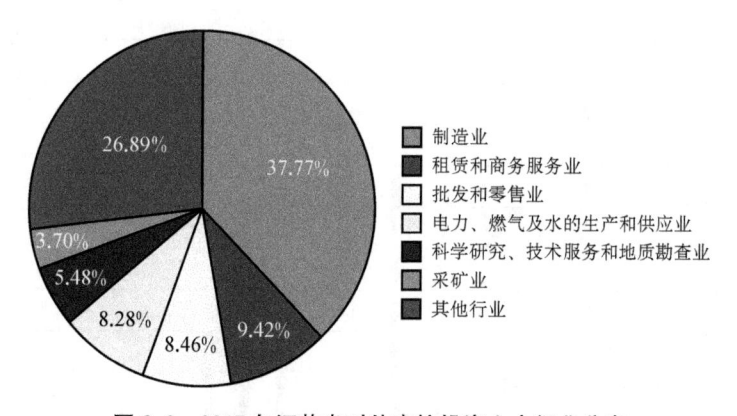

图 3.2　2017 年江苏省对外直接投资六大行业分布

资料来源：根据《江苏统计年鉴 2018》中的数据整理而得。

表 3.3　江苏对外直接投资行业分布情况　　　　　　　　　　　　单位：万美元

行业	2016 年	2017 年	增长率(%)
全部	1422365	927073	-34.82
第一产业	48227	12202	-74.70
农业	39783	3299	-91.71
第二产业	529713	483200	-8.78
采矿业	60036	34300	-42.87
制造业	386615	350157	-9.43
电力、燃气及水的生产和供应业	20995	76782	265.72
建筑业	62067	21961	-64.62
第三产业	844425	431671	-48.88
交通运输、仓储和邮政业	1313	9760	643.61
信息传输、计算机服务和软件业	32853	24761	-24.63
批发和零售业	290119	78447	-72.96
住宿和餐饮业	2737	8828	222.60
金融业	19856	22126	11.43
房地产业	91205	28387	-68.88
租赁和商务服务业	246799	87337	-64.61
科学研究、技术服务和地质勘查业	100898	50788	-49.66
水利、环境和公共设施管理业	10960	15464	41.09
居民服务和其他服务业	12627	15464	22.47
教育	4214	24675	485.58
文化、体育和娱乐业	30845	120	-99.61

资料来源：《江苏统计年鉴 2018》

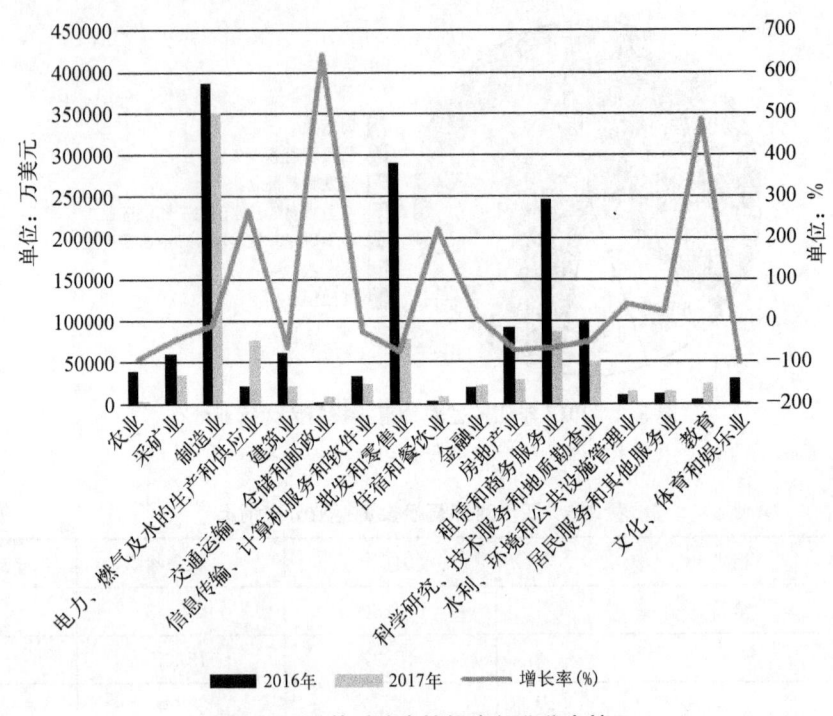

图 3.3 江苏对外直接投资行业分布情况

资料来源：根据《江苏统计年鉴 2018》中的数据整理而得。

二、江苏对外直接投资行业分布的具体情况

(一) 第一产业投资规模仍然最小

第一产业包括了农、林、牧、渔业和农、林、牧、渔服务业。江苏对外投资中以第二、三产业为主，第一产业仅占极小比重。2017 年江苏对外直接投资第一产业：新批项目数 9 个，仅占江苏对外投资新批项目总数的 1.43%；中方协议金额 12202 万美元，仅占江苏对外投资总额的 1.32%。根据表 3.4 和表 3.5，与去年相比，第一产业所占新批项目总数比重和所占中方协议总额比重均出现下跌。

第一产业内除了畜牧业维持 2016 年投资空白外，其他行业具体投资情况如下：首先从新批项目数看，农业、林业、渔业和农、林、牧、渔服务业分别为 5 个、1 个、1 个、2 个；从中方协议金额看，农业、林业、渔业和农、林、牧、渔服务业分别为 3299 万美元、5000 万美元、3400 万美元、503 万美元。可以看出第一产业投资仍主要集中于林业，其他行业投资力度相对较小。

表 3.4 江苏对外直接投资在第一产业内部的行业分布情况　单位：个

行业	2016 年 新批项目数（个）	2016 年 占总新批项目数比例（%）	2017 年 新批项目数（个）	2017 年 占总新批项目数比例（%）	年增长率（%）
第一产业	27	2.53	9	1.43	−66.67
农业	16	1.50	5	0.79	−68.75
林业	3	0.28	1	0.16	−66.67

(续表)

行业	2016年 新批项目数（个）	2016年 占总新批项目数比例（%）	2017年 新批项目数（个）	2017年 占总新批项目数比例（%）	年增长率（%）
畜牧业	—	—	—	—	—
渔业	2	0.19	1	0.16	−50.00
农、林、牧、渔服务业	6	0.56	2	0.32	−66.67

资料来源：《江苏统计年鉴2018》

表3.5 江苏对外直接投资在第一产业内部的行业分布情况　单位：万美元

行业	2016年 中方协议投资（万美元）	2016年 占总协议投资额比例（%）	2017年 中方协议投资（万美元）	2017年 占总协议投资额比例（%）	年增长率（%）
第一产业	48227	3.39	12202	1.32	−74.70
农业	39783	2.80	3299	0.36	−91.71
林业	13001	0.91	5000	0.54	−61.54
畜牧业	—	—	—	—	—
渔业	3175	0.22	3400	0.37	7.09
农、林、牧、渔服务业	−7732	−0.54	503	0.05	−106.51

资料来源：《江苏统计年鉴2018》

（二）第二产业跃居首位，成为投资主力军

第二产业主要包括采矿业、制造业、电力、燃气及水的生产和供应业和建筑业。2017年江苏对外直接投资第二产业：新批项目数263个，占江苏对外投资新批项目总数的41.68%；中方协议金额483200万美元，占江苏对外投资总额的52.12%。根据表3.6和表3.7，与去年相比，第二产业所占新批项目总数比重和所占中方协议总额比重均上涨，成为江苏对外直接投资主力军。

从第二产业内部各行业来看，2017年采矿业新批项目数和中方协议金额分别为4个和34300万美元。与2016年相比，虽然采矿业投资规模有所下降，但在监管压力导致诸多行业投资规模大幅缩水的背景下，采矿业成功挤入江苏对外投资前六行业。电力、燃气及水的生产和供应业新批项目数25个，占当期新批项目总数3.96%；中方协议金额76782万美元，占当期协议总额的8.285%。两大指标比重与去年相比，分别增加2.7个百分点和6.8个百分点，说明电力、燃气及水的生产和供应业开始吸引江苏投资者的投资兴趣。建筑业新批项目数36个，占当期新批项目总数的5.71%；中方协议金额21961万美元，占当期中方协议总额2.37%。两大指标占比与去年相比，变化不大，比重仍较小。制造业新批项目数198个，占当期总项目数31.38%，中方协议金额350157万美元，占当年协议金总额的37.77%，无论是新批项目数所占比重还是中方协议金额所占比重，制造业在所有行业中均居首位。主要原因：第一，国际产能合作和装备制造业合作为江苏制造业对外投资提供了基

础。第二,制造业对外投资可拉动外贸出口、促进省内产业转型升级。制造业对外投资可有效实现传统产业和过剩产能转移,同时带动了装备、零部件出口以及技术、标准、服务、品牌"走出去"。

从制造业内部各行业来看:2017年,投资协议金额排名前六的行业分别为化学原料及化学制品制造业、通用设备制造业、电气机械及器材制造业、石油加工、炼焦及核燃料加工业、交通运输设备制造业和医药制造业,投资额分别为98713万美元、40100万美元、40933万美元、26337万美元、23365万美元和20221万美元。除电气机械及器材制造业外,其他行业在国内外双重监管导致对外投资规模大幅度缩水背景下,反而出现明显涨幅。涨幅分别为390.60%、304.31%、7424.86%、4.73%和27.89%。主要原因是上述行业均为江苏具有竞争力的优势的行业,且基本不属于国内外监管审查的重点行业。

表 3.6 江苏对外直接投资在第二产业内部行业分布情况　　单位:个

行业	2016年 新批项目数(个)	2016年 占总新批项目数比例(%)	2017年 新批项目数(个)	2017年 占总新批项目数比例(%)	年增长率(%)
第二产业	396	37.11	263	41.68	−33.59
采矿业	15	1.41	4	0.63	−73.33
制造业	316	29.62	198	31.38	−37.34
电力、燃气及水的生产和供应业	13	1.22	25	3.96	92.31
建筑业	52	4.87	36	5.71	−30.77

资料来源:《江苏统计年鉴2018》

表 3.7 江苏对外直接投资在第二产业内部行业分布情况　　单位:万美元

行业	2016年 中方协议投资(万美元)	2016年 占总协议投资额比例(%)	2017年 中方协议投资(万美元)	2017年 占总协议投资额比例(%)	年增长率(%)
第二产业	529713	37.24	483200	52.12	−8.78
采矿业	60036	4.22	34300	3.70	−42.87
制造业	386615	27.18	350157	37.77	−9.43
电力、燃气及水的生产和供应业	20995	1.48	76782	8.28	265.72
建筑业	62067	4.36	21961	2.37	−64.62

资料来源:《江苏统计年鉴2018》

表 3.8 江苏对外直接投资在制造业内部主要行业分布情况　　单位:万美元

行业	2016年 中方协议投资(万美元)	2016年 占总协议投资额比例(%)	2017年 中方协议投资(万美元)	2017年 占总协议投资额比例(%)	增长率(%)
制造业	386615	27.18	350157	37.77	−9.43
化学原料及化学制品制造业	20121	1.41	98713	10.65	390.60

（续表）

行业	2016年 中方协议投资（万美元）	2016年 占总协议投资额比例（%）	2017年 中方协议投资（万美元）	2017年 占总协议投资额比例（%）	增长率（%）
通用设备制造业	9918	0.70	40100	4.33	304.31
电气机械及器材制造业	75859	5.33	40933	4.42	−46.04
石油加工、炼焦及核燃料加工业	350	0.02	26337	2.84	7424.86
交通运输设备制造业	22309	1.57	23365	2.52	4.73
医药制造业	15811	1.11	20221	2.18	27.89

资料来源：《江苏统计年鉴2018》

（三）第三产业投资规模锐减，不及第二产业

江苏第三产业较为发达，从2014年，第三产业的地区生产总值和第二产业已经基本持平，在境外直接投资方面更为领先，但2017年受国内外监管审查影响较大，投资规模仅为431671万美元，不及第二产业，下降明显。

在第三产业内部，有三大行业表现突出，且位居2017年江苏对外投资行业前六位。这三大行业分别是租赁和商务服务业、批发和零售业、科学研究、技术服务和地质勘查业，投资额分别为87337万美元、78447万美元、50788万美元。

这三大行业除批发和零售业外，均属于现代服务业的范畴，表明江苏对外直接投资的质量较高，日益向现代服务业集中。虽然批发和零售业的项目数为189个，占了当年第三产业对外投资项目总数的一半以上，但协议投资额远不及租赁和商务服务业，这也客观反映出租赁和商务服务平均投资规模较大。

值得关注的是，房地产业，文化、体育和娱乐业等行业投资额下降明显，跌幅分别达68.88%、99.61%。主要原因是国家加大对上述行业的审查监管，遏制盲目并购等非理性投资行为，反对企业借机向境外转移资产。交通运输、仓储和邮政业，住宿和餐饮业和教育行业，投资额涨幅明显，分别达643.61%、222.60%和485.58%。主要原因是江苏省在此类行业中竞争力不断增加，在国家相关政策引导下，上述行业正日益成为企业海外投资新风尚。

表3.9 江苏对外直接投资在第三产业内部行业分布

行业	2016年 新批项目数（个）	2016年 占总新批项目数比例（%）	2017年 新批项目数（个）	2017年 占总新批项目数比例（%）	年增长率（%）
第三产业	644	60.36	359	56.89	−44.25
交通运输、仓储和邮政业	9	0.84	8	1.27	−11.11
信息传输、计算机服务和软件业	53	4.97	22	3.49	−58.49
批发和零售业	269	25.21	189	29.95	−29.74
住宿和餐饮业	10	0.94	3	0.48	−70.00
金融业	10	0.94	4	0.63	−60.00

(续表)

行业	2016年 新批项目数（个）	2016年 占总新批项目数比例（%）	2017年 新批项目数（个）	2017年 占总新批项目数比例（%）	年增长率（%）
房地产业	32	3.00	4	0.63	−87.50
租赁和商务服务业	153	14.34	64	10.14	−58.17
科学研究、技术服务和地质勘查业	74	6.94	40	6.34	−45.95
水利、环境和公共设施管理业	8	0.75	8	1.27	—
居民服务和其他服务业	12	1.12	8	1.27	−33.33
教育	6	0.56	8	1.27	33.33
文化、体育和娱乐业	8	0.75	9	1.43	12.50

资料来源：《江苏统计年鉴2018》

表3.10 江苏对外直接投资在第三产业内部行业分布

行业	2016年 中方协议投资（万美元）	2016年 占总协议投资额比例（%）	2017年 中方协议投资（万美元）	2017年 占总协议投资额比例（%）	年增长率（%）
第三产业	844425	59.37	431671	46.56	−48.88
交通运输、仓储和邮政业	1313	0.09	9760	1.05	643.61
信息传输、计算机服务和软件业	32853	2.31	24761	2.67	−24.63
批发和零售业	290119	20.40	78447	8.46	−72.96
住宿和餐饮业	2737	0.19	8828	0.95	222.60
金融业	19856	1.40	22126	2.39	11.43
房地产业	91205	6.41	28387	3.06	−68.88
租赁和商务服务业	246799	17.35	87337	9.42	−64.61
科学研究、技术服务和地质勘查业	100898	7.09	50788	5.48	−49.66
水利、环境和公共设施管理业	10960	0.77	15464	1.67	41.09
居民服务和其他服务业	12627	0.89	15464	1.67	22.47
教育	4214	0.30	24675	2.66	485.58
文化、体育和娱乐业	30845	2.17	120	0.01	−99.61

资料来源：《江苏统计年鉴2018》

第四章 江苏对外直接投资区域内比较及投资绩效分析

2017年,江苏省继续大力实施"走出去"战略,受国内外监管政策的影响,对外投资年度成绩单从规模和增幅上看,表现平平,但深入分析后,其结构和质量则仍称得上可圈可点。本章从江苏对外直接投资的省内区域比较和江苏对外直接投资绩效分析两部分进一步深入分析2017年江苏对外直接投资状况。

一、江苏对外直接投资的省内区域比较

江苏省主要划分为苏南、苏中和苏北三个区域。其中,苏南地处长江三角洲核心地带,交通便捷,人口稠密,经济发展条件极其优越,是江苏经济最发达的区域,也是中国经济最发达、现代化程度最高的区域之一。苏南地区主要包括南京、苏州、无锡、常州、镇江五个城市;苏中地区地处江苏省中部,东濒黄河、南靠长江,与苏南和上海联系紧密,经济发展虽不及苏南,但长期超过苏北,主要包括扬州、泰州、南通三个城市;苏北地区主要分布在淮河以北,交通发达,但经济发展较为滞后,主要包括徐州、连云港、淮安、盐城、宿迁五个城市。就经济发展水平而言,苏南、苏中、苏北呈现出由高到低依次递减的阶梯状。

2017年,苏南、苏中和苏北三大区域新批项目数分别为448个、110个、73个,分别占当年新批项目总数的71%、17.43%、11.57%;中方协议金额分别为642132万美元、152793万美元、132147万美元,分别占当年协议金总额的69.26%、16.48%、14.25%。无论从新批项目数还是从中方协议金额的角度看,苏南地区投资规模最大,苏中地区第二,苏北地区投资规模最小。显然,三大地区对外直接投资规模情况与其经济发展水平一致。

从三大区域内部各城市来看:

首先,苏南地区一直是江苏对外直接投资的核心区域。而苏南地区又以南京和苏州为核心。2017年,南京和苏州新批项目数分别为112个和157个,分别占当年新批项目总数的17.75%和24.88%;中方协议金额分别为180658万美元和231756万美元,分别占当年中方协议总额的19.49%和25%。虽然南京新批项目数和中方协议金额不及苏州,但平均投资规模超过了苏州,南京平均投资规模为1613万美元,苏州平均投资规模仅为1476万美元。除苏州和南京外,无锡也是苏南地区对外直接投资的重点城市。2017年,无锡新批项目数84个,占当年新批项目总数的13.31%,与去年所占比重相同;中方协议金额120488万美元,占当年中方协议金总额13.00%。与苏州相比,无锡的新批项目数和中方协议金额规模较小,但平均投资规模达1434万美元,与苏州的差距较小。另外,镇江和常州对外投资规模相对较小。2017年,镇江和常州新批项目数分别为28个和67个,分别占当年新批项目总数的4.44%和10.62%,虽然两城市新批项目数与2016年相比有所减少,但占当年项目总数比例均有所上升。中方协议金额分别为26341万美元和82889万美元,分别占当年中方协议金额的2.84%和8.94%,与2016年相比,

所占协议金额比例分别上升1.5个百分点和2.2个百分点。可以看出,两个城市在苏南地区对外投资中的重要性日益凸显。

苏中地区是江苏对外直接投资的第二大区域,主要包括南通、扬州和泰州三个城市。一直以来,南通是苏中地区对外投资的核心区域。2017年,南通新批项目数56个,占当年苏中地区新批项目总数50.91%;中方协议金额136019万美元,占当年苏中地区协议总额89.02%。与2016年相比,虽然南通新批项目数有所减少,但中方协议金额有所增加,涨幅12.51%,显然平均投资规模不断扩大。主要得益于南通得天独厚的地理优势。与南通相比,泰州和扬州的投资规模较小。泰州和扬州新批项目数分别为38个和16个,分别占当年新批项目总数6.02%和2.54%;中方协议金额10535万美元、6239万美元,分别占当年总协议金额的1.14%、0.67%。

苏北地区一直是江苏对外直接投资最薄弱的地区。苏北地区占当期新批项目总数比重虽然由2016年的8.90%上升至2017年的11.57%,但占当年中方协议金额比重由2016年的16.78%下跌至2017年的14.25%,平均投资规模由2016年的2513万美元下降至2017年的1810万美元。苏北地区主要包括徐州、连云港、淮安、盐城、宿迁五个城市。2017年,苏北地区五个城市新批项目数分别为22个、17个、9个、17个、8个;中方协议金额分别为39717万美元、35003万美元、17136万美元、31657万美元、8634万美元。不难看出,徐州、连云港和盐城是苏北地区对外投资的重点城市。主要原因在于,徐州是新亚欧大陆桥经济走廊重要节点城市,充分发挥产业优势,积极参与"一带一路"建设。连云港是"一带一路"交汇点城市,得天独厚的地理优势加快了连云港"走出去"的步伐。盐城充分发挥区位地缘优势、资源禀赋优势和产业基础优势,大力拓展对内对外开放新空间,贯彻实施"一带一路"国家倡议行动方案的实施,在对外投资中的角色也越来越重要。值得注意的是虽然淮安和宿迁投资规模相对较小,但2017年,淮安中方协议金额涨幅明显,涨幅达341.32%。主要因为淮安对"一带一路"沿线国家的投资热度持续增长。例如,淮冶科技有限公司为乌兹别克斯坦钢铁项目总投资达1.45亿美元,成为全省对乌投资建设最大的产能合作项目。

表4.1 江苏地区内对外直接投资新批项目数情况

地区	2016年 新批项目数(个)	2016年 比例(%)	2017年 新批项目数(个)	2017年 比例(%)
苏南	775	72.63	448	71.00
南京市	175	16.40	112	17.75
无锡市	142	13.31	84	13.31
常州市	91	8.53	67	10.62
苏州市	333	31.21	157	24.88
镇江市	34	3.19	28	4.44
苏中	197	18.46	110	17.43
南通市	112	10.50	56	8.87
扬州市	47	4.40	16	2.54

(续表)

地区	2016年 新批项目数(个)	比例(%)	2017年 新批项目数(个)	比例(%)
泰州市	38	3.56	38	6.02
苏北	95	8.90	73	11.57
徐州市	24	2.25	22	3.49
连云港市	24	2.25	17	2.69
淮安市	15	1.41	9	1.43
盐城市	26	2.44	17	2.69
宿迁市	6	0.56	8	1.27

资料来源:《江苏统计年鉴2018》

表4.2 江苏地区内对外直接投资协议投资额情况

地区	2016年 中方协议投资(万美元)	比例(%)	2017年 中方协议投资(万美元)	比例(%)
苏南	947409	66.61	642132	69.26
南京市	300680	21.14	180658	19.49
无锡市	209661	14.74	120488	13.00
常州市	96631	6.79	82889	8.94
苏州市	320896	22.56	231756	25.00
镇江市	19541	1.37	26341	2.84
苏中	236251	16.61	152793	16.48
南通市	120891	8.5	136019	14.67
扬州市	57685	4.06	6239	0.67
泰州市	57675	4.05	10535	1.14
苏北	238706	16.78	132147	14.25
徐州市	76490	5.38	39717	4.28
连云港市	70969	4.99	35003	3.78
淮安市	3883	0.27	17136	1.85
盐城市	56044	3.94	31657	3.41
宿迁市	31319	2.2	8634	0.93

资料来源:《江苏统计年鉴2018》

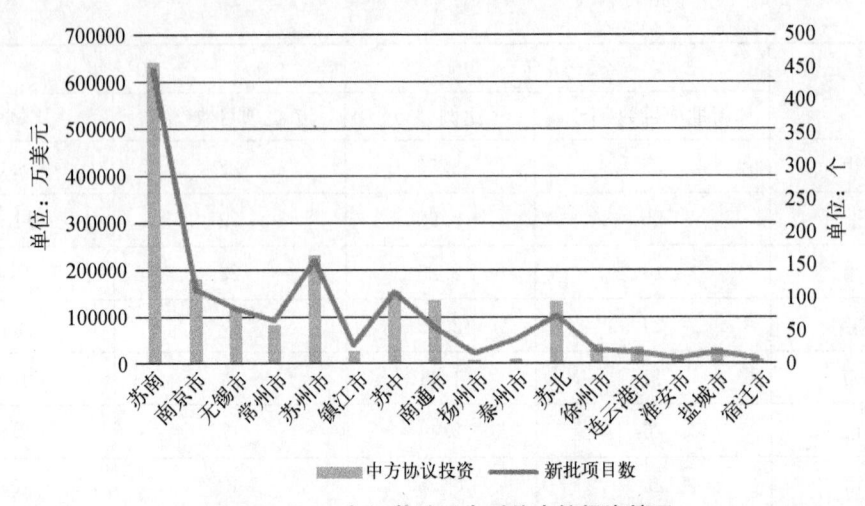

图 4.1　2017 年江苏地区内对外直接投资情况

资料来源：根据《江苏统计年鉴 2018》中的数据整理而得。

表 4.3　2017 年江苏对外直接投资增长情况　单位：%

地区	项目数年增长率	协议额年增长率
苏南	−42.19	−32.22
南京市	−36.00	−39.92
无锡市	−40.85	−42.53
常州市	−26.37	−14.22
苏州市	−52.85	−27.78
镇江市	−17.65	34.80
苏中	−44.16	−35.33
南通市	−50.00	12.51
扬州市	−65.96	−89.18
泰州市	0	−81.73
苏北	−23.16	−44.64
徐州市	−8.33	−48.08
连云港市	−29.17	−50.68
淮安市	−40.00	341.32
盐城市	−34.62	−43.51
宿迁市	33.33	−72.43

资料来源：《江苏统计年鉴 2018》

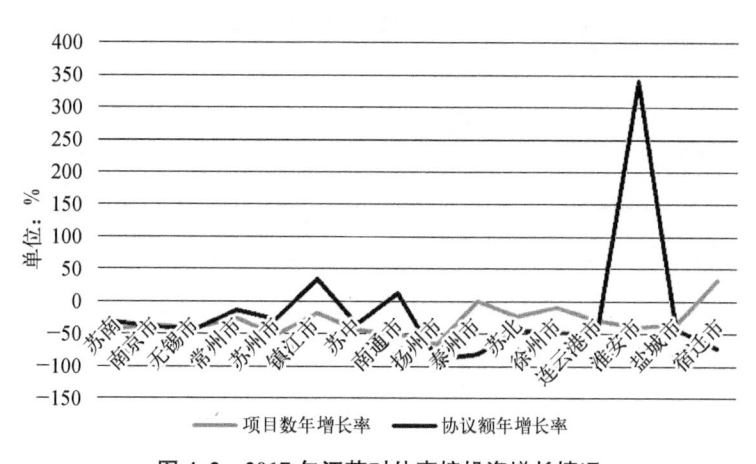

图 4.2　2017 年江苏对外直接投资增长情况

资料来源：根据《江苏统计年鉴 2018》中的数据整理而得。

二、江苏对外直接投资绩效分析

江苏各地经济发展水平存在较大差异，因此单纯从新批项目数和中方协议金额绝对数额比较，可能存在局限性。本节引入对外直接投资绩效指数用于排除由于各地经济规模差异所带来的影响，进而衡量各地区的对外直接投资的相对份额。某一国家对外直接投资绩效指数（OND）是指该国家对外直接投资额（$OFDI_k$）占世界总对外直接投资额（$OFDI_w$）的份额与该国家国内生产总值（GDP_k）占世界生产总值（GDP_w）的份额之比。如果某国的 OND 为 1，则表示该国对外直接投资的绩效达到世界平均水平，OND 的取值越大且大于 1（越小且小于 1），则意味着该国的对外直接投资绩效越高于世界平均水平（越低于世界平均水平）。将对外直接投资绩效指数运用到江苏省内各区域的对外直接投资比较上，则将某一国家的对外直接投资额替换成江苏省内某一地区的对外直接投资额，世界总对外直接投资额替换成江苏对外直接投资额。同样，将某国 GDP 替换成江苏省内某地区 GDP，将世界 GDP 替换成江苏省 GDP。因此，可以认为，如果某一地区 OND 为 1，则其对外直接投资绩效达到江苏省平均水平。

根据上述方法，得出江苏省各地区对外投资绩效指数，如表 4.4 所示。

首先，从三大区域的角度来看，2017 年苏南地区投资绩效指数仍位居首位，其绩效指数为 1.21，与去年相比，指数有所增加，高于江苏省对外直接投资绩效的平均水平，说明其对外直接投资规模略高于其地区经济总量发展。苏中地区投资绩效指数一直位列第二，2017 年为 0.83，与去年相比，有所上升。而苏北地区投资绩效指数较低，仅为 0.62，与 2016 年相比，有所下降，说明苏北地区的对外直接投资规模缩减明显，不及其地区经济总量发展。

其次，从省内各地市角度来看，近两年 OND 一直保持大于 1 的城市有南京、无锡、苏州和连云港。而常州、南通 OND 在 2017 年上升至 1.19 和 1.67，高于江苏省对外直接投资绩效平均水平。相比而下，其他各市 OND 较低，远未达到江苏省对外投资绩效平均水平。

总体来看，苏南地区投资绩效水平一直高于苏中和苏北地区，而苏北地区投资绩效水平较低，离江苏省对外投资绩效平均水平越来越远。与去年相比，苏南和苏中投资绩效水平有所上升，苏北地区投资绩效水平有所下降。考虑到江苏经济总体发展水平，其对外直接投资规模还有待提高。

表 4.4 江苏省内各地区对外直接投资绩效指数

地区	2016 年	2017 年
苏南	1.13	1.21
南京市	1.53	1.46
无锡市	1.22	1.09
常州市	0.90	1.19
苏州市	1.11	1.27
镇江市	0.27	0.62
苏中	0.82	0.83
南通市	0.96	1.67
扬州市	0.69	0.12
泰州市	0.75	0.21
苏北	0.70	0.62
徐州市	0.70	0.57
连云港市	1.60	1.26
淮安市	0.07	0.49
盐城市	0.66	0.59
宿迁市	0.71	0.31

资料来源:《江苏统计年鉴 2018》

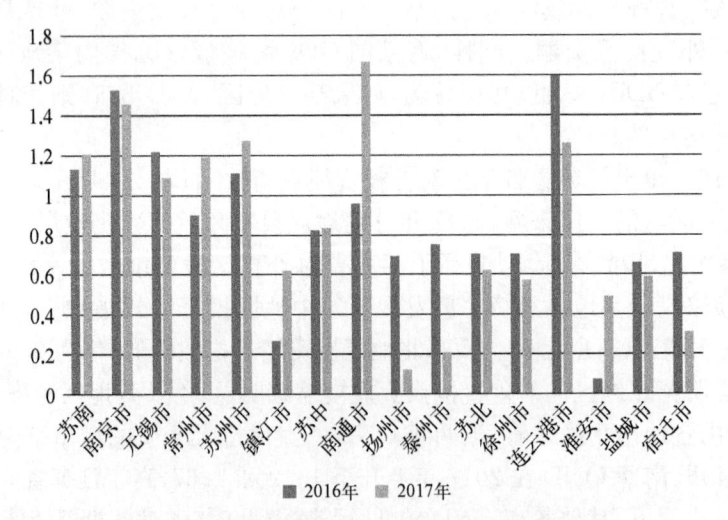

图 4.3 江苏省内各地区对外直接投资绩效指数

资料来源:根据《江苏统计年鉴 2018》中的数据整理而得。

第五章　江苏对外直接投资的影响因素及政策建议

作为外向型经济起步较早且较为充分发展的江苏地区,近几年对外直接投资取得了迅猛发展,成为促进其经济发展的一个新的亮点。但不可否认,江苏对外直接投资发展过程中仍存在很多问题,导致其功能无法有效发挥。因此找准影响江苏对外直接投资的影响因素,对于发现问题、提升江苏对外投资规模和质量、充分有效发挥其功能具有重要意义。

一、江苏对外投资面临的有利因素

(一)"一带一路"政策助推企业加快"走出去"步伐

2013年,国家主席习近平在出访中亚和东南亚国家期间,向世界发出共建"一带一路"的宏伟倡议。企业是"一带一路"建设的实施主体和中坚力量,"一带一路"建设也为中国企业"走出去"带来了新的机遇。2017年,"一带一路"倡议进一步吸引全球,关注度持续攀升,各领域不断签署重大项目,建设成果颇丰。"一带一路"建设为企业的发展不断探寻全球市场的机遇与挑战,同时企业影响力不断提升,助推企业不断加快走向"一带一路"的步伐。当下,越来越多的江苏企业借着"一带一路"的东风,走出国门,扬帆海外。江苏吴江民营企业纷纷加快"走出去"步伐,并形成领跑江苏境外投资的"吴江现象"。据统计,有30家吴江企业在"一带一路"沿线的12个国家设立了38家境外企业或办事机构,中方协议投资金额高达14.28亿美元。无锡国联集团下属老牌纺织企业无锡一棉投资有限公司投资2.2亿美元,在埃塞俄比亚建设30万纱锭纺织生产基地。继马来西亚和泰国工厂后,2017年江苏光伏龙头企业天合光能在越南建设电池工厂,成为越南规模最大的电池生产项目,为当地创造了1000余个就业岗位。

(二)供给侧结构性改革促进江苏企业转型升级,提高国际竞争力

供给侧结构性改革不仅可以化解产能过剩的问题、拓展产业增量,而且为民营企业发展创造了新思路。借助供给侧结构性改革的机遇,众多江苏民营企业通过转变经济增长方式、调整经济结构、增强技术创新、拓展海外国际空间来促进经济发展的效率和质量。尤其对于制造业而言,企业以技术为定位,以发展高端产业为目标,努力通过自主创新能力实现传统制造业转型,以质量和效益为重要把关,发挥江苏民营制造的品牌效应,不断提高国际影响力。徐工集团紧抓发展机遇,加快全球产业布局,并取得了卓越成绩。从"中巴经济走廊"交通、能源建设,到卡塔尔世界杯场馆施工现场,哈萨克斯坦阿斯塔纳世博会主场馆建设,还有黑山南北高速公路、土耳其安伊高铁、马尔代夫跨海大桥、哈萨克斯坦轻轨、乌兹别克斯坦农

业灌溉、菲律宾炼油设施等建设工地,都能看到大片鲜艳的"徐工金"①。

(三)部分东道国的人口红利吸引外资进入

如果东道国的劳动力工资水平低于母国劳动力工资水平,为降低企业的运营成本,则江苏省有动力对其开展对外直接投资,即利用东道国的人口红利。产能过剩、劳动力和原材料成本上升,是当下劳动密集型企业不可回避的痛点。以纺织服装企业为例,江苏省内操作工人工资水平较高,相比而言,东南亚、南亚、非洲等地优势明显。因此,劳动力工资水平是影响企业对东道国开展对外直接投资的一个重要影响因素。早在2011年,江苏海企集团在柬埔寨建立海企长胜国际(柬埔寨)有限公司,而后又陆续在缅甸等地建立多家服装生产基地。苏豪控股集团也在缅甸、柬埔寨、越南等国建立海外服装生产基地。截至2017年,江苏纺织企业已经在境外拥有84个实业项目,遍布东南亚、中亚、非洲以及美欧、澳洲,涉及境外棉花种植、加工、毛纺、棉纺、印染、织布、设计、制衣、销售、服务、贸易等全产业链。江苏纺织企业"走出去"步伐不断加快,对外投资总量位居全国各省市前列。

二、江苏对外投资面临的不利因素

(一)内外监管双重压力制约江苏对外直接投资

为解决国际收支平衡问题,同时缓解由于快速增长的海外投资而引发的中国金融系统潜在风险,2017年中国政府加大了对国内企业在境外投资房地产、酒店、娱乐业、体育俱乐部等的监管。同年,江苏省相关部门发布了《关于进一步规范企业境外投资的通知》,明确提出对上述部门境外投资进行限制,并加强对境外投资项目的管理。同时,许多东道国逐步加强的监管审查也压制了中国境外直接投资活动。美国外资投资委员会(CFIUS)的审查尤为严格,至少有7宗大型交易受到影响。2017年江苏对外直接投资缩减明显,自2000年以来出现首次下滑。数据显示,2017年江苏对外直接投资与去年相比下滑34.8%,下滑至92.7亿美元。

(二)地缘政治局势的恶化削弱投资人信心

2017年初,美国总统特朗普上台,中东地缘政治格局变化加剧,特朗普中东新政策对地区局势和全球反恐战争、叙利亚内战、阿拉伯国家关系产生深刻影响。沙特伊朗恶斗、美俄逐鹿,改写了中东版图,导致地区形势持续动荡,打破了本地区原有地缘政治格局的平衡,激化了地区国家间的矛盾②。军事的频繁动荡对经济发展产生了严重的不利影响。因此,东道国的安全问题也影响了江苏省对其开展对外直接投资的规模。例如,从近些年江苏省对这些国家的直接投资情况可以看出,江苏省对其投资比较复杂,没有一定的规律可循。究其原因,是由于其时局动荡,战争、恐怖主义事件频发。以巴基斯坦为例,当前中巴经济走廊建设受到阿富汗—巴基斯坦边界安全"黑洞"的威胁,尽管巴基斯坦政府采取了不少"去极端

---

① 全球工程机械需求增长,徐工集团抢滩"一带一路"市场[EB/OL]. https://www.sohu.com/a/195769676_365983.

② 顾正龙. 2017年中东局势"剪不断,理还乱"[EB/OL]. http://baijiahao.baidu.com/s?id=1587533437474476019&wfr=spider&for=pc

化"措施,但该地区极端主义势力根深蒂固,难在短期内消除,因此削弱了投资者投资的积极性。

(三)部分东道国国家投资保护主义盛行成为江苏对外直接投资重大障碍

伴随着美国和欧洲发达国家在全球经济总量中份额的进一步缩减,贸易保护主义思潮再次涌现并不断发酵。东道国以威胁"国家安全"为借口,阻止中资企业对一些"重大项目"和"敏感项目"开展并购;一些国家政府以国内民众意愿为名,对中资企业投资开发或中标建设的大型基础设施项目毁约,给中企造成严重损失。这些不利的因素使得企业在对外直接投资中所承受的风险概率大幅度提高。例如,美国频频挥舞贸易保护主义大棒,对中国发动贸易战,特朗普政府也有意限制中国在美投资,加大江苏对美投资项目政治审查力度。持续的贸易保护主义将弱化江苏投资者对美投资的信心,减少对美投资的兴趣。

三、政策建议

(一)政府层面

1. 继续推进改革,促进投资贸易便利化

我国经济深入融入全球经济一体化趋势已不可逆转。当前,我们仍需继续深化对外开放,发展更高层次的开放经济,推动形成对外开放新格局,促进投资贸易便利化。首先,加大电子口岸、无纸化通关等相关方面基础设施建设和制度创新,打造更为便利化的通关软环境和制度安排。第二,随着各国贸易往来日益密切,各国贸易摩擦和贸易争端频发,各国不同贸易政策造成了"政策性壁垒"。为减少对投资者的影响,加强各国政府之间政策与机制"互联互通",构建与完善贸易投资争端解决机制尤为重要。第三,推动人民币国际化进程,拓展并发挥中国金融机构在海外银团贷款、贸易融资、国际结算、债券市场等方面的功能,及时解决我国企业海外融资难等的困境。

2. 加强与东道国政府的互动

第一,在与某些联邦制国家进行企业投资公关活动时,应将更多注意力放在地方政府。例如中国企业海外投资中对东道国当地产业、企业的影响,以及对当地就业的影响,会首先影响到其州议员的选情,地方政府的态度对外来企业的投资有着重要的影响。2017年7月,江苏省副省长陈震宁率江苏省代表团访问美国加州,并与加州州长布朗进行深度交流。而后,代表团在美国洛杉矶成功举办江苏·美国经贸合作交流会,现场签署合作项目9个,涉及生物科技、药品研发、航空、电力、盐业等多个领域。第二,利用高层访问、友好城市交流和商务展示等机会,积极为企业搭建多层次交流平台。江苏省政府积极组织企业参加江苏与不同国家的经贸合作洽谈活动,为企业间深度交流、合作提供了机会。

3. 持续优化服务体系

第一,建立相应市场机制和控制风险体系,帮助企业分析、评估和控制东道国的风险,同时推动法律、会计事务所等服务咨询机构发挥作用帮助企业防范对外投资风险。例如,加强综合信息服务平台建设,及时为企业提供国内外相关政策,境外市场环境和风险预警防范等重要信息,警惕和通报有关国家重大风险。充分利用相关服务咨询机构,为企业提供风险专业评估,尽量减少或避免由东道国风险引发的企业损失。同时,强化投资者教育,树立风险管理意识,增强企业自身抵御风险的能力。第二,营造规范高效的政务环境。长期以来,因

行政审批程序繁琐、流程复杂、效率低下而饱受企业诟病。因此,优化政府环境就必须精简行政审批事项、简化审批程序、缩短审批时间,推进行政审批高效化。同时,规范服务标准、建设服务平台,推进政务标准化和体系化也是打造优质高效政务环境的一项重点工作。

(二) 企业层面

1. 坚持贯彻实施"一带一路"发展倡议

过去十多年,江苏企业"走出去"取得了辉煌成就,今天更需要在全球产业链中占据更高的位置,发挥更大的作用。要实现这一目标,江苏企业必须变得更具战略性和竞争力,"一带一路"倡议的推进给国内众多企业带来更多机遇,企业要抓住机遇,抢滩国外市场。因此,企业应充分利用现有合作机制,发挥各国尤其"一带一路"沿线国家资源禀赋优势,大力实施先进制造业和现代服务业"双轮驱动"战略,为经济结构调整和转型升级提供支持。与此同时,借助海外投资,实现资源战略、产生升级战略以及调节外汇储备战略等,全面提升江苏在全球产业链和价值链的地位。

2. 结合供给侧结构性改革,引领市场发展趋势

企业要紧密结合供给侧结构性改革,将发展方式从投资驱动向创新驱动转换,将产品服务从劳动密集型向科技密集型转变,真正发挥出引领市场、创造需求的作用。具体包括:第一,转变企业经营体制和管理体制,建立健全现代企业制度,按照国际标准建立和发展跨国企业。第二,国内企业应充分利用供给侧机构改革的契机,改善经营管理水平,降低企业成本,培育新的增长点,推动自身规模的扩大,扩大国内市场份额,使自身在国内能成为具有核心竞争力的大企业。只有这样,企业才能在全球价值链中争夺一席重要之地。第三,企业要提高产品标准,加强质量管理,提升产品质量,发扬工匠精神,提高企业品牌锋利度、增加品牌新鲜度,培育更多"百年老店",全面提升推动产业升级,形成新的竞争优势,引领市场潮流。

3. 强监管下,"合规出海"

海外投资是企业发展的必由之路,随着国内外监管日趋加紧,企业如何合规出海是企业的必备课程。第一,建立和实施合规管理体系。企业要按国际标准进行规范化建设,增强自身合规性。合规部门要做好合规检查和追责工作,积极鼓励企业内部检举,对违规行为进行严惩。同时,企业要进行国际化建设,吸收国际人才,建设国际化管理体系,提升跨国运作指数。第二,企业在融入全球化进程中,要熟悉各国政治、经济、法律和文化,把握全球竞争新方式和新规则,尤其"走出去"所在国的审查机制和政策,才能找准行业和投资伙伴。同时,也要谨慎对待国家非鼓励性领域。

参考文献

[1] 佚名.全球工程机械需求增长,徐工集团抢滩"一带一路"市场[EB/OL].中国经济网.http://finance.ce.cn/rolling/201704/12/t20170412_21888596.shtml.

[2] 顾正龙.2017年中东局势"剪不断,理还乱"[EB/OL].华语智库.http://baijiahao.baidu.com/s?id=1587533437474476019&wfr=spider&for=pc.

[3] 王辉耀.强监管下企业如何"合规"出海[EB/OL].中国贸易新闻网.http://www.ccpit.org/Contents/Channel_4126/2017/1228/938946/content_938946.htm.

[4] 中国国际贸易促进委员会[EB/OL].http://www.ccpit.org/fwtouzicujin/index.htm?ChannelID=4125.html.

[5] 中国一带一路网[EB/OL]. https://www.yidaiyilu.gov.cn/info/iList.jsp?cat_id=10032.html.

[6] 中华人民共和国商务部对外投资和经济合作司[EB/OL]. http://hzs.mofcom.gov.cn/.

[7] 江苏国际投资促进网[EB/OL]. http://www.iinvest.org.cn/.

[8] 邱玉玲. 江苏对外直接投资对产业结构的影响研究[D]. 南京师范大学,2017.

[9] 陶攀,荆逢春. 中国企业对外直接投资的区位选择——基于企业异质性理论的实证研究[J]. 世界经济研巧. 2013(09):74-81.

[10] 张莉."合规"挑动出海中企神经——专家解读《合规管理体系指南》[J]. 中国对外贸易,2018(07):42-43.

[11] 钱颜. 出海必修课:将合规融入业务流程[N]. 中国贸易报,2018-08-14(006).

[12] 郭艳. 严守合规"生命线",出海才能"立足稳"[J]. 中国对外贸易,2018(05):42-43.

[13] 陈雅娟. 供给侧改革背景下的中国企业对外直接投资研究[D]. 西南科技大学,2017.

[14] 杨挺,李志中,张媛. 中国经济新常态下对外投资的特征与前景[J]. 国际经济合作,2016(01):28-37.

[15] 陈坚. 完善中国企业"走出去"政策措施体系之思考[J]. 国际贸易,2013(10):25-31.

[16] 周茂,陆毅,陈丽丽. 企业生产率与企业对外直接投资进入模式选择——来自中国企业的证据[J]. 管理世界,2015(11):70-86.

[17] 李坤. 中国对"一带一路"国家直接投资的产业选择研究[D]. 湖北大学,2016.

电子商务篇

第一章 江苏电子商务发展现状

近年来,江苏省已成为我国电子商务大省,发展位居全国前列。2017年,江苏省实现电子商务交易2.65万亿元,较上年增长22.7%,网络零售交易6893亿元,同比增长27.3%,活跃网店87万多家,交易额稳居全国第三,网络零售额稳居全国前五。从网络零售额占比上看,江苏省南京、苏州占全省总额近62.26%,相比去年同期上升了1.58个百分点,区域集中度有所上升。其中,南京网络零售额占全省34.53%,排名第一;第二梯队地市中,无锡、南通、常州、徐州约占全省14.37%[①]。目前,电子商务已成为江苏省战略性新兴产业,对推动江苏省产业转型升级,促进流通现代化中发挥了重要作用。

一、基本概况

江苏现有国家级电子商务示范城市5个,分别为南京、苏州、徐州、常州和无锡,国家级电子商务示范基地7个,南京市建邺区、苏州金枫电子商务产业园被商务部列入首批34个国家电子商务示范基地,南京玄武区徐庄软件园、淮安电子商务现代物流园、无锡山水城电子商务产业园、宿迁电子商务产业园区和常州创意产业基地被商务部列入第二批个国家电子商务示范基地,两者数量均居全国第一。

2017年,全国电子商务交易额达29.16万亿元,网络零售交易额达7.18万亿元。江苏是电子商务大省,过去几年,江苏电子商务产业增速明显,成为推动全省经济增长的新引擎。据电子商务研究中心(100EC.CN)监测数据显示,2017年1—12月,江苏省实现电子商务交易2.65万亿元,较上年增长22.7%,网络零售交易6893亿元,同比增长27.3%[②]。2017年,南京市电子商务运行情况总体平稳,市场规模进一步扩大。今年上半年,全市网络零售额达1531亿元,超过2015年全年网络零售额,同比增长34.9%,全省排名第一[③]。农村电商保持了全国领先地位,电商园区集聚发展,骨干企业加快成长,跨境电子商务已成为外贸新增长点和推动外贸转型升级的重要着力点。产业结构明显改善,运行质量更加优化,江苏省电子商务呈现出巨大的发展空间与强劲的增长势头。

2017年,江苏省顺应互联网快速发展形势,着力推动网络经济与实体经济的深度融合,不断强化云计算、大数据、人工智能、物联网等数字技术的深入应用,不断营造催生新业态、新模式、新经济发展的厚实土壤,全省网络经济呈现出良好的发展态势,主要呈现出四个特点:一是网络经营主体结构明显优化,发展活力进一步增强;二是网络交易深度融合特色产

[①] 网经社讯.南京网络零售额占全省34.53%,排名第一[EB/OL]. http://www.100ec.cn/detail-6473781.html,2018-09-30.

[②] 网经社讯.2017年1—12月江苏实现电商交易额2.65万亿元[EB/OL]. http://www.100ec.cn/detail-6473377.html,2018-09-28.

[③] 江苏省商务厅电子商务与信息化处.2018中国·江苏电子商务大会在南京召开[EB/OL]. http://swt.jiangsu.gov.cn/art/2018/9/29/art_57732_7831060.html.

业,助推经济转型升级;三是网络交易培育新动能,经济发展质量显著提升;四是网络交易环境明显优化,支撑保障更加有力。

二、网站开办主体分析

(一)网络经营主体情况

截至 2017 年底,江苏各类市场主体开办的经营性网站共有 147767 家,各类网店共有 2239823 家,网店所在平台涉及淘宝网、天猫、慧聪网、京东、苏宁易购、1号店等国内主要第三方平台,且主要集中在淘宝网、天猫平台,共计 157.43 万户(含自然人网店 147.98 万),占比 70.29%。从淘宝网、天猫平台网店区域分布看,数量较多的地区是苏州市、南京市、无锡市、徐州市,分别为 391396 户、230295 户、150347 户、147270 户。

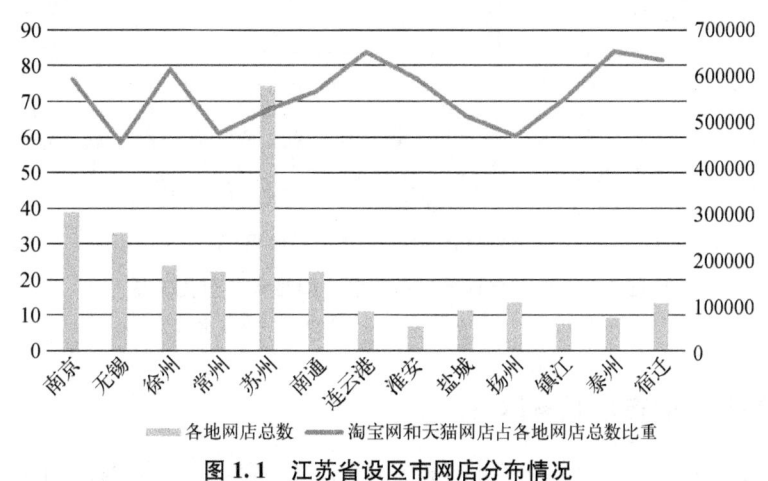

图 1.1 江苏省设区市网店分布情况

资料来源:2017 年度江苏省网络交易发展和监管情况报告

(二)网络销售情况

2017 年,全省淘宝网、天猫平台上网络销售总额为 4696 亿元,同比增长 32.77%,网络销售额居广东、浙江之后,位列全国第三;南京市、苏州市位居省内前列,大幅领先于省内其他地区,分别达 1389 亿元、1285 亿元,均达到千亿元以上。

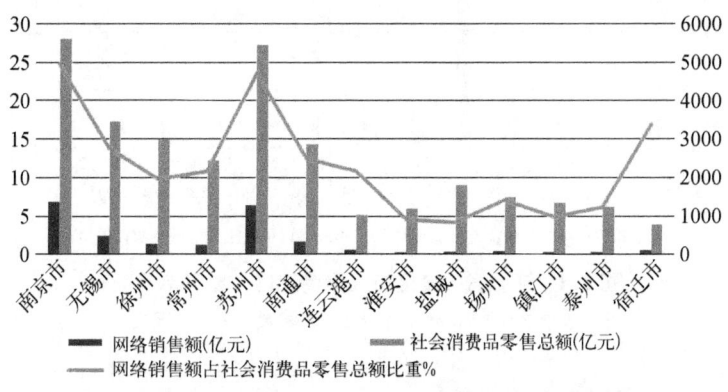

图 1.2 江苏省内各设区市天猫、淘宝网的销售额情况

资料来源:2017 年度江苏省网络交易发展和监管情况报告

(三) 网络消费情况

2017年,全省在淘宝网、天猫的网络消费者人数为3503万,占全省常住人口总数比重为43.81%;全省淘宝网、天猫平台上网络消费额为3942亿元,同比增长23.8%,其中苏州市、南京市、无锡市位列网络消费额总额前三位,分别为887亿元、830亿元、464亿元,总量在全省均遥遥领先。

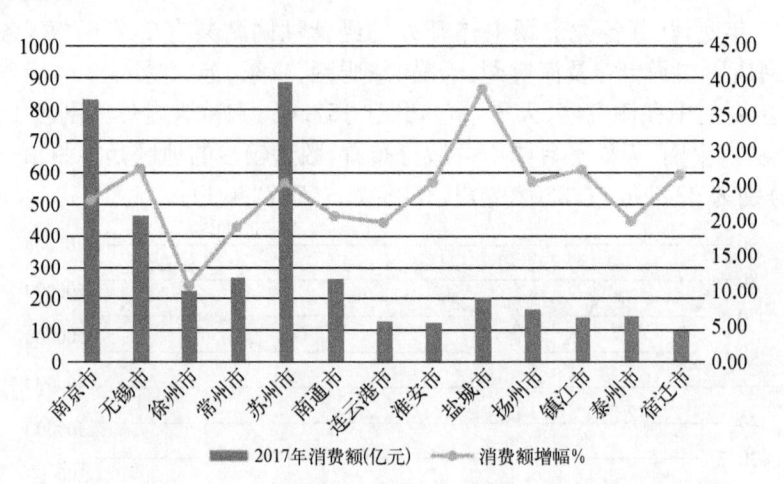

图1.3 2017年江苏省各设区市网络消费额及增幅

资料来源:2017年度江苏省网络交易发展和监管情况报告

(四) 网络交易的市场服务体系

2017年,淘宝网、天猫平台上江苏省网络交易(含网络销售与网络消费订单)总数为64.6亿件,同比增长17.27%。其中,苏州市、南京市的总订单数最多,分别为15.01亿件和13.98亿件。

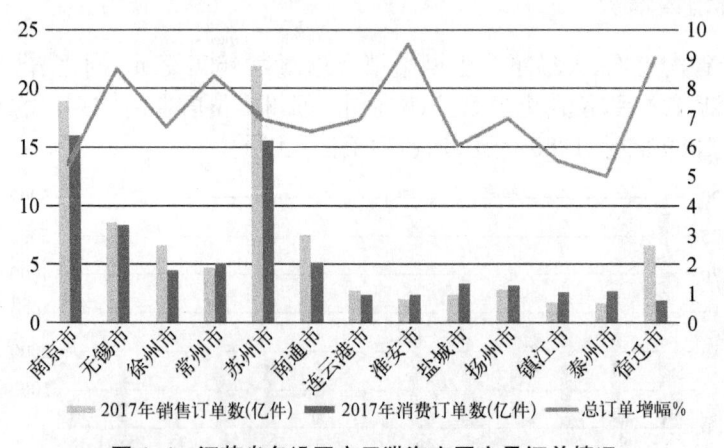

图1.4 江苏省各设区市天猫淘宝网交易订单情况

资料来源:2017年度江苏省网络交易发展和监管情况报告

(五) 网络市场监管情况

2017年,全省工商系统共抽检网络交易商品1493个批次,经检测,1052个批次合格,总体合格率为70.5%,高于2016年度的56.3%;受理网络消费投诉总数为43880件,占全省接受消费投诉案件总数189139件的23.2%;查处网络交易违法案件1912件,罚没款3008.3万元,网络市场秩序逐步规范。全省共有25家网络交易平台和82家网店被认定为省电子商务领域放心消费创建示范单位。各地推进网站电子标识公开,指导督促网络交易平台落实平台内经营者主体准入、交易规则完善、商品和服务质量保障、消费者权益保护等制度,逐步构建以信用为核心的网络市场监管体系,切实营造诚实守信的电子商务环境。

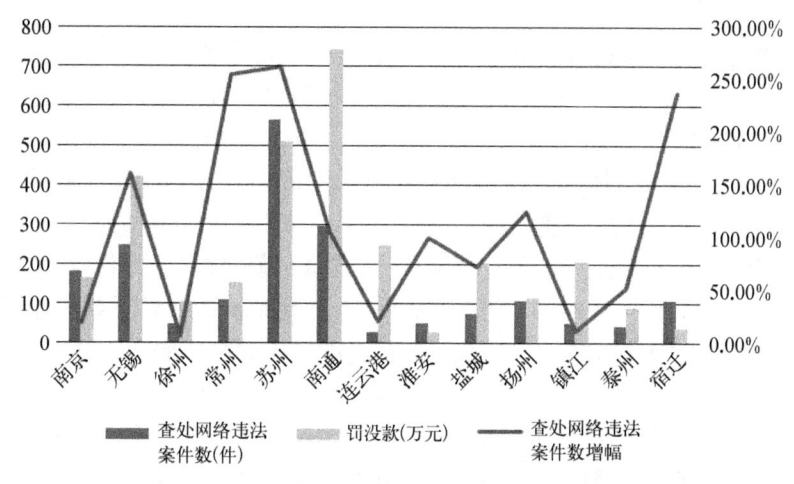

图1.5 2017年江苏省各设区市网络市场执法情况
资料来源:2017年度江苏省网络交易发展和监管情况报告

三、交易规模分析

(一) 总体规模情况

2017年,全省在淘宝和天猫上消费人数为3503万人,消费额为3942亿元,人均破万元,其中苏州、南京、无锡消费排名前三。全省销售额达4696亿元,位列全国第三。截至去年年底,共开了223.98万户网店和14.78万家经营性网站。2017年南京在淘宝、天猫上销售额1389亿元,苏州紧追其后,为1285亿元,均达到1000亿元以上。数据显示,全省市场主体开办的经营性网站中,开办主体为企业的达14.34万户,比重为97.06%,截至2017年底,淘宝网、天猫平台的江苏网店中,企业网店达9.45万户,同比增长28%(2016年度为7.33万户)。可以看出,企业类型网络经营主体所占比重呈现逐步上升趋势。同时,新兴产业和服务业经营性网站显著增加,科学研究、技术服务、批发零售、信息传输、计算机服务软件业等行业网站数量达59860户,比重为39.72%,增长了4个百分点[①]。

(二) 网店区域分布

各地区网络交易发展水平参差不齐,交易规模存在较大差距。截至2017年底,全省各类网店共有220多万家,其中70.29%的网店集中在淘宝、天猫平台上。全省网店数量最多

---

① 朱梦笛.《江苏省网络交易发展和监管情况报告》发布,去年我省"剁手党"人均网购破万元[EB/LO].http://jsnews.jschina.com.cn/shms/201805/t20180525_1630251.shtml,2018-05-25.

的地区是苏州、南京和无锡。2017年全省淘宝网、天猫平台上网络销售总额为4696亿元,同比增长32.77%。其中南京、苏州位居省内前列,网络销售额均突破千亿元。全省网络销售商品主要集中在手机数码、服装家纺、玩具家具等商品上。比如苏州服装的销售,南通家纺和布艺的销售,都体现了互联网产业与当地特色产业的紧密关联[①]。由此可见,江苏省的网络商品交易额主要集中于这几个城市,区域电商发展水平不平衡。

(三) 支撑服务体系

从快递业务量生成来源看,全省快递业务量六成来自电商。2017年,全省快递业务收入408.2亿元,人均业务量达45件,跨境电商国际小包裹件接近亿件,增幅超50%[②]。2017年江苏快递业务量和业务收入,分别排名全国第三、第四位。全省快递业务量完成36亿件,增长26.7%。和过去相比,快递业已从爆发式增长变成中高速增长。2017年,昆山好孩子集团快递发货量达290万件,快递服务支出4080万元,带动集团营收超5亿元。2017年阳澄湖大闸蟹销售,约七成通过快递送达全国各地,截至目前,快递已派送约900万件大闸蟹,业务收入达3亿元,同比增幅35%。苏州、徐州、连云港邮政管理局引导快递企业嵌入制造业生产基地,提供专业延伸服务,2017年全省累计建成各类快递服务制造业项目197个,形成业务量915.3亿元。

从在线支付系统应用情况看,江苏省网络交易企业主要存在5种支付渠道,分别是自建支付平台、采用银行网关、货到付款、邮局汇款和通过第三方支付平台。统计显示,大部分企业都支持通过第三方支付平台和银行网关进行支付,并且一般支持两到三种支付方式的混合使用。与支付宝、财付通、快钱等第三方支付平台相比,江苏省第三方支付平台还处于发展初期,规模和影响力有待提升。

目前,阿里、苏宁、敦煌、网盛、生意宝、京东、慧聪网等电商已获独立贷款业务牌照。苏宁获得的牌照与资源涵盖第三方支付平台易付宝、供应链融资、保险代理等业务及与此相关的产品服务创新。

支付宝全民账单显示,2017年江苏省移动支付占比83%,超出全国平均的82%。其中南京市排第一,随后是无锡市、镇江市。南京移动支付占比是89%,同比提升10个百分点。2017年,南京人信用免押金近5亿。通过在线缴纳水电煤等低碳行为,400万南京用户在蚂蚁森林共减排4万吨,累计为地球种下32万棵真树,种树量排名全国第九。公共交通是城市出行的最重要方式。2017年8月,南京D4和D9路开始试点支付宝乘公交,并将推广到南京所有公交线路。未来,南京地铁、轮渡也都能扫码付款。另外,南京市民在支付宝中办理过各种公共服务。其中最受民众欢迎的三项服务是交通违法缴罚、社保查询和公交查询。电子商务的发展促进了在线支付的规模[③]。

---

① 郭艺,刘堃,郝朦.2017年江苏网络交易发展情况报告出炉[EB/OL].http://news.jstv.com/a/20180524/152716376320.shtml,2018-05-24.

② 智研咨询整理.2017年中国各省份快递大数据分析[EB/OL].http://www.chyxx.com/industry/201711/581085.html,2017-11-09.

③ 张希.2017年南京移动支付占比89%居江苏首位[EB/OL].http://www.njdaily.cn/2018/0102/1673179.shtml,2018-01-02.

第二章 江苏电子商务发展的特点

一、电子商务引领数字经济快速发展

近年来,世界经济正向数字化转型,大力发展数字经济成为全球共识。电子商务是数字经济的重要组成部分,是数字经济最活跃、最集中的表现形式之一。2017年,江苏电子商务交易额2.65万亿元,同比增长22.7%,网络零售交易额6893亿元,同比增长27.3%,位居全国前列。江苏有145992家购物网站、248508家网店。全省网站开办主体以企业为主,达140695家,占总量的96.37%。开网站的企业以中小企业居多。全省网站区域分布不均,苏州最多,有41016家,占总数28.09%;南京、常州、无锡紧随其后。江苏省跨境电商出口日益成为江苏省开辟海外市场的新通道,2017年海关跨境电子商务管理平台验放商品出口增速达41.3%,高于同期全国出口增速30.5个百分点,2017年江苏省跨境电商出口交易额位列全国第三。

另外,从电子商务交易的结构来看,工业电子商务或者B2B电子商务依然占据交易规模六成的比例。我国实物商品网上零售对社会消费品零售总额增长的贡献率也在不断上升,跨境电子商务出口也日益成为中国商品开辟海外市场的新通道。同时,大数据、云计算、人工智能、虚拟现实等数字技术为电子商务创造了丰富的应用场景,不断催生新营销模式和商业业态。未来,大数据、人工智能、区块链等数字技术将与电子商务越来越融合,线上电子商务平台将与线下传统产业、供应链配套资源加快融合,社交网络将与电子商务运营加快融合,电子商务还将进一步促进内外贸市场融合。同时,产业数字化将全面推进零售业态创新、提升商品质量和用户体验;B2B电子商务将进一步促进工业制造及供应链数字化转型,成为推进工业互联网的重要突破口。

二、电子商务产业创新不断催生新业态新模式

《2017世界电子商务报告》显示,区块链等新技术是商业模式创新的动力来源。报告显示,中国的跨境电商已经走在了世界前列,中国跨境电商所遇到的问题以及提出的解决方案,在世界范围内都具有示范性和先导性。区块链、AI、VR、AR等新技术依然是商业模式创新的动力来源,新的消费场景、消费模式会不断涌现。

苏宁云商探索的O2O模式在全国影响较大,目前在互联网金融、国际快递等方面稳步推进。五星控股打造的汇通达融合互联网技术和现代物流,专为乡镇市场提供家电供应链服务。江苏九樱整合电商企业和中国福彩一些销售门店,扎根社区提供网上购物、收寄包裹等服务,有效解决了快递"最后一百米"问题。南京众彩物流依托农副产品批发市场,打造了"E鲜美"电子商务平台专供生鲜食品,叠加并放大原有优势,对电子商务和专业市场起到了双向促进的作用。全国第一家电商专业银行——中信银行电商支行在无

锡成立,积极探索开发"创业贷、天猫贷、电商贷"等免抵押免担保融资产品,扶持电商企业创业创新。

江苏电子商务模式也不断创新。据苏宁易购集团副总裁范春燕介绍,传统电商多为B2B、B2C模式,但通过大数据分析发现,C2B的反向定制模式正成为一种潮流甚至主流。近年来,苏宁通过大数据挖掘消费规律,反向定义产品设计,同步预售、预测订单,以需求引导生产,让精准订制和智能制造成为现实。去年,苏宁联合海尔推出的全球首款T门全空间保鲜冰箱,就是依托苏宁会员大数据分析和海尔智能制造手段,基于用户冷冻室保鲜需求反向定制而成的。这款定价过万元的冰箱,上市短短几个月就卖出两万多台,在苏宁易购官网上的好评率高达98%。

三、电子商务应用领域不断拓展

为推进江苏省农村农业经济健康发展,江苏省电子商务与信息化厅不断推进农村电商工作,加快农村电商标准化体系建设,促进传统农业转型升级,带动农民增收致富。截至2017年底,全省已创建了六批农村电子商务示范村。2017年创建了六区马鞍街道大圣社区等70个行政村为第六批江苏省农村电子商务示范村,2017年9月创建了六合区马鞍街道等45个镇(乡、街道)为第三批江苏省农村电子商务示范镇。2017年11月,根据省商务厅《关于开展江苏省省级电子商务示范社区创建试点工作的通知》要求,创建了南京市浦口区永宁街道张圩社区等30个省级电子商务示范社区。通过推动电子商务进社区工作的开展,更好地满足了社区居民便利化、个性化、多样化消费需求,扩大了消费,提高了社区居民生活品质,促进了智慧社区的构建。生活服务领域,常州的"淘常州"平台运用创新的同城B2B2C模式,打造集销售、物流、服务为一体的综合性消费服务平台。在线旅游领域,同程旅游注册会员总数5000多万人,占国内景点门票预订市场70%以上的份额。移动电商领域,无锡"买卖宝"掌上移动商城,是国内第一家专业从事移动互联网的B2C商城,销售额连续6年保持300%的高速增长,现拥有会员用户1500万人,年增速30%,日均访问用户超过500万,客户回头率达到40%。

四、产业发展示范作用显著

江苏现有国家级电子商务示范城市5个,与广东并列全国第一位;省国家级电子商务示范基地有7个,居全国第一位;国家级电子商务示范企业12家,与上海、浙江并列第二(北京第一)。睢宁县等7个县(市)被评为国家首批电子商务进农村综合示范县。省级层面上,在全国率先开展省级"电商县"和"电商村"创建工作,得到国家有关部门的好评。目前共创建了13个省级农村电子商务示范县、102个省级农村电子商务示范村、26家省级电子商务示范基地、56家省级电子商务示范企业,以及33家省级电子商务人才培训基地。

江苏大力发展行业电子商务,实施大中型企业电商拓市工程,深入开展电商拓市环省行活动,全省大中型企业电商应用基本实现全覆盖。与此同时,江苏在装备制造、冶金、化工、电子信息、新医药、新材料、纺织、轻工等领域,重点打造30家行业B2B平台、25家大宗商品交易平台和百家行业特色平台。徐工集团、沙钢集团、南钢集团、远东电缆、红豆集团等企业建设的行业B2B平台增长迅猛,平台集聚效应明显。石油化工、稀贵金属、有色金属、纺织材料等大宗商品类综合交易平台优势突出,远东买卖宝、无锡不锈钢、中国绸都网在行业领域取得了市场定价权。据悉,行业电商平台建设带动了电商服务产业的发展,以焦点科技、苏宁易购、京东江苏为代表的综合性电商服务平台,以买卖网、香传电子、千米网为代表的专业电商服务平台等一批电商服务企业迅速成长壮大。超过20万家制造型企业通过焦点科技打造的百卓采购网进行采购,年采购金额近1000亿元[①]。另外,江苏省有许多传统优势企业如沙钢、波司登、海澜、徐工、红豆等,都把电子商务作为企业发展模式转型的突破口。如中国纺织材料交易中心由中国纺织工业联合会授牌,由红豆集团承接建设的。

五、农村电子商务蓬勃发展

电子商务是"互联网+"时代最显著的特点,已经成为当前农村经济的新增长点。近年来,江苏省农业农村电子商务蓬勃发展,为优化农业产业结构、推动农村经济转型、促进农民增收致富、精准扶贫等发挥了重要作用。截至2017年底,我国农村网民占比已经达到了31.2%,其规模达到了2.13亿。2017年,我国农村网络零售额交易额12448.8亿元,农村网店达985.6万家,带动就业人数超过2800万人。江苏省农村电商一直居于全国前列,全省已创建了7个国家级电商县、28个省级电商县、80个省级电商镇和150个省级电商村。阿里平台显示的数字也是如此,2017年江苏省拥有淘宝村201个、淘宝镇17个,数量均列全国第三。[②] 宿迁市"一村一品一店"叫响全国,促进了因地制宜发展蔬菜、茶果、稻米、畜禽、水产、食用菌、花卉苗木等特色农产品的发展。阿里巴巴"千县万村"计划、京东"渠道下沉"战略、苏宁农村电商计划在全省落地,推动农业农村电子商务网点建设,为农民提供消费品代购、农资下乡及社会化便民服务。农资线上销售服务的快速发展,即化肥、农药、种子、兽药、农机具等主要农资线上销售。休闲农业电子商务的蓬勃发展,因依托农村绿水青山、田园风光、乡土文化等资源,发展休闲农业和乡村旅游等个性化、体验式农业电子商务日益增多。如开展休闲度假、旅游观光、农耕体验、农展节庆、农家餐饮、民宿预定等线上营销、线下体验的电子商务活动。特别是鼓励有条件的地区,推动一批古镇、村落进行网络营销,加快特色乡村旅游景区、农耕文化遗产等资源和服务在线化,全面激活农村要素资源,延长农业农村经济产业链。

2015年初,国务院扶贫办将电商扶贫工程列为精准扶贫十大工程之一。商务部网站开通的电商扶贫频道和电商扶贫APP,已吸引了20多家电商企业入驻,并在显著位置设立专区,与贫困地区政府、企业和农户等对接,对贫困地区产品网络销售给予流量支持、减免网店经营费用等优惠措施。2017年,全国832个国家级贫困县实现网络零售额1207.9亿元,高出全国农村网络零售额增速13个百分点。目前,江苏已实现"到2020年贫困人口人均收入大约4000元"的全国扶贫目标,而于"十三五"开启的新一轮脱贫致富奔小康工程,帮扶对象主要是乡村低收入人群、经济薄弱村、苏北6个重点片区和黄桥、茅山革命老区,涉及300万左右的农村低收入人口。

六、跨境电子商务由成长走向成熟

近年来,我国跨境电子商务在外贸下行态势下逆势上扬,持续保持了年均30%左右的

---

① 付奇.江苏大中型企业电商应用全覆盖 打造百家行业特色平台[EB/OL].http://www.js.chinanews.com/news/2018/0109/176187.html,2018-01-09.

② 陆剑.农村电子商务在江苏省精准扶贫中的需求与制约因素研究[J].中国市场,2018(30):26-27.

增长速度,成为经济发展新常态下推动外贸发展、产业转型升级的重要引擎。国家进出口政策也在继续释放利好,国务院决定将跨境电子商务零售进口监管政策过渡期再次延长到2018年底。2017年中国出口跨境电商中B2B市场交易规模为5.1万亿元,同比增长13.3%。相比之下,在网络零售市场上,交易规模为1.2万亿元,同比增长21.2%。[①] 在出口跨境电商卖家地域分布上,卖家主要集中在广东24.8%、浙江16.8%、江苏11.3%、北京8.6%、上海6.5%、福建5.4%、山东3.6%、河南3.2%、其他19.8%。其中,广东、浙江、江苏三省跨境电商卖家贡献的收入占全国52.9%。据阿里研究院的统计数据显示,中国跨境电商创业25佳县市中,江苏省有包括张家港、丹阳、江阴、常熟在内的四个县市入围。截至2016年6月,南京市跨境电子商务"两园一中心"的格局雏形得以显现,形成了一站式的综合公共服务平台,消费者网购的商品能够得到一站式通关以及快递分发派送。2016年上半年,无锡海关与苏州海关签订跨境贸易电子商务出口邮件监管备忘录,意味着无锡的国际邮包不必再送往苏州海关检查,可以直接从无锡口岸离境,这为各跨境电子商务企业提供了更好的平台。2016年4月,连云区大陆桥跨境电商产业园进入运营阶段,据连云港某从事跨境电子商务的企业负责人表示,该公司主要在各大国际电子商务平台上进行交易,业务范围有家居产品、茶叶等,在欧美、日韩都有订单交易,月交易额能够达十几万美金。

苏州是首批国家电子商务示范城市之一,自2016年1月获批以来,苏州跨境电商综试区实现了保税进口B2B2C、直邮进口B2C、一般出口B2C以及跨境B2B出口全模式支持。今年上半年,苏州跨境电商综试区线上综合服务平台统计B2B出口约30亿元,备案商品超54000种,累计登记备案企业328家;苏州市通过E邮宝及邮政小包形式销往海外的跨境电商B2C出口商品超1300万件,出口金额约2亿美元;苏州综试区1210模式网购保税进口业务超40000票,金额超1000万元人民币。

七、电子商务物流和配送体系快速发展

国内电商企业已进入全面竞争及成本控制的重要时期,自建物流体系对于进一步增强电商企业的综合竞争力、广泛拓展业务领域、加快促进第三方物流集聚发展具有极其重要的推动作用。电商与快递发展互为依存,两者协同发展至关重要。日前,江苏省政府办公厅已发布《关于推进电子商务与快递物流协同发展的实施意见》(下称《意见》),督促多部门协同规范管理快递服务车辆,鼓励无人机加入末端派送,鼓励全省快递行业、消费者"共享快递盒",发展"绿色快递",智能信报箱将成江苏新建小区"标配"。省邮政管理局数据显示,目前全省已建成智能快件箱2.86万组,格口231万个。但对于每天快递业务量超千万的江苏来说,智能快件箱依然不够用。对此,《意见》要求各地将智能快件箱、住宅智能信报箱纳入便民服务、民生工程项目,在社区、高等院校、商务中心、地铁站周边等末端节点加快布局智能投递设施。新建住宅小区应配套建设住宅智能信报箱,并与住宅小区同步规划、同步建设、同步施工;鼓励老旧小区出新改造时补建智能信报箱。制定实施住宅智能信报箱、智能快件箱管理服务规范等江苏省地方标准。《意见》明确已建的居住面积5万平方米以上的居民小区,提供不低于25平方米的邮政快递服务场所;在校学生数量超过1万人的高等院校,应提供(预留)一定的邮(快)件用房。针对快递末端派送,《意见》鼓励和支持快递物流企业运用

---

① 跨境电商Max.2017年出口跨境电商交易额6.3万亿元,广东、浙江、江苏三省共计超过五成[EB/OL].https://www.douban.com/note/670903954/? from=tag,2018-5-25.

无人机等先进技术开展快递投送,提高快递物流服务效率。《意见》鼓励快递企业"共享"末端配送资源,比如鼓励快递物流企业开展投递服务合作,建设快递末端综合服务场所,开展联收联投,支持邮政、快递企业参与农村共同配送体系建设,推动农村发展第三方配送、共同配送,建立完善农村公共仓储配送体系。

据了解,苏州、宿迁、连云港等城市已在解决快递配送车辆"上路难"问题。本月中旬,连云港全市开展非标三轮车集中整治工作,连云港邮政管理局联手公安、交通等部门为全市快递电动三轮车解决"上路难"问题,通过帮助企业更换符合行业标准的车辆,对车辆实行统一车身颜色、统一外观标识、统一张贴二维码管理,在全市重点路段为快递电动三轮车开辟绿色通道等手段,为快递服务车辆上路提供便利。

八、市场发展制度环境日益规范

江苏省是我国电子商务大省,在十三五期间要抓住电子商务发展机遇,营造电子商务蓬勃发展的内外环境,加快推进电子商务发展,带动全省实现经济提质和产业结构升级。江苏省相继出台了关于加快电子商务发展、互联网平台经济发展、农村电子商务发展等文件,将发展电子商务和互联网经济作为促进江苏省经济转型升级、提振消费信心、扩大社会就业的重要途径,密集部署推出一系列政策措施,为促进大众产业、万众创新提供了有效助力。另外,江苏省还不断完善协同共治机制,2017年4月,省政府批复建立由省工商局牵头,省网信办、省发改委等13个部门参与的江苏省网络市场监管部门联席会议机制,形成了部门监管合力,13个设区市也全部建立网络部门联席会议机制。2017年度,省工商局分别与阿里、京东、苏宁等电商平台建立协作机制,开通了"红盾云桥"协作平台,加强了数据共享、行业规范、商品质量和监管执法等方面的协作,提升了网络市场监督效率,促进了网络市场秩序的规范。

第三章　江苏电子商务发展的问题和制约瓶颈

江苏的电子商务发展至今,同全国一样,在经历了网络泡沫和虚拟繁荣,以及虚火过旺阶段后开始走上了良性和日趋成熟的发展轨道,在某些领域已经取得了一定的成绩,比如苏南产业结构升级、苏北制造业集聚,江苏产业布局与经济结构调整的步伐得到了加快,这些为电子商务的发展提供了空间[①]。除此以外,发达的物流体系作支撑是发展电子商务的有力保障,江苏在公路、铁路、水运、空运方面齐备资源,为电子商务的物流货运提供了极其有利的条件。但江苏电子商务发展速度落后于北上广、浙江地区,问题主要体现在以下几个方面。

一、江苏电子商务发展的问题

(一)物流基础设施现代化水平低

区域物流基础设施资源配置不均衡。江苏的经济发展历来分为苏南、苏中、苏北的基本格局,这也致使江苏物流业基础设施出现了不均衡的格局。如苏南早已进入了高铁时代,基本实现了"一小时物流圈",而苏北、苏中尚需时日;又如,苏北、苏南的物流产业网络互联联通不够,物流形态不全面,铁路、运河河运、江海联运等方面均存在差距;再如,苏南与长三角、京津冀和安徽、河南等地的物流网络非常健全,效能也较高,而苏中、苏北则联通不畅,这种不均衡至少相差了10年。

多元化的物流运输方式整合度不高。江苏海陆空运输网络健全,也是海运水运、铁运、公路运输的大省,其中高速公路网平均密度达4.95公里/百平方公里,与发达国家相当。但是,公路与海运、水运、铁路等重要物流方式的契合方面存在差异。海运、水运、铁路运输的物流成本优势发挥不充分、公路运输成本居高不下、多式联运发展不平衡,致使各种运输方式之间的契合度不够。公路运输增长放缓,铁运降幅明显,水运升势较大。港口集疏运结构不合理,公路集疏运比例过高,海铁联运、公铁联运比例低,同质化竞争十分激烈。

新兴物流业态发展不足。许多新兴物流产业业态发展还不能满足江苏社会、经济发展需要,物流产业发展还有相当大的提升空间,尤其是适应现代服务业和农业走出去的冷链物流,适应江苏制造业和商贸流通业发展的保税物流,契合"互联网+"时代发展的电子商贸物流,适宜现代农业产品销售的农村电子商务物流网络,与时代同步的智能化管理和运营需要的智能物流,以及绿色物流、云物流等现代物流业态等有待大力提升。

物流业自身产品结构形态单调。虽然江苏制造业基础良好,但工业企业物流剥离程度低,物流需求没有得到充分培育和合理释放,对第三方物流发展造成严重制约。从物流企业发展水平看,企业自身规模化程度低,抗风险能力较弱,多数企业只能提供单一的传统物流

---

① 陆锋.江苏电子商务生态系统研究[D].合肥:安徽大学,2013.

服务,缺乏能够提供供应链全程服务的先进物流企业①。

(二)区域结构和城乡结构不够合理

区域结构不够合理。由于自然地理条件差异和经济发展水平的影响,苏南地区经济得到快速发展,然而苏北地区农业较为发达,工业发展较为缓慢,经济状况整体落后苏南地区。因此,苏南电子商务的发展程度、应用水平和信息化水平明显优于苏中和苏北地区。苏南地区的跨境电子商务以试点地区苏州为中心,南京、无锡、镇江等地市积极推广,跨境电商在苏南地区迅速发展。苏州建设了跨境电子商务园区以更好地促进跨境电商发展,包括高标准、高规格的仓库设施和跨进电商海关中心。各大全球知名跨境电商企业落户苏州,比如兰亭集势、聚美优品、抠抠网、中粮我买网、苏宁云商等。另外,继东莞之后,南京在龙潭建立跨境电子商务产业园区,成为全国第二家使用海关统一版通关平台的城市。无锡市跨境电子商务中小企业商会相关数据显示,无锡市外贸企业总数的 57% 已开展 B2B 跨境电商业务。为进一步打造跨境电商发展环境,政府吸引一大批优质跨境电商企业强势入驻无锡,如易单网、潘朵、赛昂、年喜合光等。苏北地区由于经济发展、物流、人才等多方面原因,跨境电商发展形势较苏南地区有较大差距②。对于整个江苏省来说,苏南、苏中和苏北三大区域的经济发展水平有着很大的差距,同时,网络经济的发展以互联网的应用为载体,苏南地区的互联网普及率也远远高于苏中、苏北地区,从而进一步导致了区域之间发展水平的不平衡③。

城乡结构不够合理。江苏作为全国农业大省,也是全国著名的"鱼米之乡",拥有优质粮油、绿色蔬菜、苗木果品、生态畜禽、特色水产、茧丝电子商务绸等优势农业产业,但是农产品标准体系建设还不足,尚未足够重视打造江苏农产品自主特色网络品牌。另外,缺乏对江苏农村移动电子商务宣传引导,未能充分发挥各级各类媒体舆论导向作用,营造"互联网+"下江苏农村移动电子商务的良好舆论环境。另外,江苏农村物流发展相对滞后,这严重限制了农村移动电子商务的发展。首先,江苏农村物流缺乏系统性和协调性,缺乏高科技的基础设施。虽然农村的交通运输等方面得到了较大的改善,但是从整体上进行分析发现,农村物流基础设施不管是在数量上还是在质量上都存在着一定的不足,而有些农村物流基础设施比如仓储等却由于缺乏全面的规划竟出现重叠现象。其次,政府在农村物流资金支持方面表现分散且缺乏合力竞争优势。农村物流服务具有分散性的特点是其劣势,这使得农村物流的服务效率难以得到提高。最后,江苏农村物流的信息化水平较为低下,农村物流信息资源的整合还显不足,农村物流"信息孤岛"现象还普遍存在④。

(三)引领产业链协同发展的平台和龙头企业数量较少

虽然依托长三角地缘优势和发达的运输网络,江苏电子商务交易规模迅速增长,电商骨干企业逐步壮大,产业集聚效应日益明显,网络交易平台日趋完善,已经成为全国电子商务业态最完整、最丰富的省份之一。但是与北京、上海、浙江、广东相比,江苏能引领产业链协

---

① 白元龙,杨柔坚."一带一路"战略下江苏物流业发展研究[J].宏观经济管理,2017(01):79-82.
② 章艳华,黄雨晴.江苏跨境电子商务发展对策建议——基于苏南、苏北比较分析[J].江苏商论,2017(06):23-26.
③ 李晓钟,杨丹.江苏省网络经济发展问题及对策建议[J].经济研究导刊,2016(10):46-47.
④ 张琴."互联网+"下江苏农村移动电子商务发展对策研究[J].商场现代化,2018(09):39-40.

同发展的电子商务平台和龙头企业数量较少,缺少具有重要影响力的领军型企业。在全国排名前三十位的电子商务平台中,江苏仅苏宁易购1家,其余绝大多数分布在北京、广东、上海、浙江等省市。江苏省销售额过亿元的电商企业数量也远低于以上省市,另外,浙江、广东、上海现投入经营以及在规划建设中的电子商务产业园都明显高于江苏省,且江苏省电子商务产业园起步较晚,规模小、功能少,尚未形成足够的发展能力。从行业上来看,江苏制造业企业电子商务应用主要集中于机械、纺织行业,电商实施效果较好的行业主要是农产品加工、医药、冶金、有色、建材等,而化工、煤炭、石化等行业电商实施效果不够理想。从注册资本规模来看,电商企业注册资金在1亿元以上的只占2.15%;另外,虽然B2B平台交易规模达3645.59亿元,占全省网络平台交易总额的73.8%,但制造业电商企业数量只占总数的49.17%,还不到一半,体现出行业一流的平台和电商企业数量相对较少。从开展电子商务活动的企业占比看,由于企业对电子商务缺乏认识,电子商务应用尚不能给广大企业带来明显的好处,同时企业也缺乏对电子商务给企业经营模式带来创新的认识,导致江苏开展电子商务活动的企业占比较低。江苏省中小企业的网络经济应用比例更低,中小企业是江苏省经济发展的主体,但很多中小企业对网络经济认识还不足,概念比较模糊。

二、江苏电子商务发展的制约瓶颈

(一)电子商务发展制度环境仍有待完善

政策环境、法律环境、技术环境、经济环境是电子商务生态系统在社会层面的四大观测点。江苏省作为经济发达地区,在技术、经济方面都有很强的竞争力,但政策环境与创业氛围还没有形成电子商务企业创建和快速成长的环境。中国的电子商务企业基本上都集中在中国经济最为发达的地区,其中以北京、上海、深圳、广州及杭州几大城市最为突出,这与当地政府给予的扶持政策紧密相关。以互联网电子商务为主导的新经济发展在上海和广东等地得到了相关高层的极大关注,江苏在这方面力度有些滞后和偏弱,这也与目前江苏区域内的工业经济发展现状有一定关系。但是,应该清楚地认识到电子商务产业的发展态势与当地决策层面的战略取向,有着密切的联系,在很大程度上决定了发展势头。电子商务的草根特性很强,但在政策、资金等层面还需要政府层的大力扶持及重要战略导向。

目前,虽然江苏省制定了较多促进网络经济发展的相关政策,但主要在省级层面上进行实施,与浙江相比,江苏省网络经济的政策倾斜有待加强,要注重省内各级政府机构对网络经济发展的扶持力度。比较一下,作为江苏的省会城市南京和浙江的省会城市杭州,在发展以互联网电子商务为主要代表的信息经济上,仍有较大的落差。杭州是中国电子商务之都,早已有经营第三方电子商务专业网站的阿里巴巴、网盛科技等领先公司陆续上市,在阿里巴巴、淘宝网、支付宝、生意宝等电子商务明星网站的后面,铺天盖地的创业网站正在杭州起步、成长。十多年间,杭州就提出要打造"天堂硅谷",把电子商务作为"天堂硅谷"的重要组成部分,把打造"中国电子商务之都"作为杭州的战略。杭州市政府要努力打造"世界电子商务之都",建设中国乃至世界互联网经济强市。政府的支持决心可见一斑,而且已经采取了很多具体措施。杭州作为国家电子商务、电子商务和国家信息化试点城市,电子商务建设和应用较早、基础扎实、领域领先、成效显著。这些成绩和杭州乃至浙江电子商务系统中各方组织机构的促进工作息息相关,也不难看出电子商务作为一个较复杂性的系统,在商业生态系统中已形成共同进化机制,每个成员在积极自我改善与改造的同时,都必须对系统中其他成员的行动加以注意并积极配合,保持步调一致,以实现共同的目标。

除了政策性文件的支持,江苏省还应在财税补贴等方面给予电子商务产业帮助。由于政府推动力度不大,政策方向不明晰,金融系统对于制造业的钟爱,造成了电商发展资金方面难以得到有效支持。创业氛围不浓导致创新创业型电商数量偏少。在创业取向方面,江苏目前的工业发展基础和发展态势氛围,以及互联网产业的风险性,使得江苏创业者在创业之初很容易把实体经济作为方向,造成了互联网经济整体发展氛围不浓厚,网络基础设施与先进地区相比也还有较大差距。同时,与浙江、上海相比,江苏省政府在引导、指导和培训中小企业网电子商务的力度不够,加上服务不够完善,中小企业进入电商渠道时面临着入门和成本的双重压力。

(二) 跨境电商服务体系有待完善

跨境 B2B 采取传统的报关方式,繁琐的通关手续导致跨境电子商务的时效性很难保证。当前跨境物流主要有以下三种方式:国际快递、邮政国际小包以及货运。国际快递价格较贵,成本相对较高;国际小包虽然价格优惠,但快递的时效性难以保证,且存在限重的困扰;而货运不适合频次高、种类多的小微电商,时效性也较差。另外,货物采用快递和国际小包的方式出境,由于没有经过海关系统,无法解决进出口退税等问题。传统跨境物流整体转运时效慢、价格高。其中,售后退换也是跨境电商的一大难题。电子商务交易的方式决定了其退换货的概率会大大增加,比如欧美等较发达的地区普遍无条件退货。由于通关流程复杂、手续繁杂,部分跨境电商物品很难顺利寄回国内,且由于制度不完善等原因,有些退回商品可能被当作进口缴纳相应税费这大大降低了跨境电商的顾客满意度,增加了企业的成本负担。对于江苏跨境电商企业而言,需要考虑时效、价格、安全、可追踪性等多个因素,尤其是如何打造物流、通关的一体化平台,是目前跨境电商亟待解决的问题。

跨境电子商务线上的支付尚处于初步阶段,存在较高的支付风险,导致用户的可信任度较低。例如跨境电商支付方式的稳定性,以及网络安全等。目前跨境电商主要支付方式有:信用卡、Paypal,还有俄罗斯的 Web Money、中东和北非的 Cash U 等。但国际信用卡需要预存保证金,收款比较麻烦,且收费较高,存在黑卡拒付风险,如 Paypal 的账户被冻结。且结汇问题也是跨境电商的一大困扰,对于跨境电商的国外购买者,只能采用个人储蓄卡进行结汇,且有一定的额度限制,这在一定程度上限制了国外买家的支付。国内跨境电商通常采取几种方式:一是本人开设多个账户,利用亲朋好友的账户开设多个账号进行结汇;二是第三方服务商;三是地下钱庄进行结汇。但这几种方式均存在较大的法律和安全的风险。针对目前跨境电商的结汇,相关部门急需采取相应措施完善和改进。

(三) 电子商务复合型专业人才匮乏

江苏省电子商务产业已从经济活动当中的一个流通环节发展演化成为涵盖金融、物流、营销、大数据、云计算、服务等各方面的生态系统,行业分工更为专业化,更加注重协同效应,对电商人才提出更多、更高的要求。目前,大部分企业对于专业跨境电商的人才需求非常急迫,电子商务和外贸的复合型人才供不应求。在跨境电商人才方面,虽然越来越多的跨境业务企业开始把电子商务作为企业发展的战略增长点来培育和推进,但由于缺乏电子商务技术和管理人才,在网上的商务活动仍然以广告宣传、寻找供应商或代理商信息、网上询价、洽谈等初级电子商务应用为主,跨境电商平台的发展却比企业快得多,在与企业对接的成效上产生了明显差距,企业跨境电商人才缺口巨大[1]。并且跨境电商的供求呈现不平衡趋势:一方面,企业对于电商复合型人才迫切需要,急需专业对口的人才,人才不济影响公司的快速发展;另一方面,江苏高职院校没有对口的复合型跨境电商专业,国际贸易专业和电子商务专业没有有效结合,毕业生在就业市场上未能体现复合型人才的优势,尤其苏北地区较为严重。经调研,苏北跨境电商公司对于营销类岗位(销售、推广、客服等)、复合型的运营管理人才处于供不应求阶段。[2]

另外,江苏省农村电商人才缺口严重。虽然江苏省淘宝村、淘宝镇数量不断增加,但现有农村电商从业者多为当地个体工商户、返乡大学生等身份,专业电商知识不够系统。县域很多传统企业并没有把电子商务作为企业发展的战略增长点来培育和推进,缺乏电子商务技术和管理人才,电子商务对当地产业发展和转型升级的带动不够。

---

[1] 浙江省商务厅电商处.浙江省电子商务人才发展报告[EB/OL].http://zhejiang.mofcom.gov.cn/article/sjgongzuody/201707/20170702605477.shtml,2017-07-06.

[2] 章艳华,黄雨晴.江苏跨境电子商务发展对策建议——基于苏南、苏北比较分析[J].江苏商论,2017(06):23-26.

第四章　江苏电子商务发展趋势

一、电子商务应用广度和深度将不断扩大

江苏各地发挥自身的特色产业集群优势,抓住互联网机遇,壮大发展规模,打造了常熟服装、南通叠石桥家纺、丹阳眼镜、睢宁家具等一批国内有知名度的网络交易行业品牌。根据天猫、淘宝网销售量排行榜显示,江苏省服装、住宅家具、床上用品、运动鞋、五金工具等排名靠前,与地方特色产业基本契合。海澜之家、海尔曼斯、科沃斯、好孩子等传统优势企业也将电子商务作为发展突破口,积极推进企业转型升级。各地还形成了一批大宗商品网络交易平台,着力发挥价格发布、交易撮合、仓储物流、结算融资等功能,进一步带动了相关产业发展。全省各地通过"一村一品一店"工程,强化特色农业产业与知名电商嫁接,迅速提升品牌知名度和营销精准度。依托淘宝、京东等平台,各地建设运营一批地方特色馆,如以苏州农产品集购网为代表的B2B垂直电商平台,对大宗农产品的货物和仓储物流进行标准化、信息化,缩短了农产品供应链,提高了流通效率,以"互联网+农业+金融"的方式,助力农业转型升级。

此外,新型服务业态蓬勃涌现。2017年度,苏宁大力推进"智慧零售",通过"一体两翼三云四端"战略构架,实现线上线下一体化服务;苏州八爪鱼旅游服务交易平台深度整合旅行社供应商与分销商等资源,通过互联网为产业上下游提供信息、交易、资金等服务;运满满货运平台通过大数据与人工智能等技术,并探索移动端广泛应用,较好地降低货车司机的空驶率,提高货运效率[①]。

二、B2C和移动端交易快速增长,B2B业务将稳步增长

在中国智能手机进一步普及、4G通讯技术完善及5G通讯技术发展、移动互联网发展的红利驱动下,近两年来,中国资本市场加大了对新型移动电商的企业投资力度,掀起了新一轮的移动电商投资新热潮。随着移动用户规模的不断增加,电商巨头加快移动端发展的布局,以及消费者购物渠道的多元化,移动购物市场的规模不断增长。据艾媒咨询数据显示,2017年中国网络零售市场交易额达65500亿元,其中移动端交易额达46370亿元,占比70.8%,远超传统的移动端交易额。2017年移动电商用户规模达4.73亿人,增长13.2%。为了抢占市场份额,电商平台们如在物流升级与数据争夺、加强品质把控、海外合作对接、布局VR/AR提高购物体验等领域拓展,不断优化自身平台竞争力,吸引更多用户尝试移动端的网购,2018年预计能增长至5.12亿人。据不完全统计,江苏省的电子商务企业,移动端

---

① 朱梦笛.《江苏省网络交易发展和监管情况报告》发布,去年我省"剁手党"人均网购破万元[EB/LO]. http://jsnews.jschina.com.cn/shms/201805/t20180525_1630251.shtml,2018-05-25.

交易额占到整体交易额44.76%,未来几年,江苏省移动端交易还有很大提升空间。

另外,2017上半年中国电子商务交易额13.35万亿元,同比增长27.1%。其中,B2B市场交易额9.8万亿元,同比增长24%。网络零售市场交易额3.1万亿元,生活服务电商交易额0.45万亿元。据中国电子商务研究中心监测数据显示,2017上半年中国B2B电子商务平台营收规模为168亿元,同比增长25.4%[1]。随着企业用户消费习惯逐渐转移至线上,加之B2B电商的在线服务趋向标准化和产业链化,为B2B迎来了新的机遇。随着B2B平台为中小企业提供信息化管理搭建服务的兴起,解决了中小企业信息化水平落后的障碍,加上物流水平快速发展、支付系统日渐完善,B2B将实现突破性发展。

三、跨境电商将成为对外贸易新渠道

目前,全国22个城市新设一批跨境电商综合试验区,江苏省南京、无锡榜上有名。加上此前获批的苏州,目前江苏已有3个城市成为跨境电商综试区。另外,2017年全年常州口岸累计监管跨境电商进出口商品货值1412万元,同比增长3.83倍。其中出库B2C业务占常州整体业务99%以上,位居全省前三。江苏常州深化"放管服"改革,全力助推跨境电子商务新兴业态蓬勃发展。2017年2月,常州地方公共服务平台与江苏省跨境电商检验监管系统成功对接,常州"单一窗口"雏形初现,2017年6月,常州跨境电商"单一窗口"的顺利上线,跨境电商电子化申报、"一地备案、全国共享"等便利落地,既实现政府部门之间的"信息互通、监管互认、执法互助",又落实了"让数据多走路,企业少走路"的简政放权改革任务。2017年7月28日,常州地区跨境电商直邮进口首批业务开通,常州成为省内第3集"出口直购"与"进口直购"模式于一体的全业务跨境电商城市[2]。

江苏积极建立电子商务国际贸易平台,推动跨境电子商务发展,为全省外贸增长开辟了新的路径。先后与焦点科技(中国制造网)和阿里巴巴共同建立了"江苏省国际电子商务平台"和"阿里巴巴国际电子商务江苏分站",建设了"江苏面料出口基地频道"、"江苏省旅游日化产品出口基地频道"等专业跨境贸易服务平台,开发提供综合门户、物流配送、仓储报关、商品预归类、物流可视化跟踪、商品追溯查询等服务。以便利化通关为目标,探索跨境贸易电子商务服务监管模式创新,规范跨境贸易电子商务的通关、结汇及退税,全省跨境贸易电子商务增长迅速[3]。

四、农村电商将在富民增收上发挥更大作用

近年来,迅猛发展的数字经济已逐步成为拉动经济增长的重要引擎。尤其是在江苏农村,电商已经成为快速提高农业竞争力、促进农民创业增收致富的有效途径之一。江苏拥有发展农村电商的良好优势。首先,"江苏农业产业化水平较高,'一村一品'主导产业和产品规模不断扩大;农村信息化硬件建设基础较好,全省大部分县(市、区)提前实现'行政村通光缆、自然村通宽带'";其次,物流体系逐步完备,快递服务网络已通达省内县级以上城市和绝

---

[1] 电子商务研究中心.2017年(上)中国电子商务市场数据监测报告[EB/LO].http://http://www.100ec.cn/zt/17market_data_report/,2018-06-26.

[2] 周婧,黄燕.江苏常州口岸跨境电商交易额突破1400万[EB/OL].http://www.js.chinanews.com/75/2018/0103/50955.html,2018-01-03.

[3] 陈幼迪.加快江苏电子商务高效发展的政策选择[J].唯实,2014(05):19-22.

大部分乡镇区域等。在互联网+创业理念的引领之下,江苏出台一系列政策支持发展壮大农村电商规模,电商成为农民增收致富新路。据统计,江苏目前拥有国家级电商县7个、省级电商县28个、省级电商镇80个和省级电商村150个。在推行农村电子商务"一村一品一店"模式的宿迁,全市拥有"中国淘宝镇"9个、"中国淘宝村"75个,农产品网店超过3万家,盆景园艺、实木家具、喜糖盒子、生鲜产品等产品销量居全网前列,沭阳县成为全国最大的农产品"淘宝村"集群。相关人士预计全年,宿迁市农产品网上交易额突破100亿元,农民新增收入70%来自电子商务[1]。

江苏省人民政府办公厅还印发《全省大力发展农业农村电子商务全面推进"一村一品一店"建设行动计划(2017—2020年)》,提出到2020年,力争全省所有县(市、区)建成农村电商运营服务中心,所有乡镇设立电商服务站,所有农业行政村实现"一品一店"全覆盖,创建省级"一村一品一店"示范村1000个,全省农业电子商务年销售额达到1000亿元以上,以12个帮扶重点县、6个片区、821个省定经济薄弱村以及黄桥、茅山革命老区为重点,因地制宜开辟特色农产品网络销售平台,到2018年年底实现省定经济薄弱村全覆盖[2]。

五、电商服务业应运而生,呈现良好发展态势

新技术的发展不断拓展电商服务领域。一方面,大数据、物联网和云计算等信息技术应用不断提升电商企业效率,拓展企业商务渠道;另一方面,随着"无人零售"、"智慧零售"等新业态的涌现,又衍生出更多的服务业务。电子商务服务业就是伴随电子商务的发展、基于信息技术衍生出的为电子商务活动提供服务的各行业的集合;是构成电子商务系统的一个重要组成部分和一种新兴服务行业体系;是促进电子商务应用的基础和促进电子商务创新和发展重要支撑性基础力量。随着江苏省电子商务的快速发展,电商服务业快速成长起来。目前,阿里、苏宁、敦煌、网盛、生意宝、京东、慧聪网等7家电商已获独立贷款业务牌照;苏宁获得的牌照与资源涵盖第三方支付平台易付宝、供应链融资、保险代理等业务及与此相关的产品服务创新。此外,焦点科技、宏图正在积极探索,与金融机构合作开展小额贷款、保险业务。依托大型电商平台,围绕电子商务运营中的店铺装修、商品管理、网络促销、流量推广、客服外包、咨询服务、招聘培训、定制设计等业务,孕育出大量创新型的电商服务企业,逐步形成了电子商务服务业的生态圈。苏州、南京、无锡、南通、徐州、盐城、泰州、常州8个城市进入全国在线服务商发展城市50强,全省电子商务产业园数量已达113个。

---

[1] 郁芬.江苏电商正为农村带来新活力! 电商带动农业增收,还需"添把火"[EB/OL].http://http://js.xhby.net/system/2018/01/27/030787243.shtml,2018-01-27.

[2] 佚名.江苏大力发展农业农村电子商务[EB/OL].http://www.sohu.com/a/191550149_809758,2017-09-12.

第五章　江苏省电子商务发展的对策

近年来,我国电子商务仍然保持了较高速度的增长态势。今年前三季度,全国网上零售额 62785 亿元,同比增长了 27%。其中,实物商品网上零售额 47938 亿元,同比增长 27.7%,占社会消费品零售总额的比重为 17.5%,对社会消费品零售总额的增长的贡献率达到 44.6%。在此大环境下,尽管当前江苏省电子商务发展遇到了一些困难和制约因素,但电子商务交易作为一种新型的、低成本的、高效的交易模式已经无可置疑的成为传统商务模式的有效补充,交易额不断增加,交易普及率和认可度越来越高,电子商务在我国快速发展已经成为一个不争的实事。针对以上提出的江苏省发展电子商务的瓶颈问题,我们认为应从以下几个方面采取有效措施来发展和改进江苏省的电子商务。

一、鼓励电子商务企业发挥市场主体作用

(一) 培育一批电子商务龙头企业做强做优

加快培育一批信誉好、实力强的电子商务龙头企业,支持具备条件的电子商务企业向平台化转型。目前,江苏省已有一批行业和特色平台步入快速发展轨道。苏宁易购线上线下融合全国第一,焦点科技(中国制造网)跨境电子商务全国第二,慧买网(宏图三胞)专业 IT 网上商城全国领先,CA 买卖网全国第一,同程网票务酒店旅游服务全国领先,江苏风云网络平台 SAAS 服务全国领先,红豆集团承接建设的中国纺织材料交易中心行业领先,中国绸都网和南通家纺城等 5 家发布行业指数。在"十三五"期间,江苏省要重点支持苏宁、途牛、好享购物、风云在线、中国纺织材料交易中心等行业内知名平台发展,利用省市的相关政策,推动综合性电子商务企业提升服务水平,鼓励专业性电子商务企业特色化、差异化发展,支持具备条件的电子商务企业通过兼并重组、战略合作等方式做大做强;吸引国内国外电子商务相关的优秀顶尖人才落户江苏,加盟江苏电商重点平台,展开电商相关的创业创新;在税收、融资、上市等方面给予政策优惠,加速重点平台壮大,做强做优。

另外,江苏省是全国制造业大省,还要依托产业集群分布特点,在工程机械、生物医药、食品饮料、钢铁、船舶、家纺、汽车、集成电路等重点行业引导大型工业企业深化电子商务应用,提高供应链和商务协同水平,推动有条件的大型企业电子商务平台向行业电子商务平台转化。支持这些行业大型企业电子商务平台与企业内部业务和管理信息系统的集成,推进这些大型企业在网间协同研发、设计和制造的能力,鼓励这些大型企业利用电子商务平台增强与产业链下游企业的协同能力,促进产品分销和售后服务水平提升,从而发展成为集交易、支付、物流等多种服务的行业电子商务平台。

(二) 推动中小企业 B2B 交易应用

中小企业电子商务应用多倾向于信息发布。在开展电子商务的企业中,81% 的企业在

网站上进行网络宣传、发布企业信息,但仅有35%的企业在网上实施定购,且只有22%的企业实施在线支付,没有企业进行物流配送,这说明江苏省绝大多数企业的电子商务的主要功能就是发布信息,真正意义上的网上交易很少。所以,应该鼓励中小企业积极应用第三方电子商务平台,开展在线销售、采购等活动,引导中小企业积极融入龙头企业的电子商务平台,鼓励有条件的中小企业积极自主发展电子商务。支持第三方电子商务平台品牌化发展,为中小企业提高信息发布、商务代理、网络支付、融资担保、仓储物流、技术支持等服务。稳健推进各类专业市场发展电子商务,促进网上市场与实体市场的互动发展,为中小企业应用电子商务提供良好条件。

中小企业电子商务业务更多涉及B2B业务,当前要抓紧促进和引导B2B电商建立和完善基本的线上订单管理系统、合同管理系统、仓库管理系统、融资担保服务系统等基本的线下成熟的服务模式。通过采用订单模式、融资服务模式,即帮助企业用户寻找订单,通过提供订单、提供备货融资服务吸引用户将交易放到线上,引导采购商逐步走向线上交易习惯。目前,B2B支付结算难以满足客户对资金流的要求。B2B平台上的企业客户对于在线支付结算的功能要求如支付安全、处理能力等较C2C、B2C平台更加复杂、精细、严格。虽然目前部分B2B电商平台开通了B2B担保支付,但是与第三方支付工具相比,其服务水平、产品易用性、操作便捷程度、工作效率等要逊色不少,因此加大力度研究建设更为严密谨慎的支付结算和资金管理系统,全面解决抑制中小企业普及电子商务的瓶颈问题。开拓电子商务产品服务创新,为中小企业迅速进入市场,形成规模提供机会,帮助企业提高综合竞争能力。促进企业电子商务智慧化应用推动信息化与工业研发设计的融合、推动信息化与生产过程控制的融合、推动信息化与经营管理的融合。

(三)打造农村电商网络品牌,构建农村现代物流体系

大力构建以移动电子商务与实体流通相结合并且协调发展的江苏现代化农产品物流体系,促进江苏"互联网+"进一步的深度融合发展。江苏要从宏观角度规划发展蓝图,从微观角度加大物流基础设施建设,不断完善农村物流体系的覆盖范围。针对高成本的农产品物流,我们可以引入政府专项补贴,建立相关的农产品绿色通道,切实减免费用,从而降低农产品网购的经济负担等。要打通从乡村到城市的集网络、仓储、运输、配送为一体的物流链条,打造"互联网+"下的高效农产品物流。政府在县域范围内整体推进农村物流配送,完善县级仓储物流配送中心、行政村物流配送点一体化全覆盖物流配送格局,打通物流配送"最后一公里"。并建立覆盖全省的开放式物流信息化平台,并实现与外省平台对接合作,构建并实施物流公有云和物流私有云,提高物流信息的支持服务能力。而针对生鲜农产品,还应加强投入冷链物流设施、设备,提高冷链物流水平。

一方面,绿色健康的农产品是农村移动电子商务的坚强后盾,作为农业大省的江苏要全面提升农产品品质、加强农产品标准体系建设,打造江苏农产品自主特色品牌。另一方面,强化宣传引导,充分发挥各类媒体舆论导向作用,营造"互联网+"下江苏农村移动电子商务的良好舆论环境。以优质粮油、绿色蔬菜、苗木果品、生态畜禽、特色水产、茧丝绸等产业为基础,以实力较强的农业大户或农民合作组织为龙头,以农业龙头企业对特色优势农产品的品牌开发与塑造为核心,重视农产品特色、差异加工及包装设计,深挖农产品文化内涵,培育一批"苏字号"优势农产品区域品牌和国家品牌,进而塑造江苏农产品网络品牌。同时,大力拓展江苏农村移动电子商务,依托特色产品和优势产业,通过"以点带面、以点育面、点面结

合",不断深入推进江苏农村电子商务示范体系的建设,特别是江苏农村移动电子商务示范体系的建设,使示范点模范带头作用逐步带动周边地区[①]。

(四)促进电商产业集聚发展,缩小区域发展不平衡

江苏要做强电子商务企业、做大电子商务平台、做长电子商务产业链,推动产业集聚发展,形成电子商务在全国领先的竞争优势。一要扶持重点企业发展。以创建电子商务示范企业为抓手,重点培育一批省级电子商务示范企业,支持电子商务示范企业做大做强。鼓励苏宁易购等有条件的电子商务企业通过融资、并购、合作等方式,扩大国内市场份额和国际市场规模,快速成长为全国行业内的龙头企业。二要壮大电子商务平台。结合江苏经济结构和产业特征,推进钢铁、机械、纺织、医药、旅游等行业电子商务和供应链信息化平台建设;依托传统产业优势和专业市场,提升张家港精细化工等大宗商品电子交易平台建设;支持优势流通企业整合上下游资源,培养一批以"网上新街口"为代表的电子商务零售交易平台和以买卖网为代表的新一代 B2B 电子商务平台;引导现有的专业性平台向集交易、支付、信息和技术服务于一体的电子商务综合平台转型,以平台壮大提升电子商务整体发展。三要延长电子商务产业链。在广泛应用企业与消费者、企业间电子商务模式基础上,不断延伸数字增值服务,大力发展电信、物流、电子支付和技术服务,促进电子商务从交易、信息服务向信息流、商流、物流和资金流综合服务方向发展,积极打造江苏电子商务服务业发展高地。当前,重点支持南京、苏州创建国家电子商务示范城市,通过以核带面,推动江苏高水平的电子商务集聚发展[②]。四要推进集聚发展。江苏省要积极促进电子商务产业基地的建设,推动电子商务集聚发展,在提高规模效应的同时,促进服务竞争,降低电子商务运营成本,提高专业化程度。要根据江苏省电子商务的业态和集散规模,合理规划布局,引入社会资本,统一规划电子商务产业基地,由政府主导建设运营,市场化运作。发挥江苏省开发园区产业规模效应和发展领先优势,以电子商务为核心,通过创建示范基地,打造创客中心、孵化中心,提升公共服务能力,促进电子商务产业集聚,搭建行业生态链,推动传统企业转型发展。

电子商务发展与资金和技术有着重要的关系,江苏省苏南、苏中和苏北三大区域的经济发展水平有着很大的差距,因此各个区域的电子商务发展水平也有显著差距,所以对三大区域的电子商务发展要有区别地进行引导。对于苏南地区,要大力扶持骨干电商企业和平台,大力推进工业化和信息化融合进程,提高企业电子商务的应用比重和引导企业经营模式创新;在苏中和苏北地区,要加大传统产业的信息化改造力度,尽快调整苏中苏北地区产业结构,提升产业层次,发挥网络经济、规模效应和边际效益递增规律的作用,从而获得最大收益;在苏北优先推动企业的信息化硬件投资,重点推进信息化软件投资。同时,加大经济欠发达地区网络基础建设投入,制定有效的人才引进措施,吸引电子商务专业人才进入中西部经济欠发达地区,推动电子商务的发展。积极鼓励在农业、旅游业等电子商务有巨大发展空间的行业开展电子商务业务,为农民增收、旅游业的健康稳定发展发挥应有的作用。

---

① 张琴."互联网+"下江苏农村移动电子商务发展对策研究[J].商场现代化,2018(09):39-40.
② 陈幼迪.加快江苏电子商务高效发展的政策选择[J].唯实,2014(05):19-22.

二、加快推动电子商务行业转型升级

(一)深化示范物流园区及配送体系创新发展

信息化是物流发展的重要依托,为此,江苏省加快推进全省示范物流园区公共APP开发应用,推动示范园区公共信息的开放与共享。对于示范带动作用强、影响力大的物流信息平台项目,优先给予科技、信息、电子商务等专项资金支持,支持申报国家级骨干物流信息平台试点,并支持符合条件的示范园区平台申报无运输工具承运人资质。江苏省将推进"枢纽园区"建设,强化多式联运运营主体培育,推进多式联运信息平台建设,大力发展公铁联运、铁水联运、陆空联运等;支持有条件的示范园区开通国际班列,拓展国际联运服务,并支持示范园区开展多式联运试点,优先申报国家、省级多式联运示范工程。为了推进园区作业自动化、过程可视化、产品追溯化、管理智能化,江苏省加强移动互联网、大数据、物联网、云计算等现代信息技术在示范园区的推广应用,加强示范园区云、网、端等智能物流基础设施建设,并支持示范园区积极打造智能化仓储物流示范基地,以推进"智慧园区"建设。未来江苏省将提升示范园区的基础物流服务、增值服务及配套服务功能,推进公共仓储、中转联运、分拨配送、供应链设计等服务的集成化运作,促进园区内物流、商流、资金流和信息流"四流合一",打造"高效园区"。[①]

要积极融入"一带一路"与长江经济带建设,引导快递物流企业围绕物流通道和物流枢纽,完善快递物流网络布局;加强快件处理中心、航空及陆运集散中心和基层网点等网络节点建设,构建适应电子商务发展需要的快递物流服务平台和配送网络。优化农村快递资源配置,健全以县级快递物流配送中心、乡镇配送节点、村级公共服务点和农村综合服务社电商服务站为支撑的农村配送网络,鼓励在村邮站叠加快递和电子商务服务功能,避免重复建设和资源浪费。加快培育具备仓配一体、智能分仓、快递集散、电子商务孵化、展示体验等功能的电子商务物流园,促进电子商务物流综合服务一体化建设。建立电子商务物流园评估体系,制定电子商务快递产业园认定标准,建设一批省级电子商务快递产业示范园。培育壮大电子商务物流运作主体,结合跨境电子商务综合试验区和跨境电子商务试点城市建设,积极开展跨境电子商务物流快递业务。支持各地将智能快件箱、住宅智能信报箱纳入便民服务、民生工程等项目,在社区、高等院校、商务中心、地铁站周边等末端节点加快布局智能投递设施。制定实施住宅智能信报箱、智能快件箱管理服务规范等江苏省地方标准。新建住宅小区应配套建设住宅智能信报箱,并与住宅小区同步规划、同步建设、同步施工;鼓励老旧小区出新改造时补建智能信报箱。多个经营快递业务的企业应共享末端服务设施,为用户提供便捷的快递末端服务。[②]

(二)推动电子商务技术、模式和业态创新

创新是电子商务产业发展的根本动力。要鼓励电子商务技术创新、模式创新和业态创

---

① 施科.中国交通报:江苏加快推进示范物流园区创新发展[EB/OL]. http://www.jscd.gov.cn/art/2017/7/26/art_21730_1379643.html, 2017-07-26.

② 江苏省人民政府办公厅.省政府办公厅关于推进电子商务与快递物流协同发展的实施意见[EB/OL]. http://www.jiangsu.gov.cn/art/2018/8/17/art_64747_7788031.html, 2018-07-16.

新,推进技术应用与商业模式创新有机结合,全面提升电子商务应用水平和持续发展能力。一是着力推进移动电子商务。要抢抓移动电子商务先机,加快新一代移动通信、物联网、云计算技术研究与应用,支持基础电信运营商、增值业务服务商、内容提供商和金融服务机构之间加强协作,依托手机、个人数字助理和掌上电脑等智能移动终端,开展移动电子商务。加快移动电子商务服务平台建设,鼓励现有电子商务交易平台开展移动电子商务业务,逐步提高移动电子商务交易比重。二是重点发展跨境电子商务。支持电子商务龙头企业走向世界,开展面向全球产业链协作的跨境电子商务展,引导中小企业利用第三方电子商务服务平台开拓国内外市场。加快推进跨境贸易电子商务通关综合服务平台建设,加快电子口岸结汇、退税系统与大型电子商务平台的系统对接,实现信、物流、支付等同步推进、协调发展。三是探索新型网络购物方式。农村是网络零售的薄弱点也是增长点,要结合农村流通实体网店建设,支持发展面向广大农民的网络零售平台,探索网上看样、实体网点提货等经营方式。进一步规范江苏网络团购发展,逐步建立市场准入制度,加强对团购组织者和资金的监管,促进网络团购平台健康持续发展。

三、加大关键技术和顶尖人才的引进力度

优秀顶尖的电商人才是发展电子商务的重要保障,是提升电子商务发展水平的关键,因此,电子商务人才的培养和引进是江苏省电子商务发展的重要工作。一是加强人才储备。依托省内高校人才资源,培养层次较高的电商专业技术人员,利用省市的相关政策,吸引国内国外电子商务相关的优秀顶尖人才落户江苏,加盟江苏电商企业,展开电商相关的创业创新。以地方规模企业为基础,加强与知名网商企业的合作,高起点建设电子商务培训中心,引进其先进电子商务培训管理理念,聘请高级专业人才前来培训授课,并紧密联系本地工农业产品开发实际,从而形成独具特色的实战型电子商务人才培训基地。加大专业人才的培养与引进力度,积极营造电子商务产业的文化氛围。建立院校与企事业单位合作进行人才培养的机制,整合国内外高端资源,建立"江苏电子商务研究院"等相关机构。加强在职人员继续教育,完善其知识结构,适应网络经济发展需要;再次,普及网络经济知识,增强民众网络经济意识及利用能力,为网络经济发展持续提供人力资源;支持大学生开展电子商务创业,江苏省大学生优秀创业项目推荐向电子商务类项目倾斜,对创业启动资金提供优惠贷款,对符合条件的创业项目给予贷款贴息。积极推行"1+X"创业培训模式,增加电子商务、网络创业等专项培训内容。二是加大资金扶持力度。加大对企业电商应用的扶持力度,重点支持电商平台经济发展;加大金融支持力度,推动省重点电子商务企业直接融资,鼓励电子商务企业以各种方式引入风险投资、战略投资,发行中小微企业债券,加快企业发展。三是强化安全保障。开展电子商务信用体系建设,实现社会化对接和共享;研究制定电子商务地方标准,积极开展标准化试点和应用;构建可信交易环境,推进电子商务地方性立法;加强政府引导和监管职能,保证电子商务健康发展;建立商品质量信息追溯系统,完善电子商务纠纷处理、争议调解、法律咨询等综合服务体系。

四、优化电子商务行业发展环境

(一) 继续完善电子商务服务支撑体系

从国内外知名电子商务企业发展路径看,物流、电子支付、技术支持等配套服务体系建设已经成为影响电子商务健康发展的关键环节。推进江苏电子商务发展,迫切需要完善电子商务支撑服务体系。一要加强物流体系支撑建设。加快形成物流配送和电子商务一体化协同发展格局,支持发展第三方物流和第四方物流,鼓励快递、配送、冷链物流、中转分拨中心等现代物流发展,支持专业化物流信息平台和公共服务平台建设,完善电子商务仓储物流配送基地,建成覆盖江苏城乡的物流配送网络。二要加强电子支付支撑建设。鼓励互联网支付、移动电话支付、固定电话支付、数字电视支付、银行卡支付、预付卡支付等多种新型付渠道的发展,注重不同支付方式和渠道的整合与兼容。重点推进第三方支付产业的发展,加强第三方支付的风险控制,为电子商务交易提供资金结算与转账服务。三要加强信用安全体系建设。建立健全相关部门信用信息资源共享机制,鼓励第三方信用信息服务平台建设,建立电子商务交易信息信用评估和管理制度,不断强化政府监管,严格行业自律,降低网络交易风险,保障交易安全和防范网络欺诈,打击利用电子商务从事各种违规违法犯罪活动。四要加强标准体系建设。充分发挥标准化技术支撑作用,推进电子商务标准化。加快研究制订电子商务行业标准,出台针对在线支付、安全认证、物流配送等支撑服务环节的行业标准和规范。开展重要电子商务标准验证与应用以及标准化示范试点,推动优势企业、技术组织参与国家标准制订与修订,抢占电子商务及相关产业标准的话语权和主导权。

(二) 着力推动网络信任体系环境建设

完善电子商务信用评价体系对于电子商务发展至关重要,但评价体系的建立不能仅仅依靠参与的企业和个人消费者,而应由政府、行业、企业、消费者及媒体共同合作,建立以道德为支撑、法律为保障的社会信用评价体系。一是我国应进一步完善信用评级制度和信用法律,建立完备的全民信用记录,避免出现个人多次在不同网站的商业欺诈行为,从根本上解决电子商务的诚信问题。近两年,江苏省公布实施了《江苏省社会法人失信惩戒办法(试行)》、《江苏省自然人失信惩戒办法(试行)》和《江苏省行政管理中实行信用报告信用承诺和信用审查办法》三份文件,也陆续出台的一系列信用管理文件,初步建立起江苏信用管理和工作的推进机制。另外,江苏已发放有效数字证书超过 150 万张,居全国前列,主要应用于税务、财政、安监、新闻、建设、国土、社保、招投标、教育、药监、民政、公检法、交通、卫生、电信、市政公用等领域,相关服务正向个人用户、电子支付、增值业务等领域拓展。但在互联网上,B2B 最大的交易成本正是信用,企业应用电子商务进行购销活动,最大的瓶颈因素还是信用问题。因而要抓紧出台政策,引导鼓励 B2B 平台企业建立信用评估监管系统,提高准入门槛,保障交易平台的交易质量。二是要大力发展第三方认证制度,增强第三方认证的权威性。建立合理的市场准入制度。降低 CA 认证的费用,积极发展企业与个人的 CA 认证工作,加强市场监管,公开必要的身份信息。要想在新型 B2B 交易平台上进行商务合作,仅仅靠电子网照是不够的,有效的电子签名才是电子商务的核心。江苏买卖网电子商务有限公司开发的 MMEC 可信电子合同系统是国内唯一通过国家级验收的电子合同订立系统,符合工信部、商务部等国家标准,具有国际领先水平,可以有效解决 B2B 平台诚信问题,推动 B2B 在线交易的实现,这些能够促进电商交易信用的举措都要不断推进,努力营造网络交易的信任体系。

(三) 不断优化电子商务快速发展的政策环境

电子商务发展初始,中央提出"在发展中规范,在规范中发展"的指导意见,随着电子商务在江苏快速发展,迫切需要优化符合江苏特点、遵循产业发展规律、有利于电子商务健康快速发展的政策环境。一要强化规划指导。科学编制江苏电子商务发展专项规划,做好电子商务发展与现代服务业、战略新兴产业等发展规划衔接,明确下个阶段江苏电子商务发展的总体思路、发展目标、重点任务和保障措施,确定江苏电子商务发展战略地位。二要强化财税支持。财政安排电子务发展专项资金,成立电子商务投资与创业基金,引导带动江苏电子商务产业发展。支持电子商务及相关服务企业认定和享受高新技术企业税收优惠政策,重点研究解决物流企业代购、电子商务税收管辖、税务登记和电子发票应用等相关问题。三要强化金融扶持。支持银行和各类金融机构向江苏电子商务企业倾斜,推动重点电商企业与银行加强融资合作。培育和发展创业风险投资,促进风险资本对电子商务自主创新和创业的支持。鼓励电子商务企业通过上市实现做大做强,利用资本市场直接融资。四要强化组织保障。建议由江苏省政府牵头,成立全省电子商务发展领导小组,统筹指导相关部门形成工作合力,全方位推进江苏电子商务发展。各地特别是有条件的地区,要根据自身区域定位和产业发展规划大力支持电子商务发展。成立江苏电子商务行业协会,搭建政府与企业之间的桥梁,通过开展各种形式的行业自律活动,促进江苏电子商务的健康发展。五是强化法律保障。电子商务的技术性带来的电子商务法律制定的困难,政府应尽快制定充分体现电子商务法律应有的中立原则、自知原则、安全原则和功能等同原则的、可行的、可操作的、在全国范围内施行的电子商务过程法,协调在电子商务交易活动中发生的各种社会关系。江苏省还可以成立行业协会,搭建政府与企业之间的桥梁,通过开展各种形式的行业自律活动,促进江苏网络经济的健康发展。

(四) 营造跨境电商快速发展的良好环境

一是鼓励进出口外贸发展,打造跨境电商大环境。当地政府应提高当地经济开放度,吸引更多更大的平台入驻,营造跨境电商发展的有利环境。比如淮安引进全球通,提供更好的环境促进当地跨境电商企业的发展,进而推动整个苏北跨境电商产业的发展。政府部门应提供更好的跨境政策和环境吸引企业和平台入驻,推动苏北跨境电商发展的步伐。

二是降低成本,打造综合一体化物流平台。为了应对诸多物流问题,跨境电商企业可通过在海外设立仓库降低物流成本、缩短运输及配送周期,但海外仓需要较为充足的资金流,且需要承担一定的风险。

三是强化法律法规管控,建立完善支付体系。需要加强跨境电商相关平台技术的研发及应用,保障支付体系的稳定性和安全性,减少因为技术问题带来的部分可避免交易困扰。为了提供多种可靠的支付方式,增强用户的信任度,政府应当鼓励有实力的第三方平台开展跨境电商业务。另外由于跨境电商交易存在跨境资金往来,相应的法律法规亟需完善,且第三方支付机构需要定期提供外币交易等信息。需要加强多部门的协调工作,跨境电商涉及工商局、海关等多个不同部门,为了实现信息共享以便有效沟通,亟需打造一体化信息交易平台,优化报关、报检、退税等流程,力争做到快速通关。

四是加强校企点对点合作方式,培养复合型跨境电商人才。复合型人才的培养。高校在课程设置和安排上,需要加强实践学习,将企业需求融入课程设置中,培养熟悉国际贸易、电子商务和英语的复合型人才,更好地满足对口企业需求。校企合作的推进。为培养跨境电商复合型人才,苏北多所高校、研究院要与企业建立人才对接机制,部分采取订单式培养、定向委培等方式,实施"企校通"、双匹配的培养方式,培养的大学生能更好地为外贸企业服务,共同推进精准就业。例如与阿里、苏宁等及其他处于发展期的中小型跨境电商企业合作,定向委培,提高人才培养精准度。

政 策 篇

省商务厅关于印发 2018 年全省流通发展工作要点的通知

苏商流通〔2018〕125 号

各设区市商务局，昆山市、泰兴市、沭阳县商务局：

现将《2018 年全省流通业发展工作要点》印发给你们，请结合实际，认真贯彻落实。

江苏省商务厅
2018 年 3 月 15 日

2018 年全省流通业发展工作要点

2018 年，全省流通业发展工作的总体要求是：贯彻落实党的十九大精神，以习近平新时代中国特色社会主义思想为指导，按照省委省政府和商务部决策部署，围绕全省商务工作会议布置的中心任务，顺应社会主要矛盾变化，以供给侧结构性改革为主线，以高质量发展为目标，深化流通体制机制改革，加快零售业创新转型，推进流通现代化发展，积极发挥流通服务经济社会发展全局的功能和作用。

一、复制推广内贸流通体制改革经验

根据商务部等 9 部门《关于复制推广国内贸易流通体制改革发展综合试点经验的通知》（商流通函〔2017〕514 号）部署，结合地方实际，制定《江苏省内贸流通体制改革工作方案》，在流通创新发展促进机制、市场规制体系、基础设施发展模式、管理体制等方面进行探索，积极构建与现代流通发展相适应的新体制、新模式，推动国内贸易流通创新转型、提质增效。总结推广无锡市梁溪区创建江苏省商贸流通创新发展示范区经验，带动全省传统商贸中心城区巩固优势，提升发展能级。

二、推动零售业创新转型

加快南京、苏锡常、徐州等现代商圈建设，培育一批示范商圈、智慧商圈，加快名品名店名街名区联动和品牌消费集聚区创建。以改造提升一批高品位商业街（步行街）为突破口实施商圈消费引领示范，打造城市消费新地标。完善我省重点零售企业联系制度，营造环境、搭建平台、建立机制、优先服务龙头企业，发挥示范带动作用。加强对实体零售创新转型的政策支持，提升我省连锁经营企业竞争力。推动"新零售"发展，加快零售企业创新转型，巩固和增强我省零售业新优势。加快流通企业"走出去"步伐，推动国内流通渠道向境外延伸；推广利用综合保税区功能开设进口保税商品直销中心，吸引境外消费回流，促进内外贸一体化。

三、促进老字号改革创新发展

推动出台《关于促进老字号改革创新发展的实施意见》。实施老字号品牌战略,加大老字号品牌推广宣传力度,提升老字号品牌的知名度和影响力。推动老字号集聚示范区建设,引导老字号与旅游、文化休闲等产业结合,推动"商文旅"融合发展。开展中华老字号产品、江苏老字号产品"网上行"和"进名店"等供需对接活动。组织老字号企业参加在香港举办的江苏文化嘉年华活动、2018新加坡食品展,举办"2018中国(江苏)老字号博览会"。继续加强江苏老字号企业协会建设,依托协会强化老字号的行业发展、品牌宣传、展会组织等工作。

四、推进商贸物流标准化信息化建设

深化商贸物流标准化专项行动,积极推广标准托盘发展单元化物流,加快标准托盘循环共用体系建设。总结南京市、徐州市国家物流标准化试点经验,加快无锡市试点进度,做好试点绩效评价工作。加快推进苏州市物流标准化建设。实施全国城乡高效配送专项行动,培育建设一批示范城市、示范企业。发挥智慧物流配送示范单位的带动作用,提升物流配送体系智慧化水平。推动商贸物流标准化专项行动重点推进企业加快发展,支持商贸物流示范企业建设。进一步加大物流标准化、城乡高效配送、智慧物流发展政策支持力度。支持昆山市开展两岸冷链物流产业合作试点。

五、加快绿色流通发展

加大《绿色商场》行业标准(SBT1115—2015)宣贯力度,积极参加国家级绿色商场创建,开展省级绿色商场认定工作,逐步将绿色商场创建工作引向深入。贯彻《商务部等六部委关于推动再生资源回收行业转型升级的意见》(商流通函〔2016〕206号),支持再生资源回收企业创新回收模式,利用互联网等信息技术和手段,实现线上交废与线下回收有机结合。支持龙头企业规范和整合现有回收渠道,进一步完善以回收网点为基础、分拣中心为核心、集散市场为补充、储存运输为联结、信息管理平台为支撑的再生资源回收体系。贯彻落实《省政府办公厅关于全面推进"多证合一"改革的实施意见》(苏政办发〔2017〕122号)调整再生资源回收经营者备案登记方式。配合做好生活垃圾分类相关工作。

六、做好商贸流通特殊行业监督管理

进一步完善典当、拍卖、融资租赁等行业管理制度,加强事中事后监管,防范系统性金融风险。做好典当、拍卖行业年审工作,研究探索新形势下的行业监管模式。加强风险排查,宣传风险防范意识。进一步推进《省政府关于促进融资租赁业发展的实施意见》(苏政办发〔2016〕32号)的贯彻落实。做好南京江北新区商业特许经营备案(初审)权力事项赋权工作。进一步规范备案流程,促进商业特许经营快速有序发展。

七、强化商贸流通领域安全生产工作

认真贯彻落实《中共中央国务院关于推进安全生产领域改革发展的意见》(中发

〔2016〕32号),配合有关部门做好商贸流通领域安全生产改革发展工作。按照省安委会、消委会部署,严格落实《省政府有关部门和单位安全生产工作职责规定》(苏政发〔2016〕114号),配合安监、公安消防等部门做好相关行业安全生产监督管理工作。加强人员密集商业场所和各类大型商业活动的安全监督管理,指导督促商贸企业落实安全生产主体责任,健全安全生产管理制度,重点加强国家重要会议、重大活动以及重点节假日期间安全监管和风险防范措施。探索建立商务主管部门安全生产检查专家库,提高商贸流通领域安全生产监管水平。加大安全生产法律法规和相关知识的宣传培训力度,提高商贸领域安全生产意识。

江苏省商务厅办公室

2018年3月16日

省政府办公厅关于推进供应链创新与应用培育经济增长新动能的实施意见

苏政办发〔2018〕35号

各市、县(市、区)人民政府,省各委办厅局,省各直属单位:

近年来,随着信息技术的发展,供应链与互联网、物联网深度融合,已进入到智慧供应链的新阶段。党的十九大报告提出,在现代供应链等领域培育新增长点、形成新动能。加快推进供应链创新与应用,是落实党中央、国务院决策部署的重要举措,有利于促进产业协同发展、深化供给侧结构性改革,有利于促进供需精准匹配、引领消费升级,有利于深度融入全球供给体系、提升产业国际竞争力。为贯彻落实《国务院办公厅关于积极推进供应链创新与应用的指导意见》(国办发〔2017〕84号),经省人民政府同意,现提出以下意见。

一、总体要求

(一)指导思想

以习近平新时代中国特色社会主义思想为指导,全面贯彻党的十九大精神,统筹推进"五位一体"总体布局和协调推进"四个全面"战略布局,坚持以人民为中心的发展思想,坚持稳中求进工作总基调,牢固树立和贯彻落实创新、协调、绿色、开放、共享的发展理念,以提高发展质量和效益为中心,以推进供给侧结构性改革为主线,以供应链与互联网、物联网深度融合为路径,以信息化、标准化、信用体系建设和人才培养为支撑,高效整合各类资源和要素,打造大数据支撑、网络化共享、智能化协作的智慧供应链体系,为实现经济高质量发展、建设"强富美高"新江苏提供强大动力。

(二)基本原则

——创新驱动。深入实施创新驱动战略,加强人工智能、物联网、大数据、云计算等新技术在供应链领域的广泛应用,提升供应链智能化水平,提升供应链企业的创新力和竞争力,进一步促进供应链模式、业态和服务创新。

——需求导向。坚持以需求为导向,加强供应链上下游企业的联动,强化需求信息的获取和反馈,进一步优化产品和服务供给,促进供需精准匹配,推动产业转型升级,提高经济运行质量和效益。

——协同共享。加强资源整合和流程优化,促进产业协同发展、跨界发展。引导企业在竞争中加强合作,打破相对封闭的传统管理和运作模式,共享供应链资源、信息和渠道。深化社会分工,推动地区之间、城乡之间、产业之间、企业之间加强供应链协同合作。

——绿色发展。坚持节约资源和保护环境的基本国策,倡导绿色生产、绿色流通和绿色消费,将绿色、环保、可持续的发展理念贯穿于供应链各个环节。积极构建绿色供应链体系,建立全社会逆向物流体系,促进全产业链条的绿色发展。

——开放安全。树立开放发展的理念,积极推进供应链全球布局,通过更广更深地融入全球供给体系,推进"一带一路"建设。坚持引进来和走出去并重,面向全球吸纳高端生产要素,提升供应链核心竞争力。建立完善风险预警体系,提升风险防控能力,提高全球供应链安全水平。

(三)目标任务

力争到 2020 年,培育一批包括供应链核心企业、服务企业和终端企业在内的供应链骨干企业,其中,主营业务收入在千亿元以上的龙头企业 3—4 家,进入全国供应链百强的领先企业 15—20 家。形成一批供应链新技术和新模式,供应链资源整合能力显著提升,重点产业建成智慧供应链,基本建立绿色供应链体系,有效融入全球供应链网络,跨界融合共享的供应链生态初步形成。供应链综合竞争力位居全国前列,争创全国供应链创新与应用的先行区和示范区。

二、重点举措

(一)以供应链创新促进我省优势产业发展

1. 推进制造业协同化、智能化。鼓励引导制造企业应用精益供应链等管理技术,建立和完善从研发设计、生产制造到售后服务的全链条供应链体系。支持供应链核心企业建立协同平台,带动上下游企业协同采购、协同制造、协同物流。出台工业互联网发展支持政策,加快发展工业互联网,培育工业互联网平台,推动企业"上云"。加快发展大数据产业,提供数据挖掘和商业智能服务,鼓励企业运用大数据开展柔性化生产、个性化制造和精准营销。推进重点行业供应链体系的智能化,加快人机智能交互、工业机器人、智慧物流等技术装备的应用,不断增强智能制造、敏捷制造能力。(省经济和信息化委、省发展改革委、省科技厅、省商务厅负责)

2. 发展基于供应链的生产性服务业。鼓励相关企业向供应链上游拓展协同研发、众包设计、解决方案等专业服务,向供应链下游延伸远程诊断、维护检修、技术培训、融资租赁、消费信贷等增值服务,推动制造供应链向产业服务供应链转型。开展多层次服务型制造试点示范,探索推进"产业联盟+总集成总承包""电商+个性化定制"等服务模式。实施服务型制造示范企业培育计划,培育 300 家发展模式典型、示范推广性强的服务型制造示范企业。(省经济和信息化委、省发展改革委、省科技厅、省商务厅、省金融办负责)

3. 进一步提升我省建筑业竞争优势。鼓励总承包商等供应链核心企业与上下游企业密切合作,形成稳定的供应链条。支持企业以多种方式拓展工程咨询、系统集成、运营维护、监测维修等全产业链业务。构建面向建筑工业化的供应链,大力发展装配式建筑,推动建筑全装修。推广"互联网+集采"方式,搭建标准化、规范化的交易体系。鼓励建立物流联盟,共享物流节点,提高物流效率。推广"建营一体化",更多采用 EPC、BOT、PPP 等模式,促进工程与投资相结合。推进对外承包工程,鼓励上下游企业互补合作,抱团出海。(省住房城乡建设厅、省经济和信息化委、省商务厅、省交通运输厅、省发展改革委负责)

4. 加快供应链技术的创新和应用。加快人工智能、云计算、大数据、物联网等新技术在供应链领域的应用,支持供应链核心企业牵头组织、联合攻关,加快关键和共性技术研发,提高供应链智能化水平。加强对供应链先进技术的引进、消化、吸收和再创新,不断提升供应链核心竞争力。推动感知技术在供应链关键节点的应用,促进全链条信息共享和综合集成,逐步推行供应链的可视化。推动大中型企业全面开展两化融合管理体系贯标,提升企业供应链应用水平。积极支持符合条件的供应链企业申报高新技术企业,调动供应链企业创新积极性。(省经济和信息化委、省科技厅、省发展改革委、省商务厅、省质监局负责)

(二)提升流通现代化水平

1. 推动流通业创新和转型。支持南京、无锡、徐州等地开展商贸流通改革创新试点,积极探索流通领域供应链创新与应用。实施"商贸＋互联网"工程,利用信息技术加快传统商业改造,努力打造精准感知需求、信息互联互通、客户资源共享、业态功能互补的现代化智慧商圈。推动实体零售创新转型,探索智慧商店、无人商店等新业态新模式。提高商品批发和大型零售企业对上下游渠道的资源整合能力,以平台化、信息化、国际化为发展方向,向供应链核心企业转型。支持餐饮、住宿、养老、文化、体育、旅游、生活服务、资源回收等各类服务业企业运用新一代信息技术,以供应链思维和方式创新商业模式,提升服务水平。(省商务厅、省发展改革委、省科技厅负责)

2. 推进流通与生产深度融合。强化信息技术在供应链终端企业的广泛应用,促进流通的扁平化、集约化、共生化。鼓励销售终端与生产商、代理商直接对接,减少中间环节。鼓励批发零售物流企业整合供应链资源,构建采购、分销、仓储、配送供应链协同平台,深化数据挖掘、分析与预测,及时准确传导需求信息,引导前端企业根据市场变化,加速产品创新和结构调整。加强物流标准化在生产和流通领域的推广应用,着力推进标准托盘循环共用体系建设,进一步降低物流成本,提高生产和流通效率。(省商务厅、省经济和信息化委、省农委、省质监局负责)

3. 提升供应链服务实体经济水平。实施"供应链服务企业成长工程",大力培育新型供应链服务企业。引导传统商贸企业、物流企业、外贸综合服务企业、信息咨询和科技服务企业等向供应链服务企业转型,向市场提供供应链金融、供应链管理、代理采购分销、产品质量追溯、知识产权服务、虚拟生产、报关报检、国际国内物流等各类专业化供应链业务。推动供应链综合服务平台建设,聚合核心企业、物流企业、金融机构、增值服务商等各类企业,提供覆盖生产、消费全生命周期的"一站式"供应链服务。探索构建生物医药等专业化供应链体系,积极打造影视制作企业交流平台,助力相关产业集聚发展。支持苏州市供应链体系建设综合试点,在物流标准化、供应链平台搭建、追溯体系建设等供应链服务功能提升上先行先试。(省商务厅、省经济和信息化委、省科技厅、省交通运输厅、省金融办、省质监局、江苏检验检疫局、南京海关、省食品药品监管局、省新闻出版广电局负责)

(三)推动农村产业融合发展

1. 优化农村产业组织体系。鼓励和支持农业种养殖、加工企业向下游延伸,农产品流通企业向上游延伸,建立集农产品生产、加工、流通、服务于一体的农业供应链体系,发展种养加、产供销、内外贸一体化的现代农业。鼓励承包农户采用土地流转股份合作、农业生产托管等方式融入农业供应链体系,积极推进农业产业化联合体建设,完善"企业＋合作社＋基地＋农户"的生产经营模式,促进多种形式的农业适度规模经营。加强产销衔接,优化种养结构,增加绿色优质农产品供给,推动农业生产向消费导向型转变。(省农委、省供销合作总社、省海洋与渔业局、省商务厅负责)

2. 加强农业支撑体系建设。大力发展农业生产性服务业,推动农业生产服务外包,提升农业生产专业化水平。大力发展智慧农业,推动现代信息技术在农业生产、经营、管理、服务各环节和农村经济社会各领域的广泛应用,促进农业信息化和数字化。推动建设农业供应链信息平台,促进政策、市场、科技等信息共享。落实乡村振兴战略,实施新供销服务三农综合平台建设工程,推动三农服务链创新发展。大力发展"互联网+冷链物流",强化冷链物流基础设施建设,着力提升冷链物流信息化水平。大力发展农产品精深加工,推进农产品标准化体系建设,打造区域性农产品品牌。多方合作拓展农业供应链金融服务。(省农委、省供销合作总社、省海洋与渔业局、省科技厅、省商务厅、省金融办、人民银行南京分行、江苏银监局、江苏保监局负责)

3. 大力发展农村电子商务。大力发展农村电商公共服务平台,完善人才培训、普惠金融、物流配送和综合服务网络,实现人才、信息、物流等资源共享。推动快递和电商协同发展,深入推进快递下乡工程。支持打造"网上供销合作社",充分发挥既有经营网络优势,进一步畅通工业品下乡、农产品进城通道。继续推进县、镇、村三级示范体系建设,推动农村电商集聚发展。到2020年,建成30个农村电商示范县、100个农村电商示范镇、500个农村电商示范村、100个乡镇电商特色产业园(街)区。(省商务厅、省农委、省供销合作总社、省交通运输厅、省邮政管理局负责)

(四)积极稳妥发展供应链金融

1. 推进供应链金融服务实体经济。推动省联合征信公司、金融机构、供应链核心企业等开放共享信息。鼓励政府采购中心、供应链核心企业以及大型供应链服务企业与人民银行应收账款融资服务平台对接,为供应链上下游中小微企业融资提供便利。支持符合条件的供应链核心企业和大型供应链服务企业申请设立或合作设立民营银行、企业财务公司、融资租赁公司、担保公司、商业保理公司、小额贷款公司等。大力发展商业保理,支持供应链上下游关联企业联合发行集合债券、票据,推动供应链企业开展资产证券化业务。支持省政府投资基金加大在供应链领域的投资力度,鼓励供应链企业利用股权投资基金等相关金融工具,以市场化方式整合供应链资源。鼓励供应链企业上市,支持定位于开展全球性业务的供应链企业在海外上市。鼓励保险机构与供应链企业加强合作,服务供应链企业发展。(省金融办、人民银行南京分行、江苏银监局、江苏证监局、江苏保监局、省发展改革委、省财政厅、省商务厅、省经济和信息化委负责)

2. 有效防范供应链金融风险。推动金融机构、供应链核心企业建立债项评级和主体评级相结合的风险控制体系。健全供应链金融担保、抵押、质押机制,鼓励开展应收账款及其他动产融资质押和转让登记,防止重复质押和空单质押。按照"谁审批、谁监管,谁主管、谁监管"原则,完善各类新型金融组织的监管和风险处置机制。推动供应链金融健康稳定发展,鼓励金融机构运用大数据、区块链、物联网、人工智能等新技术,加强对供应链金融的风险监控,提高风险管理水平,确保资金流向实体经济。(省金融办、人民银行南京分行、江苏银监局、省商务厅负责)

(五)积极倡导绿色供应链

1. 大力推动绿色制造。积极创建国家生态文明建设示范县(市),在创建活动中支持绿色产业发展,鼓励采购绿色产品和服务,推动形成绿色制造供应链体系。建设生态工业园区,按照相关标准对工业园区进行生态化改造,引导企业使用低毒无害原料、引入绿色生产工艺、生产绿色生态产品。大力发展循环经济,突破循环经济关键链接技术,推动企业内部、各关联企业及产业之间循环利用和耦合发展。健全环保信用体系,开展环保失信企业联合惩戒。(省经济和信息化委、省环保厅、省发展改革委、省商务厅、省质监局负责)

2. 积极推行绿色流通。在全社会培育健康科学的消费文化,倡导绿色环保有机的消费理念,普及绿色消费知识,以绿色消费引领绿色流通。鼓励流通企业采购和销售绿色产品,落实流通领域节能环保技术产品推广目录,开发应用绿色包装材料,建立绿色物流体系。推动运输、装卸、仓储等相关企业贯彻执行绿色标准。培育一批集节能改造、节能产品销售和废弃物回收于一体的绿色商场。(省商务厅、省环保厅、省经济和信息化委、省交通运输厅、省发展改革委负责)

3. 建立逆向物流体系。优化再生资源产业链,鼓励建立基于供应链的废旧资源回收利用平台。加快再生资源回收体系建设,创新再生资源回收模式,依托线上线下开展再生资源回收,建设线上废弃物和再生资源交易市场。重点针对电子、电器、汽车、轮胎、蓄电池、包装物等产品领域,落实生产者责任延伸制度,促进产品回收和再制造发展。(省发展改革委、省经济和信息化委、省商务厅负责)

(六)努力构建全球供应链

1. 积极参与国家"一带一路"建设。加强与国际国内互联互通,加快推进交通枢纽、物流通道、信息平台等基础设施建设,结合沿线国家工业化和基建需求,推动我省钢铁、水泥等优势产能走出去。全面落实《江苏省中欧班列建设发展实施方案(2017—2020)》,加强对全省中欧班列的统筹协调和资源整合,加快形成布局合理、设施完善、便捷高效、安全畅通的中欧班列综合服务体系,进一步增强中欧班列区域竞争力。加强与"一带一路"沿线国家和地区的园区合作,加强与境外园区的对接,打通供应链,实现融资、物流、商务服务等方面的联动,搭建我省开发区与境外园区间的高效互动合作机制。(省发展改革委、省商务厅、省财政厅、省交通运输厅负责)

2. 积极融入全球供应链网络。推动国际产能合作和装备制造业走出去,支持我省优势产业到境外设立生产加工基地,建设营销网络,逐步建立本地化的供应链体系。鼓励境外产业园区建设,借鉴新加坡等境外工业园区建设经验,实行"建工厂+建市场"相结合。大力发展跨境电子商务,依托公共海外仓等载体平台,建立完善跨境电商境内外物流配套体系,加快融入境外零售网络体系。建立面向全省企业、高校、国际留学生的走出去企校国际人才信息平台,服务江苏企业走出去。(省商务厅、省发展改革委、省教育厅、省人力资源社会保障厅负责)

3. 提升供应链全球竞争力。开展上市公司海外并购专项行动,鼓励我省企业通过并购扩大市场渠道、获得关键技术和国际品牌。加强自主品牌建设,鼓励企业提升品牌国际影响力,培育一批有较高国际知名度的区域品牌。推动我省优势出口行业在重点国别地区培育一批展示中心、分拨中心、批发市场、零售和售后服务网点。加大力度吸引跨国公司以及国际知名供应链服务企业在江苏设立地区总部和研发、营销、供应链管理、财务结算、利润中心等功能性机构。(省商务厅、省发展改革委、省工商局省质监局负责)

三、支撑体系

(一)加强质量安全追溯体系建设

坚持政府引导与市场化运作相结合,利用先进信息技术,加快推进全省农产品、食品、药品、农业生产资料、特种设备、危险品、稀土产品等七大类重要产品追溯体系建设,形成来源可追、去向可查、责任可究的信息链条。完善追溯运行管理机制,推进跨部门、跨地区追溯体系对接和信息互通共享。提升追溯体系综合服务功能,扩大追溯信息在事中事后监管、行业发展促进、信用体系建设等方面的应用。鼓励建设消费者深度参与的双向互动追溯模式,开通统一服务窗口,提供"一站式"查询服务。(省质监局、省农委、省经济和信息化委、省食品药品监管局、省商务厅、省发展改革委负责)

(二)加快培养多层次供应链人才

支持各类高等院校和职业学校设置供应链相关专业和课程,鼓励企业和专业机构加强培训,培养供应链专业人才。出台吸引国内外优秀供应链人才优惠政策,用好"外专百人计划"等人才政策,为外国供应链人才来苏提供工作生活便利。成立供应链战略咨询委员会,支持高校、研究机构开展供应链重大问题研究,提供决策参考,为供应链发展提供智力支持。(省教育厅、省人力资源社会保障厅、省商务厅负责)

(三)加快供应链信用监管体系建设

加强各类供应链平台对接,充分利用现有信息共享平台对接国家级信用信息系统,强化对信用评级、信用记录、风险预警、违法失信行为等信息的披露和共享。研究利用区块链等新技术,建立基于供应链的信用评价机制。创新供应链监管机制,整合市场准入、进出口、产品质量监督、检验检疫、寄递物流等方面政策,加强供应链风险管控,促进供应链健康稳定发展。(省经济和信息化委、省发展改革委、省商务厅、省交通运输厅、省金融办、人民银行南京分行、江苏银监局、南京海关、省工商局、江苏检验检疫局、省质监局、省邮政管理局负责)

(四)推进供应链标准体系和统计调查体系建设

建立政府引导、中介组织推动、骨干企业示范的供应链标准实施应用机制。加快建立供应链标准体系,研究制定信息、技术、服务等领域的关键性标准,引导重点企业开展供应链标准化试点示范。推动企业提高供应链管理流程标准化水平,推进供应链服务标准化,提高供应链系统集成和资源整合能力。支持企业参与国际、国家标准化活动,推动江苏供应链标准国际化进程。完善供应链统计体系,积极开展供应链行业统计调查。(省质监局、省商务厅、省发展改革委、省经济和信息化委、省统计局负责)

(五)加强供应链行业组织建设

推动建立供应链行业协会、学会、商会、联合会等组织,加强供应链研究,制定满足市场和创新需要的标准。鼓励行业组织建立供应链公共服务平台,提供供应链信息咨询、人才培训等专业化服务。支持行业组织加强行业自律,促进行业健康有序发展。(省民政厅、省发展改革委、省经济和信息化委、省商务厅、省质监局负责)

四、保障措施

（一）加强组织领导

建立省供应链创新与应用工作联席会议机制，联席会议办公室设在省商务厅，定期召开会议，研究提出工作目标和任务，协调各方行动，形成工作合力。

（二）强化政策支持

围绕供应链管理的重点领域、重点产业和骨干企业，实施企业成长、技术创新、平台建设、人才培养、标准制定等一批供应链创新与应用工程，出台配套政策，引导和激励企业开展供应链创新与应用。

（三）开展试点示范

积极开展供应链试点示范，组织地方和企业申报国家级试点，及时总结、复制推广先进地区的经验和做法。加大对供应链创新与应用的宣传力度，调动全社会参与的积极性，为供应链创新与应用营造良好的发展环境。

各地各有关部门要高度重视供应链创新与应用工作，健全工作机制，明确任务分工，加强跟踪服务，确保各项目标任务落到实处。各地要结合实际，制定本地区的具体实施方案，细化政策措施，精心组织实施。各有关部门要制定配套措施，加强协作配合，共同推进全省供应链创新与应用工作。

江苏省人民政府办公厅
2018 年 4 月 6 日

省商务厅关于开展2018年绿色商场创建工作的通知

苏商流通〔2018〕206号

各设区市商务局,昆山市、泰兴市、沭阳县商务局:

为贯彻党的十九大精神,落实绿色发展理念,持续推动我省零售企业绿色发展,依照《商务部办公厅关于做好2018年绿色消费有关工作的通知》(商办流通函〔2018〕137号)和《省商务厅关于印发2018年全省流通业发展工作要点的通知》苏商流通〔2018〕125号)部署,现将2018年绿色商场创建工作有关事项通知如下:

一、创建目标和意义

通过绿色商场创建,促进各地商务局和零售企业互动交流,取长补短,力争实现实体零售门店无效能耗大幅下降和转型发展创新手段有效增加的双重目的,进而提高实体零售业的整体服务水平和能力。

二、创建范围和方式

2018年,绿色商场创建工作将在购物中心、超市、百货店三种业态展开。国家级和省级两个层面同时进行,随报随审,滚动进行。国家级绿色商场创建工作以购物中心和超市业态为重点。

购物中心是指多种零售店铺、餐饮商户、文娱体验和服务设施集中在一个建筑物或一个区域内,由企业管理运营,以绿色、环保、可持续发展为核心理念,向消费者提供多元化、个性化服务的商业综合体。按经营规模和地理位置,可进一步分为社区购物中心(具有超市、百货、餐饮、生活功能区等多种业态的便民型活动场所),市区购物中心(多业态组成且独具特色城市商业综合体)和市郊购物中心(大型商业综合体、奥特莱斯、商业街等)。既包括集合多种店铺和服务设施,由企业有计划地开发、管理、运营的商业综合体,也包括既有商业建筑经不断改造升级,集专卖店、超市、餐饮、娱乐等功能性店铺于一体,经营面积2万平米以上的门店。

超市是指以绿色、环保、可持续发展为核心理念,开架售货,集中收款,环境舒适,服务便捷,能够满足消费者对绿色有机食品和高品质日用品采购需要的零售门店。按经营规模和地理位置,可进一步分为社区超市(community supermarket,营业面积1000平米以上,6000平米以下,无独立中央空调系统、电梯或冷库,以周边居民为主要目标顾客,侧重生鲜、包装食品和日用品经营的零售门店)、大型超市(hypermarket,营业面积6000平米以上,有独立冷库冷链系统,目标顾客以居民和流动顾客为主,经营品种齐全,注重自有品牌开发的零售门店)、仓储式会员超市(warehouse club,营业面积6000平米以上,有独立中央空调系统、电梯设施和冷库冷链系统,目标顾客以中小零售店、餐饮店、集团购买和流通顾客为主,自有品牌占比较高,商品种类齐全且实行低价批量销售的零售门店)。

百货店,即百货商店,是指在一个建筑物内,经营若干大类商品,实行统一管理,分区销售,满足顾客对时尚商品多样化选择需求的零售业态。

绿色商场创建从企业总部(或区域子公司)到门店分别进行。企业层面侧重基础管理和绿色供应链建设等宏观制度设计;门店层面侧重设备设施使用维保,实施绿色服务,引导绿色消费,资源循环利用和环境保护等具体措施的落实。

三、创建任务和程序

(一)标准宣贯和创建培训

各地要积极组织宣贯《绿色商场》行业标准(SB/T11135—2015,以下简称《标准》)和《绿色商场创建实施和评价细则》(以下简称《细则》),明确创建工作意义和程序,开展创建培训和学习交流活动,加大宣传推广力度。

(二)企业对照标准自查整改

拟参与创建的企业对照《标准》和《细则》要求逐条进行自查,确认符合程度。对不符合的项目,提出整改计划并组织整改,确保创建工作取得实效。

(三)企业申报和各地推荐

企业完成自查整改后,向各地商务局提交申请推荐表(附件1)、资质材料(附件2)、创建报告(附件3)、基本数据一览表(附件4、5)。上述材料请从江苏省商务厅网站"流通业发展处"子站"相关下载"栏目下载。

企业通过商务部流通发展司"再生资源信息管理系统"(http://zszy.syggs.mofcom.gov.cn/)中"绿色商场"栏目(待开通)提交材料,或按材料顺序以PDF格式提交电子版,并打印装订纸质材料一套(经申报企业和各地商务局共同盖章)逐级上报。各地商务局应于收件后15个工作日内完成初审并答复企业是否推荐,及时汇总后统一签署推荐意见,附申报材料纸质版和电子版报省商务厅。截止日期:2018年6月30日。

(四)组织审核

材料审核:省商务厅在受理材料后,于20个工作日内出具审核意见。材料不合格的,将反馈各地商务局补充或调整。

现场审核:材料合格的,由省商务厅委托评审组现场审核评审组按委托书要求,拟定审核计划,组织现场评审,提出评审报告。

(五)整改落实

企业针对评审报告提出的不合格项进行整改落实,出具整改报告,并按评审组要求进行验证。整改报告、验证结果以及现场评审材料由评审组一并提交省商务厅。

(六)审查会商

省商务厅对提交的评审文件进行审查建档,会商确定省级绿色商场创建单位。

(七) 公示公告

省商务厅对 2018 年省级绿色商场创建单位进行公示、公告。

国家级绿色商场创建单位从省级绿色商场创建单位中择优推荐，2017 年省级绿色商场创建单位须重新申报创建材料。

四、创建要求和安排

(一) 高度重视，认真组织

绿色商场创建是一项由政府引导，以企业为主体，旨在促进企业节能降耗、转型发展，促进社会资源循环利用和环境保护的标准化工作，需要政府部门、流通企业、供应商和消费者多方互动完成。各地商务局和流通企业要充分认识创建工作的重要意义，明确自身定位，结合日常工作积极作为，推动《标准》要求落到实处。

(二) 严格自评，积极整改

绿色商场创建不是对过去成绩的一次性评价（评比）结果，而是流通企业对上下游持续产生影响且不断改进的动态过程。各地流通企业要严格对照标准要求，自查自评，找出问题与不足，并予以整改落实。对于整改落实到位、各方面条件成熟的零售门店，企业可随时向各地商务局申请推荐验收。

(三) 扩大宣传，提高影响

绿色商场创建应充分体现流通业的先导作用，有效反馈市场消费需求，引导供应商关注环保和品质，绿色生产，共同打造可持续发展的供应链体系。各地商务局要发挥流通业的窗口作用，联合当地媒体，广泛开展绿色节能宣传教育活动，提高消费者的环保意识和创建工作的社会影响力。

江苏省商务厅

2018 年 5 月 2 号

省政府办公厅关于改革完善仿制药供应保障及使用政策的实施意见

苏政办发〔2018〕62号

各市、县(市、区)人民政府,省各委办厅局,省各直属单位:

为加快推进我省医药产业供给侧结构性改革,促进仿制药研发,提升仿制药质量和疗效,推动医药产业高质量发展,更好地满足临床用药及公共卫生安全需求,根据《国务院办公厅关于改革完善仿制药供应保障及使用政策的意见》(国办发〔2018〕20号)精神,现结合我省实际,提出如下实施意见。

一、促进仿制药研发

(一)鼓励临床急需仿制药研发。依托现有药品集中采购平台,建立跨部门的药品生产和使用信息共享机制,及时掌握和发布药品供求情况,形成我省鼓励仿制的药品清单。按照国家卫生健康委、国家药监局等部门制定的鼓励仿制药品目录及我省清单,指导药物研发机构科学、合理立项,避免盲目仿制。鼓励仿制临床必需、疗效确切、供应短缺的药品,鼓励仿制重大传染病防治和罕见病治疗药品、处置突发公共卫生事件所需药品、儿童用药以及专利到期前一年尚没有提出注册申请的药品。(责任部门:省食品药品监管局、省卫生计生委)

(二)组织仿制药技术攻关。以建设医药制造业创新中心为支点,建立以企业为主体、市场为导向、产学研深度融合的技术创新体系。整合国内外技术、人才等资源,开展关键共性技术协同攻关,以临床用药需求为导向,加大仿制药技术革新,积极推进医药健康产业链的融合发展和转型升级。(责任部门:省经济和信息化委、省科技厅、省食品药品监管局)

(三)提高仿制药研发水平。指导企业按照与原研药质量和疗效一致的原则开展仿制药研发,加强仿制药注册申请技术标准和指南体系业务培训,提高仿制药研发管理水平和申报审批效率。对国家实施强制专利许可的仿制药、列入鼓励仿制药品目录的药品、国家科技重大专项支持的仿制药,积极组织企业研发和生产,强化业务指导。(责任部门:省食品药品监管局、省科技厅)

(四)加强仿制药知识产权管理与保护。引导医药企业实施知识产权战略,全面贯彻《企业知识产权管理规范》,提升知识产权综合管理能力。开展药品领域的专利预警分析,通过对相关药品的全球专利信息分析,为我省医药产业发展政策制定、企业仿制药科研项目立项提供决策参考,降低仿制药专利侵权风险。(责任部门:省知识产权局、省食品药品监管局)

二、提升仿制药质量疗效

(一)加快推进仿制药质量和疗效一致性评价工作。指导企业按照国家政策和时限要求开展已上市仿制药一致性评价工作,及时发布相关技术信息,解决评价工作中的难题。加大政策支持力度,整合评价资源,鼓励具备条件的医疗机构、高等院校、科研机构和第三方检验检测机构参与一致性评价工作;制定我省仿制药生物等效性试验监督检查细则,提升仿制药临床研究质量。(责任部门:省食品药品监管局、省卫生计生委)

(二)提高药用原辅料和包装材料质量。引导企业运用新材料、新工艺,提高原辅料和包装材料质量水平,实现与国际标准接轨,促进药品质量提升。按照药用原辅料和包装材料关联审批制度改革要求,督促药品生产企业落实主体责任,加大供应商审计力度,确保最终产品的质量安全。根据风险程度对原辅料和包装材料的生产行为开展延伸检查,并公示检查结果。充分发挥行业协会、高等院校和科研机构的专业特长,搭建技术平台,开展第三方审计,规范药用原辅料和包装材料的质量管理。(责任部门:省食品药品监管局)

(三)提升仿制药制造水平。鼓励药品生产企业采用新设备、新技术,开展大规模智能化、绿色化技术改造升级,提高关键工艺参数自动化控制水平,提升智能制造水平。组织开展智能制造试点示范和经验交流,推进智能车间和智能工厂建设。加强企业生产工艺变更管理,确保生产有序、产品工艺稳定。(责任部门:省经济和信息化委、省食品药品监管局)

(四)加强仿制药质量监管。加大对仿制药研发、生产、流通及使用过程的监督检查,建立覆盖药品全生命周期的质量管理和追溯制度,督促企业落实主体责任,严肃查处数据造假、偷工减料、掺杂使假等违法违规行为,检查和处罚结果向社会公开。完善药品不良反应监测体系,督促药品生产企业落实上市药品监测主体责任,提高药品安全风险预警能力。加强药品追溯体系建设,形成覆盖药品生产、流通、使用全过程质量追溯与监管链条,确保药品来源可查、去向可追、责任可究。(责任部门:省食品药品监管局、省卫生计生委)

(五)推动仿制药产业国际化。加大药物研发环节的国际交流与人才培养,引导企业按照ICH(国际人用药品注册技术要求协调会)指导原则开展药学研究和临床试验。鼓励药品生产企业和研发单位加强国际合作,同步开展国际注册申报。支持企业引进先进管理经验和关键工艺技术,开展国际产能合作,加快本省企业国际化步伐。(责任部门:省食品药品监管局、省经济和信息化委)

三、完善仿制药供应保障与使用

(一)加大财政投入与政策扶持。认真落实《省政府关于加快发展先进制造业振兴实体经济若干政策措施的意见》(苏政发〔2017〕25号),积极发挥省财政资金引领作用,对在全国同品种前3家通过仿制药质量和疗效一致性评价的企业以及按期通过评价的企业给予奖励。落实现行税收优惠政策,仿制药企业为开发新技术、新产品、新工艺产生的研发费用,符合条件的按照有关规定在企业所得税税前加计扣除。仿制药企业经认定为高新企业的,减按15%的税率征收企业所得税。加强药品价格监测预警,依法严厉打击原料药价格垄断等违法违规行为。(责任部门:省发展改革委、省经济和信息化委、省物价局、省税务局)

(二)健全短缺药品供应保障机制。落实医疗卫生机构短缺药品信息"每月零报告"制度,及时了解临床供应需求,提高监测工作精准度。根据工业和信息化部有关部署,推进短缺药品集中生产基地建设,对市场价格低、利润薄、原料供应不足等原因导致的长期不生产或少量生产的短缺药品,采取定点生产、定点储配等方式确保短缺药品的供应。加强部门联动,对短缺药品采取完善分类采购机制、分级储备制度、协调企业应急生产、责任约谈等综合措施,提升短缺药品供应保障能力,满足人民群众基本用药需求。(责任部门:省卫生计生委、省经济和信息化委、省财政厅、省商务厅、省食品药品监管局、省政务办)

（三）及时调整采购目录。按照药品通用名编制采购目录，促进与原研药质量疗效一致的仿制药和原研药平等竞争。对于新批准上市、集中采购入围总数未达到3个（不含原研药）的仿制药，由医疗机构提出备案采购申请，经评审通过后上网采购。对于通过一致性评价的仿制药或纳入中国上市药品目录集的仿制药，在药品集中采购中享受原研药同等待遇，允许其直接纳入备案采购范围。对被欧盟、美国、日本等制药发达国家和地区选为参比制剂的国产仿制药，经药品监管部门具体界定，在集中采购中给予通过一致性评价仿制药同等待遇。（责任部门：省卫生计生委、省食品药品监管局、省政务办）

（四）促进仿制药替代使用。建立我省通过质量和疗效一致性评价仿制药信息库，及时办理药品说明书、标签信息备案并公示，便于医务人员和患者选择使用。卫生计生部门要指导医疗机构加大临床用药监测，加强药事管理，制定鼓励仿制药使用的激励机制细则，落实处方点评制度，加强仿制药临床合理使用情况考核，促进仿制药临床规范使用。严格落实按药品通用名开具处方的要求，除特殊情形外，处方上不得出现商品名。（责任部门：省卫生计生委、省食品药品监管局）

（五）发挥医疗保险的激励作用。按照国家部署，制定医保药品支付标准，与原研药质量和疗效一致的仿制药、原研药按相同标准支付，医保支付逐步向按通用名支付过渡。在基本医疗保险药品目录调整时，及时将符合条件的药品纳入目录。及时更新医保信息系统，确保批准上市的仿制药同等纳入医保支付范围。完善医保支付激励约束机制，鼓励医疗机构使用仿制药。（责任部门：省人力资源社会保障厅）

（六）提高仿制药的社会认同度。开展政策宣传与解读，引导人民群众提升对国产仿制药的信心，科学合理选用药品。普及药品知识和相关信息，增强社会认同感，回应社会关切。加强对医务人员的宣传教育，改变不合理用药习惯，提高合理用药水平，推动仿制药替代使用。（责任部门：省卫生计生委、省食品药品监管局、省人力资源社会保障厅）

江苏省人民政府办公厅
2018年8月27日

省政府办公厅关于推进奶业振兴保障乳品质量安全的实施意见

苏政办发〔2018〕93号

各市、县(市、区)人民政府,省各委办厅局,省各直属单位:

奶业是健康中国、强壮民族不可或缺的产业,是食品安全的代表性产业,是农业现代化的标志性产业和一二三产业协调发展的战略性产业。近年来,我省积极推进现代奶业建设,取得良好成效。到2017年底,全省奶牛存栏13.9万头、存栏100头以上的大中型规模养殖比重95%;生鲜乳年产量59.9万吨,规模以上乳品企业乳制品总产量161.2万吨。但也存在产品供需结构不平衡、产业竞争力不强、消费培育不足等问题。为加快推动奶业振兴,根据《国务院办公厅关于推进奶业振兴保障乳品质量安全的意见》(国办发〔2018〕43号)精神,经省人民政府同意,现提出如下实施意见。

一、总体要求

(一)指导思想。坚持以习近平新时代中国特色社会主义思想为指导,全面贯彻党的十九大精神,以实施乡村振兴战略为引领,以优质安全、绿色发展为目标,以推进供给侧结构性改革为主线,以降成本、优结构、提质量、创品牌、增活力为着力点,强化标准规范、科技创新、政策扶持、执法监督和消费培育,加快构建现代奶业产业体系、生产体系、经营体系和质量安全体系,不断提高奶业发展质量效益和竞争力,大力推进奶业现代化,为高水平全面建成小康社会、推动高质量发展走在前列提供有力支撑。

(二)主要目标。到2020年,奶业供给侧结构性改革取得实质性成效,奶业现代化建设取得明显进展。奶业综合生产能力大幅提升,300头以上规模养殖比重达85%以上,奶源自给率保持稳定。产业结构和产品结构进一步优化,乳制品供给和消费需求更加契合。乳品质量安全水平进一步提高,产品监督抽检合格率99%以上,消费信心显著增强。奶业生产与生态协同发展,养殖废弃物综合利用率75%以上。到2025年,奶源基地、产品加工、乳品质量和产业竞争力显著增强,奶业基本实现现代化。

二、加强优质奶源基地建设

(一)推动产业布局优化和标准化养殖。突出重点,巩固发展徐淮宿、沿海奶牛产区,鼓励大型乳品企业在周边省份建立奶源基地,提高奶源自给率。积极开展省级生态健康养殖示范创建和部级标准化示范创建,支持规模奶牛养殖场改扩建和家庭牧场发展,引导适度规模养殖;推广应用奶牛场物联网和智能化设施设备,提升奶牛养殖机械化、信息化、智能化水平。配套完善废弃物处理设施,推进奶牛粪污资源化利用。加强奶牛口蹄疫防控和布病、结核病监测净化工作,做好奶牛常见病防治。(责任部门:省农业农村厅、省发展改革委、省工业和信息化厅、省生态环境厅)

（二）加强良种繁育及推广。加强奶牛生产性能测定中心建设，扩大奶牛生产性能测定范围。大力引进和繁育良种奶牛，打造高产奶牛核心育种群，遴选大型奶牛养殖场申报国家核心育种场，力争用3—5年时间建设1—3个奶牛国家核心育种场。开展奶牛选配选育，构建奶牛良种数据平台。加大良种推广力度，提升良种化水平，提高奶牛单产量。（责任部门：省农业农村厅、省发展改革委）

（三）促进优质饲草料生产。因地制宜发展青贮玉米、燕麦草、苜蓿等优质饲草种植，为奶牛养殖提供优质饲草料保障。推进饲草料种植和奶牛养殖配套衔接，鼓励奶牛规模养殖场户通过流转土地自种或与种植户签订订单等方式，扩大优质饲草料种植，就地就近保障饲草料供应，全面提升种植收益、奶牛生产效率和养殖效益，实现农牧循环发展。（责任部门：省农业农村厅、省生态环境厅）

三、提升乳制品加工和流通水平

（一）优化乳制品产品结构。统筹发展液态乳制品和干乳制品。因地制宜发展灭菌乳、巴氏杀菌乳、发酵乳等液态乳制品，支持发展乳粉、奶酪等乳制品。鼓励使用生鲜乳生产灭菌乳、发酵乳和调制乳等乳制品。（责任部门：省工业和信息化厅、省发展改革委、省农业农村厅、省市场监管局）

（二）提高乳品企业竞争力。引导乳品企业与奶源基地布局匹配、生产协调。依法淘汰技术、能耗、环保、质量、安全等不达标的产能，做强做优乳制品加工业。支持企业开展产品创新研发，优化加工工艺，完善质量安全管理体系，增强运营管理能力，降低生产成本，提升产品质量和效益。支持奶业全产业链建设，促进产业链各环节分工合作、有机衔接，有效控制风险。（责任部门：省工业和信息化厅、省科技厅、省农业农村厅、省市场监管局）

（三）健全现代乳制品流通体系。发展智慧物流配送，鼓励建设乳制品配送信息化平台，支持整合末端配送网点，降低配送成本。促进乳品企业、流通企业和电商企业对接融合，推动线上线下互动发展，促进乳制品流通便捷化。鼓励开拓"互联网＋"、体验消费等新型乳制品营销模式，减少流通成本，提高企业效益。支持低温乳制品冷链储运设施建设，严格实施低温乳制品储运规范，确保产品安全与品质。（责任部门：省发展改革委、省工业和信息化厅、省商务厅、省农业农村厅）

（四）密切养殖加工利益联结。培育壮大奶农专业合作组织，支持有条件的合作社、养殖场（户）入股、参股建设加工厂，提高抵御市场风险能力。支持乳品企业自建、收购养殖场，提高自有奶源比例，促进养殖加工一体化发展。建立由县级及以上人民政府引导，乳品企业、奶农和行业协会参与的生鲜乳价格协商机制，乳品企业与奶农双方应签订长期稳定的购销合同，形成稳固的购销关系。开展生鲜乳质量第三方检测试点，建立公平合理的生鲜乳购销秩序。规范生鲜乳购销行为，依法查处和公布不履行生鲜乳购销合同以及凭借购销关系强推强卖兽药、饲料和养殖设备等行为。（责任部门：省农业农村厅、省发展改革委、省工业和信息化厅、省市场监管局）

四、保障乳品质量安全

（一）加强乳品生产全程管控。落实乳品企业质量安全第一责任，监督指导企业按标依规生产，建立健全养殖、加工、流通等全过程乳品质量安全追溯体系。加强源头管理，严格奶牛养殖环节饲料、兽药等投入品使用和监管,鼓励养殖企业参与兽用抗菌药使用减量化试点。引导奶牛养殖散户将生鲜乳交售到合法的生鲜乳收购站。任何单位和个人不得擅自加工生鲜乳对外销售。实施乳品质量安全监测计划,严厉打击非法收购生鲜乳行为以及各类违法添加行为。对生鲜乳收购站、运输车、乳品企业实行精准化、全时段管理,依法查处不合格生产经营主体。健全乳品质量安全风险评估制度,及时发现并消除风险隐患。(责任部门:省农业农村厅、省卫生健康委、省市场监管局)

(二)加大婴幼儿配方乳粉监管力度。严格执行婴幼儿配方乳粉相关法律法规和标准,强化婴幼儿配方乳粉产品配方注册管理。婴幼儿配方乳粉生产企业应当实施良好生产规范、危害分析和关键控制点体系等食品安全质量管理制度,建立食品安全自查制度和问题报告制度。按照"双随机、一公开"要求,持续开展食品安全生产规范体系检查,对检查发现的问题要从严处理。严厉打击非法添加非食用物质、超范围超限量使用食品添加剂、涂改标签标识以及在标签中标注虚假、夸大内容等违法行为。严禁进口大包装婴幼儿配方乳粉到境内分装。(责任部门:省市场监管局、省工业和信息化厅、省农业农村厅、南京海关)

(三)健全行业诚信体系。构建奶业诚信平台,支持乳品企业开展质量安全承诺活动和诚信文化建设,建立企业诚信档案。充分运用信用信息共享平台和企业信用信息公示系统,推动税务、工信和市场监管等部门实现乳品企业信用信息共享。建立乳品企业失信"黑名单"制度和市场退出机制,加强社会舆论监督,形成市场性、行业性、社会性约束和惩戒。(责任部门:省发展改革委、省市场监管局、省工业和信息化厅、省农业农村厅、省税务局)

五、完善支持保障措施

(一)加大政策扶持力度。在养殖环节,重点支持奶牛良种繁育体系建设、标准化规模养殖、奶牛场疫病净化、养殖废弃物资源化利用和生鲜乳收购运输监管体系建设;在加工环节,重点支持乳品质量安全追溯体系建设。各市、县(市、区)人民政府要统筹规划,合理安排奶畜养殖用地。鼓励社会资本按照市场化原则设立奶业产业基金,放大资金支持效应。强化金融保险支持,鼓励金融机构开展奶畜活体抵押贷款和养殖场抵押贷款等信贷产品创新,推进奶业保险扩面、提标,合理厘定保险费率,探索开展生鲜乳目标价格保险试点。(责任部门:省发展改革委、省工业和信息化厅、省财政厅、省自然资源厅、省生态环境厅、省农业农村厅、人民银行南京分行、省地方金融监管局、江苏银保监局筹备组)

(二)加强奶业市场调控。完善奶业生产市场信息体系,开展产销动态监测,及时发布预警信息,引导生产和消费。充分发挥行业协会作用,引导各类经营主体自觉维护和规范市场竞争秩序。顺应奶业国际化趋势,实行"引进来"和"走出去"相结合,鼓励进口优质乳制品,支持大型乳品企业赴境外建设生产基地,促进资本、资源和技术等优势互补,增强自我发展能力。(责任部门:省农业农村厅、省工业和信息化厅、省商务厅、南京海关、省市场监管局)

(三)强化乳制品消费引导。积极宣传奶牛养殖、乳制品加工和质量安全监管等方面的成效,定期发布乳品质量安全抽检监测信息,展示江苏乳制品良好品质。实施奶业品牌战略,激发企业积极性和创造性,培育优质品牌,引领奶业发展。大力推广国家学生饮用奶计划,增加产品种类,保障质量安全,扩大覆盖范围。开展乳品质量和营养知识的公益宣传普及,倡导科学消费,培育中小城镇和农村居民乳品消费习惯。加强舆情监测,及时回应社会关切,营造良好舆论氛围。(责任部门:省卫生健康委、省商务厅、省工业和信息化厅、省农业

农村厅、省教育厅、省市场监管局)

（四）提高科技支撑能力。开展奶业竞争力提升科技行动,推动奶业科技创新,在奶畜养殖、奶牛热应激、乳制品加工和质量检测等方面开展技术攻关,提高先进工艺、先进技术和智能装备应用水平。加强乳制品新产品研发,满足消费多元化需求。完善奶业社会化服务体系,加大技术推广和人才培训力度,增强从业者素质,提高生产经营管理水平。(责任部门:省科技厅、省工业和信息化厅、省农业农村厅)

各设区市人民政府要根据本实施意见精神,结合本地实际,认真研究制定贯彻落实措施。各有关部门要按照职责分工,加大工作力度,强化协同配合,制定和完善政策措施。省农业农村厅要会同省有关部门对本实施意见落实情况加强检查指导,并向省政府报告。

江苏省人民政府办公厅
2018 年 11 月 16 日

省政府办公厅关于转发省发展改革委等部门关于进一步规范企业境外投资的通知

苏政办发〔2017〕142号

各市、县(市、区)人民政府,省各委办厅局,省各直属单位:

省发展改革委、省商务厅、人民银行南京分行、省外办《关于进一步规范企业境外投资的通知》已经省人民政府同意,现转发给你们,请认真贯彻落实。

江苏省人民政府办公厅
2017年11月23日

关于进一步规范企业境外投资的通知

省发展改革委　省商务厅　人民银行南京分行　省外办

为进一步加强对企业境外投资的宏观指导,引导和规范境外投资方向,有效防范各类风险,推动境外投资持续健康发展,更好地为经济社会发展服务,根据国家发展改革委、商务部、人民银行、外交部《关于进一步引导和规范境外投资方向指导意见》(以下简称《意见》),结合我省实际,现就企业开展境外投资提出如下意见。

一、严格执行《意见》要求

国家将企业境外投资项目分为鼓励、限制和禁止三类,进行分类管理。

(一)鼓励开展的境外投资

支持境内有能力、有条件的企业积极稳妥开展境外投资活动,推进"一带一路"建设,深化国际产能合作,带动国内优势产能、优质装备、适用技术输出,提升我国技术研发和生产制造能力,弥补我国能源资源短缺,推动我国相关产业提质升级。

1. 重点推进有利于"一带一路"建设和周边基础设施互联互通的基础设施境外投资。
2. 稳步开展带动优势产能、优质装备和技术标准输出的境外投资。
3. 加强与境外高新技术和先进制造业企业的投资合作,鼓励在境外设立研发中心。
4. 在审慎评估经济效益的基础上稳妥参与境外油气、矿产等能源资源勘探和开发。
5. 着力扩大农业对外合作,开展农林牧副渔等领域互利共赢的投资合作。
6. 有序推进商贸、文化、物流等服务领域境外投资,支持符合条件的金融机构在境外建立分支机构和服务网络,依法合规开展业务。
7. 聚焦实体经济发展,在国家鼓励发展的境外投资方向下,大力支持企业以提高核心竞争力为目标的境外并购。
8. 支持企业参与"一带一路"建设,鼓励企业入驻我省牵头实施的境外产能合作园区和经贸合作区投资发展。

（二）限制开展的境外投资

限制境内企业开展与国家和平发展外交方针、互利共赢开放战略以及宏观调控政策不符的境外投资，包括：

1. 赴与我国未建交、发生战乱或者我国缔结的双多边条约或协议规定需要限制的敏感国家和地区开展境外投资。
2. 房地产、酒店、影城、娱乐业、体育俱乐部等境外投资。
3. 在境外设立无具体实业项目的股权投资基金或投资平台。
4. 使用不符合投资目的国技术标准要求的落后生产设备开展境外投资。
5. 不符合投资目的国环保、能耗、安全标准的境外投资。

（三）禁止开展的境外投资

1. 禁止境内企业参与危害或可能危害国家利益和国家安全等的境外投资，包括：
2. 涉及未经国家批准的军事工业核心技术和产品输出的境外投资。
3. 运用我国禁止出口的技术、工艺、产品的境外投资。
4. 赌博业、色情业等境外投资。
5. 我国缔结或参加的国际条约规定禁止的境外投资。
6. 其他危害或可能危害国家利益和国家安全的境外投资。

二、进一步明确我省境外投资项目分类管理

根据《意见》及国家发展改革委 2014 年第 9 号令精神，进一步明确我省企业开展境外投资项目、设立境外企业的管理权限和手续。

（一）境外投资项目管理

1. 发展改革部门不予核准和备案的项目包括：禁止开展的五类境外投资项目。
2. 需上报国家发展改革委进行核准的项目包括：涉及敏感国家（地区）、敏感行业的项目；限制开展的第 1—3 项境外投资项目。
3. 可按权限进行备案的项目包括：鼓励开展的境外投资项目，其他符合要求的境外投资项目。备案权限具体为：1 亿美元（不含）以下境外投资项目由各设区市发展改革委备案，1 亿美元至 3 亿美元（不含）境外投资项目由省发展改革委备案，3 亿美元及以上境外投资项目转报国家发展改革委备案。各设区市发展改革部门需对限制开展的第 4、5 项境外投资项目备案加强审核，确保外投资工作有序开展。

（二）境外企业设立管理

1. 商务部门不予核准和备案的包括：禁止开展的五类境外投资。
2. 需上报商务部核准的包括：涉及敏感国家（地区）、敏感行业，以及限制开展的第 1—3 项境外投资。
3. 涉及鼓励开展的境外投资及其他符合要求的境外投资，按照各级商务部门的审核权限实施审核备案。备案权限分类：中方投资额 3 亿美元以上（含 3 亿美元）转报商务部审核备案；中方投资额 1—3 亿美元（含 1 亿美元）由省商务厅负责审核备案；中方投资额 1 亿美元以下由设区市、省直管县（市）商务主管部门负责审核备案。

(三) 境外投资外汇管理

1. 境内机构在有关境外投资项目获得境外投资主管部门核准或备案后，可以按规定到银行办理相关境外投资外汇登记及资金汇出手续。

2. 境内机构办理外汇登记和资金汇出手续时，除应按规定提交相关审核材料外，还应向银行说明投资资金来源与资金用途（使用计划）情况，提供董事会决议（或合伙人决议）、合同或其他真实性证明材料。

3. 银行按照展业原则加强真实性、合规性审核。

三、切实做好我省企业境外投资工作

(一) 实施分类指导

对鼓励开展的境外投资，要在税收、外汇、保险、海关、信息等方面进一步提高服务水平，为企业创造更加良好的便利化条件。对限制开展的境外投资，要引导企业审慎参与，并结合实际情况给予必要的指导和提示。对禁止开展的境外投资，要严格审核项目申请材料，采取切实有效的措施予以严格管控。

(二) 完善管理机制

各市要建立部门间信息共享机制加强境外投资真实性、合规性审查，防范虚假投资行为。通过举办宣讲会、专题培训、专家辅导等多种形式指导境内企业加强对其控制的境外企业的监督和管理，建立健全境外投资决策、财务管理和违规责任追究制度。完善国有企业境外投资审计制度，维护境外国有资产安全。

(三) 提高服务水平

加强与有关国家在投资保护、金融、人员往来等方面机制化合作，为企业开展境外投资创造良好外部环境。支持境内资产评估、法律服务、会计服务、税务服务、投资顾问、设计咨询、风险评估、认证、仲裁等相关中介机构发展，大力提升国际化服务水平，为企业境外投资提供市场化、社会化、国际化的商业咨询服务，降低企业境外投资经营风险。

(四) 强化安全保障

加强对企业赴高风险国家和地区投资的指导和监督，及时警示和通报有关国家政治、经济和社会重大风险，提出应对预案和防范措施，切实维护我国企业境外合法权益。督促企业开展境外项目安全风险评估，做好项目安全风险预测应对，建立完善安保制度，加强安保培训，提升企业境外投资安全风险防范能力。

各地发展改革、商务、人民银行、外办等部门要按照本通知要求，合理把握境外投资的方向和重点，切实加强组织领导和统筹协调，落实工作责任，扎实推进相关工作，确保取得实效。

抄送：省委各部委，省人大常委会办公厅，省政协办公厅，省法院，省检察院，省军区。

江苏省人民政府办公厅
2017 年 11 月 24 日

省政府关于印发在全省推开"证照分离"改革实施方案的通知

苏政办发〔2018〕137号

各市、县(市、区)人民政府,省各委办厅局,省各直属单位:

现将《在全省推开"证照分离"改革实施方案》印发给你们,请认真贯彻执行。

江苏省人民政府
2018年11月10日

在全省推开"证照分离"改革实施方案

为贯彻落实《国务院关于在全国推开"证照分离"改革的通知》(国发〔2018〕35号)要求,在全省推开"证照分离"改革,进一步破解"准入不准营"问题,激发市场主体活力,加快推进政府职能转变,营造法治化、国际化、便利化的营商环境,结合我省实际,特制定本实施方案。

一、总体要求

(一)指导思想

全面贯彻党的十九大和十九届二中、三中全会精神,坚持以习近平新时代中国特色社会主义思想为指导,按照党中央、国务院决策部署,牢固树立和贯彻落实新发展理念,紧紧围绕简政放权、放管结合、优化服务,全面落实"证照分离"改革要求,推动商事制度改革不断深化,进一步厘清政府与市场关系,积极改革审批方式,精简涉企证照,加强事中事后监管,创新政府管理方式,大力营造稳定、公平、透明、可预期的市场准入环境,为建设"强富美高"新江苏、推动高质量发展走在前列提供有力保障。

(二)基本原则

——坚持照后减证。除涉及国家安全、公共安全、金融安全、生态安全和公众健康等重大公共利益的行政审批事项外,分别采用适当管理方式将许可类的"证"分离出来,能减尽减,能合则合,尽可能减少审批发证,有效区分"证""照"功能,着力破解"准入不准营"难题。

——坚持放管并重。该放给市场和社会的权一定要放足、放到位,该政府管的事一定要管好、管到位。要做好"宽进"和"严管"的有机衔接,进一步推动政府管理重心向事中事后监管转变,提升监管效能。

——坚持依法改革。依法推动对涉企行政审批事项采取直接取消审批、审批改为备案、实行告知承诺、优化准入服务等改革方式,对其中涉及地方性法规、政府规章和规范性文件修改的,要按法定程序修改后实施,确保改革于法有据。

(三) 工作目标

2018年11月10日起,在全省范围内对国务院公布的《第一批全国推开"证照分离"改革的具体事项表》(见附件1)中106项涉企行政审批事项分别按照直接取消审批、审批改为备案、实行告知承诺、优化准入服务等四种方式实施"证照分离"改革,让更多市场主体持照即可经营。加强事中事后监管,建立部门间信息共享、协同监管和联合奖惩机制,形成全过程综合监管体系。建立长效机制,构建完善适应"证照分离"改革要求的工作机制,按照国务院统一部署,逐步减少涉企行政审批事项,最终对所有涉及市场准入的行政审批事项按照"证照分离"改革模式进行分类管理,为企业进入市场提供便利。

二、工作任务

(一) 明确改革范围

改革的区域范围由苏政发〔2017〕159号文中确定的苏南国家自主创新示范区、南京江北新区及全省各国家高新技术产业开发区、国家级经济技术开发区等45个试点园区扩大至全省;改革的事项由试点的100项调整为106项。

(二) 制定管理措施

涉及到"证照分离"改革事项的省级部门,要结合实际,针对国务院确定的第一批106项"证照分离"改革事项,逐一制定具体管理措施。对直接取消审批的事项,市场主体办理营业执照后即可开展相关经营活动,有关部门落实具体管理措施。对审批改为备案的事项,市场主体报送材料后即可开展相关经营活动,有关部门不再进行审批,但需要依法明确备案的环节、条件、材料、时限以及加强事中事后监管的具体管理措施。对实行告知承诺的事项,有关部门要一次性告知申请人审批条件和所需材料,并提供告知承诺书的示范文本,对申请人承诺符合审批条件的,当场办理审批;有关部门实行全覆盖例行检查,发现实际情况与承诺内容不符的,依法撤销审批并予以从重处罚。对实行优化准入服务的事项,要制定出台精简环节、压缩材料、优化流程的工作程序、工作流程和办事指南,进一步提高市场准入的便利化程度。对于"证照分离"改革事项中属于国家层面审批发证的事项,省级主管部门要告知审批发证的依据、条件,并落实好事中事后监管措施;属于省级主管部门委托市、县行使审批监管职能的,由委托机关制定具体管理措施;属于依法由市、县管理的事项,亦由省级主管部门出台全省统一的事中事后监管措施。在"证照分离"改革试点过程中已经制定具体管理措施的部门,要对照国发〔2018〕35号文件的要求,补充完善相关措施。目前尚未制定具体管理措施的,要尽快制定出台相关措施。

(三) 推进信息共享

全省各地各相关部门要依托江苏省市场监管信息平台,实现审批备案、监督检查、行政处罚、黑名单等信息的实时传输,落实"双告知、双反馈"等信息共享制度。市场监管部门在市场主体注册后,要将注册信息及时推送至江苏省市场监管信息平台,供有关部门掌握,并跟进管理措施。对于审批部门、行业主管部门已提供推送信息相关字词的,可直接推送至相关部门名下。审批部门、行业主管部门要将审批备案、监督管理信息及时反馈至江苏省市场监管信息平台。要进一步健全市场监管部门与审批部门、行业主管部门对审批备案事项目录的动态维护机制,畅通市场主体基础信息和相关信用信息在部门间的推送、反馈、公示通道。

(四)明确监管要求

健全完善以信息归集为基础、以信用承诺为特点、以信息公示为手段、以信用约束为核心的新型监管机制。全面贯彻国务院"谁审批、谁监管,谁主管、谁监管"的原则,进一步强化审批实施部门和行业主管部门的监管责任,明确监管履职标准和监管权责,避免出现监管真空。推进跨部门"双随机、一公开"联合监管,构建全省统一的"双随机"抽查工作机制和制度规范,进一步拓展"双随机"抽查事项,逐步实现跨部门"双随机"联合抽查常态化,依托江苏省市场监管信息平台,实现抽查检查信息统一归集和全面公开。加强信用约束,落实企业年度报告公示、经营异常名录和严重违法企业名单制度。探索利用大数据分析等新型监管手段,提升市场监管科学化水平。探索对新技术、新产业、新模式、新产品、新业态采取包容审慎的监管方式,努力为新动能成长营造良好政策环境。强化企业的市场秩序第一责任人意识,建立完善信用修复机制,引导社会力量共同参与市场秩序治理,逐步构建完善多元共治格局。

(五)做好改革衔接

此次国务院确定的106项涉企行政审批事项,与我省在"证照分离"改革试点时实施的100项事项相比,新增加22项、减少13项、与其他事项合并3项、改变管理方式68项(见附件2)。各地要重视做好在全省推开"证照分离"改革与前期改革试点之间的有机衔接,对于此次国务院新增的22项改革事项,以及原改革试点中改革方式与推开实施后不一致的涉企行政审批事项,按照国发〔2018〕35号文件的要求执行。对于我省100项"证照分离"改革试点事项中未纳入此次国家第一批"证照分离"改革事项的13项,属于完全取消审批、全面实行告知承诺制等改革方式的,在试点期限届满时,国家未调整相关法律、法规的,仍按照现行法律、法规执行;对于采取强化准入监管改革方式的,可按照原先确定的改革方式继续执行。

三、保障措施

(一)加强组织领导

各市、县(市、区)人民政府要加强统筹,层层压实责任,积极稳妥推进"证照分离"改革。省各有关部门要按国发〔2018〕35号文件要求制定出台有针对性的"证照分离"改革事项具体管理措施,由省市场监管局汇总报市场监管总局备案。

(二)加强宣传培训

各地各部门要运用电台电视、报刊、网站等多种形式,采取通俗易懂的宣传方式,做好改革政策宣传解读工作,提高各项改革政策的知晓度,及时回应社会关切,营造有利于改革的良好氛围。要加强培训,提升工作人员业务素质和服务意识,确保改革顺利推进。

（三）加强考核督查

各地各部门要以钉钉子精神全面抓好改革任务落实，健全激励约束机制和容错纠错机制，充分调动推进改革的积极性和主动性，鼓励和支持创新开展工作。要加强对"证照分离"改革工作的督促指导，对落实到位、大胆创新、积极作为的典型要适时予以表彰；对遇到的困难和问题要加强指导、帮助解决；对敷衍塞责、延误改革、工作不力、刁难企业的要严肃问责。

江苏省人民政府

2018 年 11 月 10 日

数 据 篇

2017年江苏按地区分社会消费品零售总额

单位：亿元

地区	社会消费品零售总额	批发和零售业	住宿业	餐饮业
苏南	18315.59	16479.43	229.84	1606.32
苏中	5621.64	5033.63	51.29	536.72
苏北	7800.18	7008.04	116.85	675.30
南京市	5604.66	5074.69	97.29	432.68
无锡市	3458.04	3193.32	26.05	238.67
徐州市	2977.20	2728.55	45.15	203.50
常州市	2444.05	2228.86	20.55	194.64
苏州市	5442.82	4789.44	68.88	584.50
南通市	2873.41	2625.65	13.37	234.40
连云港市	1038.31	898.94	18.29	121.08
淮安市	1197.09	1083.65	14.20	99.23
盐城市	1806.20	1622.53	18.67	165.00
扬州市	1494.01	1322.09	23.69	148.23
镇江市	1366.03	1193.11	17.08	155.84
泰州市	1254.22	1085.90	14.23	154.09
宿迁市	781.39	674.37	20.54	86.48

2017年江苏限额以上批发和零售业基本情况

项　目	法人企业数（个）	产业活动单位数（个）	零售营业面积（平方米）	从业人员（人）
总　计	19634	32919	27146971	957524
♯国有控股	876	4284	3216270	97955
批发业	**11209**	**12724**	**3209085**	**421163**
♯国有控股	575	1199	830970	58538
按行业分				
农、林、牧产品批发	604	662	238330	22404
食品、饮料及烟草制品批发	837	972	361853	62118
纺织、服装及家庭用品批发	1687	1815	279211	103814
文化、体育用品及器材批发	297	314	78751	14946
医药及医疗器材批发	440	515	262713	58709
矿产品、建材及化工产品批发	5235	6228	1465333	95507
机械设备、五金产品及电子产品批发	1624	1703	400207	52859
贸易经纪与代理	150	150	20899	2783
其他批发业	335	365	101788	8023
零售业	**8425**	**20195**	**23937886**	**536361**
♯国有控股	301	3085	2385300	39417
按行业分				
综合零售	797	3628	9467921	180886
食品、饮料及烟草制品专门零售	1013	3020	827590	42122
纺织、服装及日用品专门零售	543	938	932161	37946
文化、体育用品及器材专门零售	586	932	741797	22185
医药及医疗器材专门零售	421	3798	582124	38756
汽车、摩托车、燃料及零配件专门零售	2975	5075	8210230	133152
家用电器及电子产品专门零售	966	1569	1927630	43357
五金、家具及室内装饰材料专门零售	603	653	686963	13350
摊货、无店铺及其他零售业	521	582	561470	24607
按经营方式分				
独立商店	7125	10096	16760405	336006
连锁商店总店	221	7467	4731014	110589

(续表)

项　目	法人企业数（个）	产业活动单位数（个）	零售营业面积（平方米）	从业人员（人）
连锁商店分店	68	741	963170	20857
其他	1011	1891	1483297	68909
按零售业态分				
有店铺零售	7954	19715	23638424	510600
食杂店	51	132	23397	1963
便利店	76	617	215651	4801
折扣店	7	11	41249	430
超市	309	747	579604	25936
大型超市	191	1777	5114417	104641
仓储会员店	11	11	72348	536
百货店	401	790	3735215	60801
专业店	4393	11330	7738920	175001
专卖店	2098	3812	4973099	116393
家具建材商店	151	157	274101	4031
购物中心	36	85	588662	4513
厂家直销中心	230	240	280045	11069
无店铺零售	471	480	299462	25761
电视购物	5	5	150	1177
邮购	2	3	3550	1026
网上商店	329	333	209623	19059
自动售货亭	1	3	1258	77
电话购物	8	8	5919	345
其他	126	128	78962	4077

2017年江苏进出口商品细分类总额

单位:万美元

项　目	进出口总额	进口	出口
总　计	56169285	21497785	34671500
初级产品	3551187	2998553	552634
食品及活动物	415418	168564	246853
活动物	3203	1780	1423
肉及肉制品	53736	51851	1885
乳品及蛋品	18149	17447	703
鱼、甲壳及软体类动物及其制品	12783	758	12025
谷物及其制品	18635	7873	10762
蔬菜及水果	174483	50724	123760
糖、糖制品及蜂蜜	14874	3114	11759
咖啡、茶、可可、调味料及其制品	18217	9939	8278
饲料(不包括未碾磨谷物)	34209	5389	28820
杂项食品	67127	19690	47438
饮料及烟类	12061	9169	2892
#饮料	9614	9169	445
非食用原料(燃料除外)	2178719	1943110	235609
生皮及生毛皮	13212	13139	73
油籽及含油果实	21372	21247	125
生橡胶(包括合成橡胶及再生橡胶)	140104	118978	21126
软木及木材	106233	99776	6457
纸浆及废纸	357801	356730	1071
纺织纤维(羊毛条除外)及其废料	360541	253388	107153
天然肥料及矿物(煤、石油及宝石除外)	59074	50038	9036
金属矿砂及金属废料	1012748	1006670	6078
其他动、植物原料	107635	23144	84491
矿物燃料、润滑油及有关原料	771940	711496	60444
煤、焦炭及煤砖	114154	106219	7935
石油、石油产品及有关原料	306437	254096	52341
天然气及人造气	351349	351181	168

（续表）

项　　目	进出口总额	进口	出口
动植物油、脂及蜡	**173050**	**166214**	**6836**
动物油、脂	5112	1799	3313
植物油、脂	160083	159556	528
已加工的动植物油、脂及动植物蜡	7854	4859	2995
工业制成品	**52618098**	**18499232**	**34118866**
化学成品及有关产品	**6016212**	**3387836**	**2628376**
有机化学品	2721900	1687788	1034112
无机化学品	317524	149275	168249
染料、鞣料及着色料	177169	66683	110486
医药品	526291	271688	254604
精油、香料及盥洗、光洁制品	151294	46939	104355
制成肥料	49769	6618	43151
初级形状的塑料	815053	568187	246866
非初级形状的塑料	619426	357238	262188
其他化学原料及产品	637785	233419	404366
按原料分类的制成品	**6947419**	**1648327**	**5299092**
皮革、皮革制品及已鞣毛皮	50008	25997	24011
橡胶制品	248941	75637	173304
软木及木制品（家具除外）	126111	3576	122536
纸及纸板；纸浆、纸及纸板制品	333208	72318	260890
纺纱、织物、制成品及有关产品	2325567	216043	2109524
非金属矿物制品	455986	160575	295411
钢铁	1359078	351535	1007543
有色金属	729971	447243	282728
金属制品	1318549	295403	1023145
机械及运输设备	**30873338**	**11061597**	**19811741**
动力机械及设备	1069262	362117	707145
特种工业专用机械	1831111	932884	898227
金工机械	413806	277057	136749
通用工业机械设备及零件	2576991	890339	1686652
办公用机械及自动数据处理设备	5436818	633426	4803392
电信及声音的录制及重放装置设备	4909242	733209	4176033
电力机械、器具及其电气零件	12392749	6843685	5549064

(续表)

项　目	进出口总额	进口	出口
陆路车辆(包括气垫式)	1437727	341637	1096090
其他运输设备	805633	47243	758390
杂项制品	**8774435**	**2396192**	**6378243**
活动房屋;卫生、水道、供热及照明装置	187312	14607	172705
家具及其零件;褥垫及类似填充制品	649696	20781	628916
旅行用品、手提包及类似品	164520	3055	161464
服装及衣着附件	2540611	57723	2482888
鞋靴	352221	126924	225297
专业、科学及控制用仪器和装置	2838024	1551157	1286867
摄影器材、光学物品及钟表	602682	385350	217333
杂项制品	1439370	236598	1202773

2017年江苏进出口商品主要国家和地区

单位：万美元

国家（地区）	进出口	进口	出口
亚　洲	**31527457**	**15621194**	**15906263**
♯巴林	12144	2409	9735
孟加拉国	308142	5493	302649
缅甸	95408	1380	94028
柬埔寨	123761	14646	109115
塞浦路斯	10702	88	10614
中国香港	3112464	64751	3047713
印度	1351283	154056	1197227
印度尼西亚	920078	365134	554944
伊朗	209978	47025	162953
以色列	143657	34609	109048
日本	5608939	2878885	2730055
科威特	81105	36730	44375
中国澳门	8909	279	8630
马来西亚	1280092	756130	523962
巴基斯坦	210721	10141	200579
菲律宾	643904	309708	334195
卡塔尔	149477	121866	27611
沙特阿拉伯	439750	256234	183517
新加坡	1133209	509946	623263
韩国	6416655	4572090	1844565
斯里兰卡	47610	6059	41551
叙利亚	11336	28	11308
泰国	1354633	608633	746000
土耳其	354272	27869	326403
阿拉伯联合酋长国	523816	144600	379215
越南	1234294	329764	904530
中国台湾	4005860	2961182	1044677
非　洲	**1071375**	**206634**	**864741**

(续表)

国家(地区)	进出口	进口	出口
#喀麦隆	12209	4991	7219
埃及	110776	2027	108748
加蓬	9885	7247	2638
摩洛哥	38777	5845	32933
尼日利亚	112854	9318	103536
南非	259415	74294	185121
欧　洲	**10591215**	**3070817**	**7520398**
#比利时	408625	123872	284754
丹麦	132102	31400	100702
英国	1111176	178343	932833
德国	2385803	1126314	1259488
法国	693146	223697	469449
爱尔兰	53552	13974	39578
意大利	661967	228158	433809
荷兰	1765670	173131	1592540
希腊	76465	2211	74254
葡萄牙	63221	12832	50389
西班牙	449506	89811	359695
奥地利	138963	93812	45151
芬兰	127896	65900	61996
匈牙利	150409	48864	101545
挪威	76841	26814	50027
波兰	332670	37226	295444
罗马尼亚	100721	15338	85384
瑞典	318934	201970	116964
瑞士	180695	113883	66812
俄罗斯联邦	535281	103511	431770
乌克兰	95847	31388	64459
捷克	299511	70432	229078
拉丁美洲	**2999166**	**1090432**	**1908734**
#阿根廷	189834	65820	124014
巴西	1160967	684615	476353
智利	259816	70010	189807

(续表)

国家(地区)	进出口	进口	出口
哥伦比亚	103027	2882	100145
危地马拉	26307	1667	24640
墨西哥	721581	126681	594900
巴拿马	91038	44	90994
秘鲁	132689	34566	98123
乌拉圭	67080	44895	22185
委内瑞拉	22914	14160	8754
北美洲	**10885538**	**1765919**	**9119619**
♯加拿大	813441	252549	560892
美国	10071880	1513370	8558511
大洋洲	**2037587**	**1027569**	**1010017**
♯澳大利亚	1674008	913909	760100
新西兰	163021	80461	82560
巴布亚新几内亚	22215	15091	7124
附:东南亚国家联盟	6815957	2902010	3913946
欧洲联盟	9661465	2789009	6872456
亚太经济合作组织	41462933	17807414	23655519

2017年江苏按行业分外商直接投资

单位:万美元

行　业	项目(个)	协议注册	实际使用
总　计	3254	5542587	2513541
农、林、牧、渔业	62	95187	30449
采矿业	0	500	219
制造业	1169	2249135	1118072
农副食品加工业	13	34263	12270
食品制造业	16	25865	20936
饮料制造业	8	8577	6411
烟草制品业	0	0	0
纺织业	35	50813	21277
纺织服装、鞋、帽制造业	22	14731	16007
皮革、毛皮、羽毛(绒)及其制品业	2	1202	993
木材加工及木、竹、藤、棕、草制品业	9	14552	1545
家具制造业	28	34471	8541
造纸及纸制品业	5	14169	20864
印刷业和记录媒介的复制	6	13751	2193
文教体育用品制造业	16	21012	2916
石油加工、炼焦及核燃料加工业	1	13997	1446
化学原料及化学制品制造业	38	196370	123575
医药制造业	29	80833	108243
化学纤维制造业	1	1771	3771
橡胶制品业	9	23671	7652
塑料制品业	35	49194	28586
非金属矿物制品业	52	132262	46325
黑色金属冶炼及压延加工业	0	8958	783
有色金属冶炼及压延加工业	12	45376	33732
金属制品业	53	69401	42231
通用设备制造业	201	245933	97747
专用设备制造业	166	190044	65760
交通运输设备制造业	105	169881	101553

(续表)

行　业	项目(个)	协议注册	实际使用
电气机械及器材制造业	108	245276	100267
通信设备、计算机及其他电子设备制造业	146	456915	189404
仪器仪表及文化、办公用机械制造业	34	35604	16624
工艺品及其他制造业	18	48419	34955
废弃资源和废旧材料回收加工业	1	1829	1475
电力、热力、燃气及水的生产和供应业	89	114009	57878
建筑业	86	298961	227635
交通运输、仓储和邮政业	51	141378	73217
信息传输、计算机服务和软件业	194	318996	32166
批发和零售业	772	675601	207142
住宿和餐饮业	42	19910	1603
金融业	53	367573	60883
房地产业	117	397433	346007
租赁和商务服务业	268	505293	223912
科学研究、技术服务和地质勘查业	235	240367	86260
水利、环境和公共设施管理业	18	53694	28337
居民服务和其他服务业	23	23192	12201
教育	30	5200	194
卫生、社会保障和社会福利业	20	33762	2824
文化、体育和娱乐业	25	2396	4542

2017年江苏按国家或地区分外商直接投资

单位：万美元

国家(地区)	项目(个)	协议注册	实际使用
合　计	3254	5542587	2513541
亚　洲	2098	3810306	1813243
♯中国香港	1000	2895223	1453410
中国澳门	9	7637	4441
中国台湾	478	209046	51909
印度尼西亚	8	4486	1412
日本	109	109248	78873
马来西亚	38	46985	1596
菲律宾	7	22360	0
新加坡	106	277690	119340
韩国	223	213067	94430
泰国	5	1757	88
非　洲	91	43520	19602
欧　洲	327	225053	129787
♯比利时	6	4835	1704
丹麦	6	1404	451
英国	45	32235	15376
德国	90	53032	24862
法国	22	14313	13574
爱尔兰	5	6087	7023
意大利	37	14479	4226
卢森堡	3	3876	6698
荷兰	19	35147	20044
希腊	3	117	0
葡萄牙	3	2558	0
西班牙	16	3837	2875
芬兰	7	12687	3840
瑞士	6	5614	9733
北美洲	**275**	**97203**	**74945**

(续表)

国家(地区)	项目(个)	协议注册	实际使用
♯加拿大	68	39381	10907
美国	205	52027	56287
大洋洲	**119**	**223181**	**47946**
♯澳大利亚	50	129040	2741
南美洲	**89**	**219558**	**164080**

2016—2017年江苏分行业境外投资情况

行　业	2016年 新批项目数（个）	2016年 中方协议投资（万美元）	2017年 新批项目数（个）	2017年 中方协议投资（万美元）
全部	**1067**	**1422365**	**631**	**927073**
第一产业	27	48227	9	12202
农、林、牧、渔业	27	48227	9	12202
农业	16	39783	5	3299
林业	3	13001	1	5000
畜牧业				
渔业	2	3175	1	3400
农、林、牧、渔服务业	6	－7732	2	503
第二产业	396	529713	263	483200
采矿业	15	60036	4	34300
煤炭开采和洗选业	4	33425	1	5000
黑色金属矿采选业	1	11000		
有色金属矿采选业	6	13609	1	3900
非金属矿采选业	1	300		
其他采矿业	3	1702	2	25400
制造业	316	386615	198	350157
农副食品加工业			3	2122
食品制造业	5	3097	3	3182
饮料制造业			14	18005
纺织业	14	16129	14	7454
纺织服装、鞋、帽制造业	35	24568	1	200
皮革、毛皮、羽毛(绒)及其制品业			4	6394.895
木材加工及木、竹、藤、棕、草制品业	4	5863	6	10435
家具制造业	4	8985	1	100
造纸及纸制品业	1	500		
印刷业和记录媒介的复制	2	413	2	69
文教体育用品制造业	1	2		
石油加工、炼焦及核燃料加工业	1	350	4	26337
化学原料及化学制品制造业	13	20121	9	98713

(续表)

行　业	2016 年 新批项目数（个）	2016 年 中方协议投资（万美元）	2017 年 新批项目数（个）	2017 年 中方协议投资（万美元）
医药制造业	17	15811	2	20221
化学纤维制造业	3	2353	3	614
橡胶制品业	8	9160	6	668
塑料制品业	5	2054	3	6866
非金属矿物制品业	3	1709	2	14500
黑色金属冶炼及压延加工业	3	10701	5	2067
有色金属冶炼及压延加工业	8	39827	19	4248
金属制品业	23	40565	8	1490
通用设备制造业	24	9918	29	40100
专用设备制造业	35	32620	15	9155
交通运输设备制造业	24	22309	11	23365
电气机械及器材制造业	24	75859	20	40933
通信设备、计算机及其他电子设备制造业	38	35676	7	3980
仪器仪表及文化、办公用机械制造业	6	1377	5	2001
工艺品及其他制造业	12	2847	2	6934
废弃资源和废旧材料回收加工业	3	3800		
电力、燃气及水的生产和供应业	13	20995	25	76782
电力、热力的生产和供应业	13	20995	25	76782
建筑业	52	62067	36	21961
房屋和土木工程建筑业	27	11658	25	18210
建筑安装业	4	6450	6	2803
建筑装饰业	12	7828	3	838
其他建筑业	9	36131	2	110
第三产业	644	844425	359	431671
交通运输、仓储和邮政业	9	1313	8	9760
道路运输业	1	800	1	4000
水上运输业	1	152	1	13
装卸搬运和其他运输服务业	2	154	2	100
仓储业	3	171	1	5600
邮政业	1	5	3	47
信息传输、计算机服务和软件业	53	32853	22	24761

(续表)

行　业	2016年 新批项目数（个）	2016年 中方协议投资（万美元）	2017年 新批项目数（个）	2017年 中方协议投资（万美元）
电信和其他信息传输服务业	7	2464	1	112
计算机服务业	28	10188	10	13772
软件业	18	20202	11	10878
批发和零售业	269	290119	189	78447
批发业	245	261881	162	73043
零售业	24	28238	27	5404
住宿和餐饮业	10	2737	3	8828
住宿业	1	1000		
餐饮业	9	1737	3	8828
金融业	10	19856	4	22126
房地产业	32	91205	4	28387
房地产业	32	91205	4	28387
租赁和商务服务业	153	246799	64	87337
租赁业	7	2305	1	2000
商务服务业	146	244494	63	85337
科学研究、技术服务和地质勘查业	74	100898	40	50788
研究与试验发展	40	39407	22	14790
专业技术服务业	20	32565	9	7413
科技交流和推广服务业	14	28926	9	28585
水利、环境和公共设施管理业	8	10960	8	15464
生态保护和环境治理业	7	9760	8	15464
居民服务和其他服务业	12	12627	8	15464
居民服务业	3	7337		
其他服务业	9	5290	8	15464
教育	6	4214	8	24675
教育	6	4214	9	24675
文化、体育和娱乐业	8	30845	9	120
新闻出版业			1	120
广播、电视、电影和音像业	1	150	5	2345
文化艺术业	5	1307	1	500

2016—2017年江苏境外投资主要国别地区情况

国家(地区)	2016年 新批项目数(个)	2016年 中方协议投资(万美元)	2017年 新批项目数(个)	2017年 中方协议投资(万美元)
全　部	**1067**	**1422365**	**631**	**927073**
亚洲	**558**	**813219**	**363**	**459342**
巴林				
孟加拉国	5	1705	7	1308
缅甸	22	7926	9	2750
柬埔寨	18	1306	9	2996
塞浦路斯				
朝鲜	1	9		
中国香港	275	505401	169	179445
印度	17	37072	10	12650
印度尼西亚	24	84480	15	48935
伊朗	2	9925		
以色列	3	1100	4	6000
日本	39	4022	25	4026
老挝	3	2480	2	330
中国澳门				
马来西亚	15	30427	19	1174
蒙古	3	287	1	10
尼泊尔	1	450		
巴基斯坦	9	26136	8	5547
菲律宾	1	250	1	25
卡塔尔				
沙特阿拉伯	2	250		
新加坡	26	19497	14	44784
韩国	20	1835	9	28515
斯里兰卡	4	2700	3	1800
泰国	17	22451	19	48759
土耳其	3	4649	1	11520
阿拉伯联合酋长国	5	7632	6	25203

(续表)

国家(地区)	2016年 新批项目数（个）	2016年 中方协议投资（万美元）	2017年 新批项目数（个）	2017年 中方协议投资（万美元）
越南	18	24842	11	11557
中国台湾	12	1737	10	1704
东帝汶				
哈萨克斯坦	6	13182	4	4323
吉尔吉斯斯坦				
土库曼斯坦				
乌兹别克斯坦	1	130	3	15295
其他			4	685
非洲	**55**	**80158**	**21**	**25518**
阿尔及利亚	5	14021		
安哥拉	1	660	1	154
喀麦隆				
乍得				
刚果	3	11102	1	5000
埃及	1	5	1	101
赤道几内亚	1	500	1	325
埃塞俄比亚	19	29472	5	14196
加蓬				
几内亚				
肯尼亚	2	650		
毛里塔尼亚				
毛里求斯				
莫桑比克	1		1	13
纳米比亚	1	408	1	500
尼日利亚	3	4999	2	200
塞内加尔			1	0
塞舌尔	1	405		
南非	1	4000		
苏丹				
坦桑尼亚	6	3946	1	3400
乌干达			1	

(续表)

国家(地区)	2016年 新批项目数(个)	2016年 中方协议投资(万美元)	2017年 新批项目数(个)	2017年 中方协议投资(万美元)
赞比亚	4	5726	1	100
津巴布韦	3	860		
欧洲	**107**	**137630**	**97**	**171703**
比利时	2	86	4	878
丹麦	2	338	1	15
英国	15	26994	9	3419
德国	34	40250	32	45979
法国	14	2107	15	8416
意大利	8	41722	5	870
卢森堡	1	1		
荷兰	10	5818	5	1240
西班牙	3	1038	7	85669
阿尔巴尼亚				
奥地利			1	300
保加利亚				
芬兰	2	8506	2	11149
匈牙利			1	272
挪威	1	180		
波兰	1			
罗马尼亚				
瑞典	1	307	3	1717
瑞士	3	1152	2	5919
俄罗斯联邦	7	8635	2	218
乌克兰	1	280		
克罗地亚				
捷克				
塞尔维亚			1	160
拉丁美洲	**60**	**86379**	**18**	**40580**
阿根廷	1	4		
巴西	5	17230	1	2550
开曼群岛	31	33070	9	19718

(续表)

国家(地区)	2016年 新批项目数(个)	2016年 中方协议投资(万美元)	2017年 新批项目数(个)	2017年 中方协议投资(万美元)
智利	2	300	1	8000
古巴				
厄瓜多尔	1	75		
墨西哥	4	3381	3	1238
秘鲁	1	300		
英属维尔京群岛	15	32018	3	9072
北美洲	**240**	**198528**	**113**	**196987**
加拿大	24	13932	4	1943
美国	210	182098	108	195045
其他	6	2497	1	
大洋洲	**47**	**106452**	**19**	**32942**
澳大利亚	36	95537	19	32942
斐济				
瓦努阿图	1	20		
新西兰	6	8715		
萨摩亚	3	1700		